Alice Schwarzer:
So fing es an!
Die neue Frauenbewegung

W0285791

Deutscher
Taschenbuch
Verlag

dtv

Von Alice Schwarzer herausgegeben
ist im Deutschen Taschenbuch Verlag erschienen:
Das Emma-Buch (1700)

August 1983
Deutscher Taschenbuch Verlag GmbH & Co. KG,
München
© 1981 Emma-Frauenverlags GmbH, Köln
ISBN 3-922670-01-6
Die Rechte an den dokumentarischen Beiträgen sind vorbehalten.
Umschlaggestaltung: Celestino Piatti
Umschlagfoto: Die Grafikfrauen, München
Gesamtherstellung: C. H. Beck'sche Buchdruckerei,
Nördlingen
Printed in Germany · ISBN 3-423-10150-4

Das Buch

Als sich 1968 die Frauen aus dem Umkreis der außerparlamentarischen Opposition nicht mehr damit zufrieden gaben, Kaffee zu kochen, Kinder zu hüten und Flugblätter zu tippen, als sie ihre Probleme nicht mehr als »Nebenwiderspruch« im klassenkämpferischen Gesamtzusammenhang abgetan haben wollten, als in Berlin der »Aktionsrat zur Befreiung der Frau« und überall in der Bundesrepublik Weiberräte gegründet wurden, war das ein neuer Anfang für eine alte Sache: die deutsche Frauenbewegung. Seitdem hat sich vieles getan. Einiges ist besser geworden, vieles ist noch zu tun, sagt Alice Schwarzer, Protagonistin des Feminismus in der Bundesrepublik und Herausgeberin der Frauenzeitschrift ›Emma‹, in der die vorliegende historische Dokumentation zuerst erschienen ist. Für alle, die es genauer wissen wollen, enthält der Band außerdem Ausschnitte aus wichtigen Texten zum Thema, von Olympe de Gouges' ›Erklärung der Rechte der Frau und Bürgerin‹ (1791) über Hedwig Dohms ›Die Eigenschaften der Frau‹ (1876) und Kate Milletts ›Sexus und Herrschaft‹ (1969) bis hin zu Verena Stefans ›Häutungen‹ (1975). Am Ende steht natürlich die Frage: Wie geht es weiter? Steht uns eine bessere und friedliche Zukunft bevor, oder werden wir doch alle an unserem Männlichkeits- und Weiblichkeitswahn scheitern?

Die Autorin und Herausgeberin

Die Journalistin Alice Schwarzer, geboren am 3. Dezember 1942, ist durch ihr kompromißloses Engagement für Frauenfragen und durch ihre Veröffentlichungen zum Thema Emanzipation zu einer Persönlichkeit geworden, an der sich die Geister scheiden. Wichtige Arbeiten: ›Frauen gegen den § 218‹ (1971), ›Frauenarbeit – Frauenbefreiung‹ (1973), ›Der kleine Unterschied und seine großen Folgen‹ (1975), ›Mit Leidenschaft. Texte 1968–1982‹ (1982), ›Simone de Beauvoir heute. Gespräche aus zehn Jahren‹ (1983).

Inhalt

Vorwort von Alice Schwarzer 7

GESCHICHTE
Bräute der Revolution? (1968) 13
Ich habe abgetrieben! (1971/72) 20
. . . aufs Kämpfen eingestellt! (1972/73) 31
Aufstand der Schwestern (1973/74) 40
Die neue Zärtlichkeit (1974/75) 52
Vom Bett bis an die Uni (1975/76) 61
Vom Hexen und Hetzen (1976/77) 72
Mütter und deutscher Herbst (1977/78) 83
Drohender Weiblichkeitswahn (ab 1978) 95

DOKUMENTE
Karin Schrader-Klebert: Die kulturelle Revolution der Frau (1969) 111
Appell »Ich habe abgetrieben« (1971) 124
Frauen gemeinsam sind stark! (Das erste Lied der neuen deutschen Frauenbewegung 1971) 125
Zum Muttertag Moncherie (Muttertagspamphlet 1971) 126
Keine Fraueninsel! (Resolution des ersten Bundesfrauenkongresses 1972) 127
Simone de Beauvoir: Wende zum Feminismus (1971) 128
Valerie Solanas: SCUM (dt. 1969) 132
Betty Friedan: Der Weiblichkeitswahn (dt. 1963) 135
Kate Millett: Sexus und Herrschaft (dt. 1969) 138
Olympe de Gouges, Erklärung der Rechte der Frau und Bürgerin (1791) 141
Hedwig Dohm: Die Eigenschaften der Frau (1876) 144
Mariarosa Dalla Costa/Selma James: Die Macht der Frauen und der Umsturz der Gesellschaft (dt. 1973) 147
Ingrid Strobl: Wider den Hausfrauenlohn! (1975) 150
Shulamith Firestone: Frauenbefreiung und sexuelle Revolution (dt. 1974) 155
Phyllis Chesler: Frauen – das verrückte Geschlecht (dt. 1974) 158
Meredith Tax: Frauenbewußtsein (dt. 1972) 162

Rita Mae Brown/Charlotte Bunch: Was jede Lesbierin wissen sollte (dt. 1975) 165
Carol Hagemann-White/Ingrid Schmidt-Harzbach: Warum Frauenstudien (1974) 168
Alice Schwarzer: Der »kleine Unterschied« und seine großen Folgen (1975) 171
Annie Cohen: Kriegszustand (dt. 1977) 178
Susan Brownmiller: Gegen unseren Willen (dt. 1978) 180
Verena Stefan: Häutungen (1975) 183
Aufruf zur Erfindung des Glücks (1977) 186
Eva-Maria Stark: Feministinnen und Kinder (1977) 188
Monika Jaeckel: Wer – wenn nicht wir (1981) 193
Ursula Scheu: Wir werden nicht als Mädchen geboren – wir werden dazu gemacht (1977) 195
Marielouise Janssen-Jurreit: Sexismus (1976) 199
Ulrike Prokop: Weiblicher Lebenszusammenhang (1976) . . 202
Rosemary L. Rodewald: Magie, Heilen und Menstruation (dt. 1978) 205
Luce Irigaray: Waren, Körper, Sprache. Der ver-rückte Diskurs der Frauen (dt. 1977) 208
Jill Johnston: Lesben Nation (dt. 1976) 211
Sylvia Bovenschen: Imaginierte Weiblichkeit (1978) 217
Vera Slupik: Feministische Damenriege (1979) 220
Susan Sontag: Reflexionen über die Befreiung der Frau (dt. 1973) 224

Literaturverzeichnis 228
Frauenzentren und -gruppen 231
Frauenbuchläden 237

Vorwort

Diese Worte werden zu einer Zeit geschrieben, in der Schlagworte wie »Nachrüstung« und »Neutronenbombe« die Menschen bewegen. Die Angst vor dem totalen Krieg in diesem Niemandsland zwischen den Großmächten beschäftigt viele, Frauen wie Männer. Doch sie sagen das gleiche und meinen nicht dasselbe, diese Frauen und Männer. Denn ihr Friede ist nicht notwendigerweise auch unser Friede. Die Verhinderung eines drohenden Atomkrieges bedeutet nicht automatisch auch die Beendigung des herrschenden Geschlechterkrieges: dieses Krieges, den sie, die Männer, die Mächtigeren, alltäglich gegen uns führen.

Frieden, das kann für uns Frauen nur meinen, Frieden vor den Bomben wie vor den Vergewaltigern. Daß wir diesen Frieden nicht mit Petitionen (zum Beispiel) erbitten können, sondern mit all unserer Kraft erkämpfen müssen – das zumindest hat uns dieses erste Jahrzehnt neue Frauenbewegung gelehrt.

Um so erstaunlicher ist es, daß Frauen wieder einmal – zum wievieltenmal in der Geschichte eigentlich? – ihre Sache im Namen des »großen Anliegens« zurückstellen oder gar nicht erst in Angriff nehmen. Mehr noch: daß selbst Feministinnen das mitmachen und damit die Sache der Frauen verraten.

Denn die augenblicklich vorherrschende – und als erstes vor einigen Jahren ausgerechnet von den Parteien lancierte! – Ideologie von »Frauen und Frieden« suggeriert Frauen nicht nur, Emanzipation sei Nebensache (vor dem Hauptanliegen der drohenden Kriegsgefahr), sondern weist Frauen innerhalb dieser Friedensbewegung auch noch den althergebrachten Platz zu: Frauen seien von Natur aus friedlich; Frauen seien von Natur aus mütterlich und darum zuständiger für das Leben; Frauen seien die eigentlich besseren Menschen, berufen, diese männlich zerstörte Welt zu retten.

Und damit das weibliche Geschlecht zu eben dieser Rettungsaktion schreiten kann, drückt man ihm nicht etwa die Hebel der Macht in die Hand, sondern die lieben Kleinen auf den Arm. Die neue Mystifizierung unserer vorgeblich natürlichen Friedfertigkeit einerseits und die neue Glorifizierung der Mutterschaft andererseits gehen Hand in Hand, denn so haben die Männer uns gerne: schön friedlich und dabei ach so liebevoll rund um die Uhr beschäftigt ...

Das Alarmierendste dabei ist nicht etwa, daß die Männergesellschaft diesen müden Trick wieder einmal versucht, sondern daß Frauen, ja sogar so manche Feministinnen dabei mitmachen.

Als wir die ›Emma‹-Serie ›So fing es an‹, die jetzt zum Buch geworden ist, begannen, kam der Anstoß eigentlich von außen: und zwar von der SPD. Unbeabsichtigt, versteht sich. Denn Frauen sind für die herrschenden Sozialdemokraten kein Thema gewesen, Feministinnen gar waren ihnen bestenfalls gut zur Abgrenzung und Diffamierung – und das, obwohl gerade wir, die sogenannten »progressiven Frauen« ihnen (laut hochoffiziellen Wahlanalysen) seit 1972 zur Macht verholfen haben. Seither allerdings haben wir es anscheinend an dem in der Politik nun mal nötigen Druck fehlen lassen. Im Verlaufe des Wahlkampfes 1980 jedenfalls erlaubte sich der SPD-Pressedienst ppp den bisher dreistesten Fälschungsversuch in der Geschichte der jungen Frauenbewegung: ppp bezeichnete unter anderem die Selbstbezichtigungsaktion der 374 (»Ich habe abgetrieben«), die 1971 zum Auslöser der neuen Frauenbewegung in der BRD wurde, als »Publikumswerbeaktion im Stil eines Rührstücks« . . .

Das heißt, während wir Geschichte machen, schreiben die anderen sie. Und daß sie die besseren Archive haben, wissen wir spätestens seit der Suche nach der verschütteten Geschichte der ersten Frauenbewegung, von der sie uns nur die Spaltungslüge von der sogenannten »proletarischen« und der »bürgerlichen« Bewegung sowie die zu Vogelscheuchen entstellten »Suffragetten« überlieferten. Geschichte ist nicht nur Vergangenheit, sie ist auch Zukunft. Ohne Geschichte sind wir wurzel- und identitätslos. Ohne Geschichte müssen wir immer wieder bei der Stunde 0, immer wieder von vorn anfangen. Was wir dann 1968 auch taten. Wieder einmal.

Doch während der Arbeit an dieser Chronik und Dokumentation unserer ersten zehn Jahre Frauenkampf wurde uns immer klarer, daß die massivste Gefahr, die uns bewußten Frauen heute droht, in der Tat von außen kommt, die subversivste Gefahr aber – von innen. Denn: Ein Teil der Feministinnen selbst propagiert heute »die Natur der Frau« und eine »weibliche« Beschränkung auf Gefühl und Mütterlichkeit!

Wie das? War es nicht eine unserer entscheidendsten Erkenntnisse gleich zu Beginn der neuen Frauenbewegung, daß unsere angebliche »Andersartigkeit« nur Vorwand ist für Minderwertigkeit? Hatten wir nicht endlich begriffen, daß wir zwar anders sind – aber nicht anders geboren, sondern anders geworden?!

Waren wir nicht zwar auch stolz, Frauen zu sein, aber war es nicht ebenso selbstverständlich, daß wir uns nicht länger in der »Weiblichkeit« einschließen lassen wollten?!

Emotion und Ratio, Mütterlichkeit und Kreativität, Bauch und Kopf, Empfindsamkeit und Kühnheit – das sollte die Spannbreite unserer Möglichkeiten sein. Nach dem Wissen wollten wir ebenso greifen wie nach den Sternen, und – wir haben es auch getan!

Nicht ohne Erfolg. In diesen zehn Jahren haben wir, die Feministinnen, Bewußtsein und Gesetze verändert, Träume und Realitäten. Aber, wir hatten und haben auch Rückschläge, und das nicht nur von außen, sondern auch von innen. Denn das Gift der Frauenverachtung ist tief unter unsere Haut gedrungen. Auch ist unsere Auseinandersetzung zäher und verzahnter als die aller anderen Unterdrückten: Wir sind die einzigen, die mit ihren Unterdrückern nicht nur den Tisch, sondern oft genug auch noch das Bett teilen. Das macht es so schmerzlich, unsere Erniedrigung wirklich einzugestehen; das macht es so schwer, wirklich zu hassen und zu kämpfen. Da scheint es oft soviel einfacher, uns selbst zu belügen und zu betrügen ... Genau darum ist der Kampf der Feministinnen so nötig. Und genau darum ist es existentiell, daß nun nicht auch noch Feministinnen selbst diesen Selbstbetrug mitmachen. Wobei die Motive derer, die mitmachen, unterschiedlichster Art sind. Sie gehen von erschütternder Naivität und leichtfertiger Unwissenheit über Selbsthaß (und damit Frauenhaß) bis hin zum gezielten Verrat: da biedern Frauen sich auf Kosten anderer Frauen bei der Männerwelt an, sei es durch die Distanzierung vom Feminismus oder durch seine Verwässerung.

Dagegen müssen wir Radikal-Feministinnen uns zur Wehr setzen. Darum ist dieses Buch nicht nur eine zu Recht stolze Bilanz alles Erreichten, sondern auch eine klare Benennung unserer Positionen und – eine Kampfansage an alle Männer oder Frauen, die im Namen des Feminismus der Sache der Frauen schaden. Denn nicht alles, was von Frauen kommt, ist deswegen schon gut und richtig. Nicht alles, was sich das Etikett des Feminismus anheftet, ist deswegen schon Beitrag zur Befreiung der Frauen.

Am erschreckendsten scheint heute die wie in der Linken nun auch in der Frauenbewegung um sich greifende Theorielosigkeit und Oberflächlichkeit. Fundamentale Erkenntnisse scheinen in Vergessenheit zu geraten, wesentliche Forderungen werden ins glatte Gegenteil verkehrt (ein Beispiel dafür ist die Prostitutionsdebatte, innerhalb der Feministinnen heute hergehen und behaupten, Prostitution sei Emanzipation!).

Dieses Buch ist ein Beitrag von Radikal-Feministinnen. Charakteristisch für Radikal-Feministinnen ist vor allem, daß sie nicht an die »Natur des Menschen« glauben (an die der Frauen oder Männer so wenig wie an die der Schwarzen oder Weißen, der Proletarier oder Bourgeoisen), und daß sie Verhältnisse schaffen wollen, in denen Biologie nicht länger Vorwand sein kann für Ideologie, für Ausübung von Macht oder Ausbeutung. Wir Radikal-Feministinnen sind entschlossen, uns nicht länger in irgendeine sogenannte »Weiblichkeit« einschließen zu lassen. Für uns erschöpft sich Feminismus nicht in einem »neuen Körperbewußtsein«, einem »weiblichen Verhältnis zur Natur« oder gar einem »natürlichen Verhältnis zum Frieden«. Was wir meinen, zeigt unsere Geschichte. Friede, das wissen wir, muß erkämpft werden. Es hat unterdrückte Gruppen immer schon ausgezeichnet, daß sie »friedlich« zu sein haben – notfalls gewaltsam erzwungen. Unser Friede meint mehr als den Zustand des status quo zwischen den Völkern und das Dulden des Alltagskriegs zwischen den Geschlechtern. Unser Friede meint Freiheit! Freiheit für alle, auch für Frauen.

Das ist ein großes Ziel, ein sehr großes Ziel. Und wir sind weit, weit davon entfernt. Gerade darum muß jeder noch so kleine Schritt in diese Richtung, darf nicht zurück oder in die Irre gehen. Wir sollten uns weder vom »Männlichkeitswahn« den Schneid abkaufen, noch vom »Weiblichkeitswahn« die Sinne vernebeln lassen. Klarsicht tut not. Heute nicht weniger als vor zehn Jahren. Ich hoffe, dazu ist dieses Buch ein Beitrag. Einer von vielen notwendigen.

Alice Schwarzer Köln, September 1981

Nachtrag: Das Vorwort zu diesem Buch wurde 1981 geschrieben. Inzwischen ist die Regierung eine andere, und auch die Tendenzen und Gefahren innerhalb der Frauenbewegung und der Friedensfrauen sind (nicht zuletzt dank der scharfen Kritik radikaler Feministinnen) nicht mehr ganz dieselben. Die schlimmsten Phasen der biologistischen Argumentation – vom Natur-Mythos bis zur neuen Mütterlichkeit – sind überwunden. Frauen werden wieder kämpferischer, viele haben erkannt, daß wir unsere Rechte, die wir uns mühsam erkämpft haben, nicht mit Hilfe der Mondgöttin verteidigen können. Dennoch bleibt die Sorge dieser Dokumentation vor einem Rückfall in den neuen/alten Weiblichkeitswahn gerade in Zeiten der Millionen-Arbeitslosigkeit und lautstarker Propagierung einer »heilen Familie« und der »weiblichen Rolle« leider hochaktuell.

Köln, im Sommer 1983

Geschichte

Bräute der Revolution?
1968

Die Tomate flog am 13. September 1968, und sie traf nicht nur voll ins Gesicht, nämlich des SDS-Theoretikers Hans-Jürgen Krahl, sondern ebenso voll ins Schwarze. Geworfen wurde sie von Sigrid Rüger, Romanistik-Studentin und Berliner Delegierte auf dem Frankfurter Bundeskongreß des Sozialistischen Deutschen Studentenbundes (SDS, damals noch intellektuelle Speerspitze der Apo-Bewegung). Sigrid, hochschwanger, hatte ursprünglich gar nicht die Absicht gehabt, sich einzumischen, sich dann aber über die Nonchalance erbost, mit der die Genossen über die Rede einer gewissen Helke Sander hinweggehen wollten. »Genosse Krahl, du bist objektiv ein Konterrevolutionär und ein Agent des Klassenfeindes dazu!« rief die Delegierte empört und ließ dann die Tomaten sprechen. Drei an der Zahl. Zwei klatschten gegen den, exklusiv männlich besetzten, Vorstandstisch.

Die Filmerin und auch heute noch aktive Feministin Helke Sander erinnert sich gut an diese Stunden. Zu oft ist sie seither zu diesem historischen Moment befragt worden. Dennoch entstand ein schiefes Bild.

»Ganz im Gegensatz zu der allgemein herrschenden Vorstellung war dies nicht eine Revolte der Frauen im SDS – im Gegenteil: die meisten SDS-Frauen fanden unseren Auftritt eher peinlich«, erinnert sich Helke. Dennoch sollte eben diese »peinliche« Tomate gerade für die intellektuelleren SDS-Frauen zum Fanal werden. Kaum in ihre Städte zurückgekehrt, gründeten sie allerorten »Weiberräte« – Frauengruppen, zu denen Männer keinen Zutritt hatten. Hier redeten Frauen endlich, ohne von den sprachgewaltigen Genossen überrollt zu werden.

Beim nächsten Bundeskongreß in Hannover traten sie dann auch schon formiert und mit neuem Selbstbewußtsein auf. Der Frankfurter Weiberrat hatte sogar die Verve für eine Satire: das inzwischen legendäre Flugblatt ›Befreit die sozialistischen Eminenzen von ihren bürgerlichen Schwänzen!!!‹ Da wurden ganz neue Töne angeschlagen, da hieß es: »Wir machen das Maul nicht auf! Wenn wir es doch aufmachen, kommt nichts raus! Wenn wir es auflassen, wird es uns gestopft: mit kleinbürgerlichen Schwänzen, sozialistischem Bumszwang, sozialistischen Kindern, Liebe, sozialistischer Geworfenheit, Schwulst ... Kotzen wir es öffentlich aus, sind wir penisneidisch, frustriert, hysterisch, verklemmt, asexuell, lesbisch, frigid, zukurzgekommen, irrational, penisneidisch, penisneidisch, penisneidisch.«

Zu lange hatten die Frauen geschwiegen. Zu lange hatten sie sich selbst auf den Barrikaden in Paris, Berlin und Berkeley als »Bräute der Revolution« (›konkret‹) abtun lassen. Allemal gut genug dafür, mit flinken Fingern Küchenarbeit und Kindergeschrei von den großen Revolutionären fernzuhalten, ihnen niedere Dienste wie Tippen und Flugblattverteilen abzunehmen, waren die Frauen auch hier wieder einmal auf der Strecke geblieben. Ihre Lebensinhalte waren nicht Gegenstand der neu-sozialistischen Analysen; ihre Schwestern schrieben keine dicken, schlauen Bücher; sie saßen nicht an den Vorstandstischen der Weltbefreier.

Dennoch und wohl gerade darum waren diese intellektuellen Frauen so gefangen in der Domination der Genossen, daß nicht etwa sie es waren, die als erste aufbegehrten. Es waren vielmehr vor allem Frauen aus dem Dunstkreis der Apo. Berufstätige, Hausfrauen und auch Studentinnen, die als Freundinnen oder Ehefrauen konfrontiert waren mit dem Säbelgerassel der linken Ritter, das ihren Ohren nicht galt. Menschheitsbefreier wollten die Genossen gerne sein, Frauenunterdrücker aber wollten sie mindestens genauso gerne bleiben.

Zu diesen Frauen aus dem Apo-Dunstkreis stießen auch einige Einzelgängerinnen. Die, die ihren ganz privaten Aha-Effekt bei der Lektüre von Simone de Beauvoirs ›Das andere Geschlecht‹ gehabt, Betty Friedans ›Weiblichkeitswahn‹ gelesen und jede kleine Zeitungsmeldung über die sogenannte Women's lib in Amerika und die »Dollen Minnas« in Holland verschlungen hatten.

Die Amerikanerinnen, die sich Mitte der sechziger Jahre erstmals zusammenschlossen, meldeten sich prompt in den ersten Monaten beim Berliner »Aktionsrat zur Befreiung der Frau«. Auf deren Brief hat damals niemand geantwortet, erinnert sich Helke, denn »keine verstand Englisch«.

Auch dies ein falsches Gerücht, das sich hartnäckig hält: Die neue deutsche Frauenbewegung sei ein Ableger, sozusagen die kleine Schwester der amerikanischen Frauenbewegung; die deutschen Frauen hätten Analysen und Ideen direkt aus den USA importiert. Das stimmt für die Bundesrepublik so wenig wie für das übrige Europa. Zwar hat die Tatsache, daß es in Amerika bereits eine Frauenbewegung gab, in dieser Zeit ganz sicherlich eine anregende und mutmachende Wirkung auf die Europäerinnen gehabt. Ganz und gar unabhängig aber von dem, was sich jenseits des Atlantiks tat, wuchs hier in verschiedenen Ländern fast gleichzeitig – und ebenso unabhängig voneinander! – das Unbehagen der Frauen bis hin zum Eklat und offensiven Protest. Die Zeit war reif.

Es war im Berliner Republikanischen Club, wo sich in den Januartagen des Jahres 1968 erstmals frauenbewegte Frauen trafen. Öffentlichkeit hatten diese Treffen kaum, sie funktionierten mit Mund-zu-Mund-Propaganda und Flugblättern. Sehr schnell wurden die Treffen Gewohnheit, wurden sie »das Mittwochsplenum« und nannten die Frauen sich »Aktionsrat zur Befreiung der Frau«. Immer waren die Räume zu klein. Helke erinnert sich: »Auf diesen Plenen ging es hoch her. Hunderte von Frauen kamen und gingen. Diese Freude am Reden, am Sich-Austauschen! Wir konnten uns nie voneinander trennen, gluckten bis in die Nächte zusammen.«

Die Frauen, die nicht an der Uni waren, hatten einen großen Wissensdurst, wollten lesen, wollten lernen. Helke: »Daß es im 19. Jahrhundert schon einmal eine Frauenbewegung gegeben hatte, wußte niemand von uns. Namen wie Olympe de Gouges, Flora Tristan, Susan B. Antony oder Hedwig Dohm waren uns unbekannt.« Die Männergeschichtsschreibung hatte ganze Arbeit geleistet. Wieder einmal mußten Frauen von vorne beginnen. Helke: »Wir lasen dann zuerst die sozialistischen Texte zur Frauenfrage, Bebel, Zetkin, und fanden das eigentlich recht unbefriedigend, trauten uns aber nicht so recht, das zuzugeben.«

Viele unter diesen Frauen der ersten Stunde waren Mütter. So kam es, daß die ersten Flugblätter des Aktionsrates sich immer wieder auch mit der Kinderfrage beschäftigten. In der Tat waren es diese Frauen, die dann die sogenannte Kinderladen-Bewegung auslösten. Auch diese Brutstätten der antiautoritären Erziehung haben Männer später mehr oder weniger explizit auf ihr Konto verbucht. Zu Unrecht.

In ihrem allerersten Flugblatt schrieben die Frauen damals: »Wir sind neidisch gewesen, weil uns die Gleichberechtigung immer etwas schwerer fiel als unseren männlichen Kommilitonen, weil uns die ersehnten genialen ›Höhenflüge‹ nicht so recht gelingen wollten. Und wir sind traurig gewesen, weil wir bei unseren individuellen Versuchen, Studium, Liebe, Kinder zusammenzubringen, uns verzettelten oder einfach verkrusteten.« Einige Wochen später war der Ton schon schärfer: »Es ist ein Hohn, wenn die Genossen von Auflösung der repressiven Zweierbeziehungen und Aufhebung der Fixierung der Kinder an die Eltern reden, gleichzeitig aber die Verantwortung für die Kinder wieder ins Private abschieben und daraus keine politischen Konsequenzen ziehen.«

Aber sie, diese Frauen der ersten Stunde, sind auch selbstkritisch. So notieren sie zu der Frage der Mutterschaft im Januar 1968: »Die Funktion der Mutter war und ist, Herrschaftsformen zu verinnerlichen und diese verinnerlichte Herrschaft als ›Liebe‹ auszugeben.«

Und sie, diese Frauen der ersten Stunde, glauben noch an die eigenen Genossen, appellieren an sie, ja, versuchen, sich anzubiedern. »Zu diesem Frankfurter SDS-Kongreß fuhren wir eigentlich ganz naiv hin«, erinnert sich Helke. »Wir dachten, da finden wir ein Forum, das uns wohlgesonnen ist.« Helke, damals Sprecherin des Berliner Aktionsrates, begann ihre Rede entsprechend hoffnungsvoll mit Beschwichtigungen des Stils: »Der Mann übernimmt die objektive Rolle des Ausbeuters oder des Klassenfeindes, die er subjektiv natürlich nicht will, da sie ihm ja auch wiederum nur aufgezwungen wird von einer Leistungsgesellschaft, die ihm ein bestimmtes Rollenverhalten auferlegt.«

Aber die Jungs wollten auch »subjektiv« durchaus. Kein Grund für sie, womöglich auch noch persönlich von den zahlreichen Männervorteilen (auf Kosten von Frauennachteilen!) zu lassen. Selbst der Wink mit der Basis konnte den kopflastigen Intellektuellenverband nicht locken an diesem 13. September 1968: »Die Gruppen, die am leichtesten politisierbar sind, sind die Frauen mit Kindern. Bei ihnen sind die Aggressionen am stärksten und ist die Sprachlosigkeit am geringsten.« Soweit Helke, selbst Mutter.

Diese in der Grundtendenz freundliche und durchaus kollaborationsbereite Haltung entsprach zu diesem Zeitpunkt ohne Zweifel der Stimmung der Mehrheit der aktiv gewordenen Frauen. Keine Kriegserklärung sollte das sein, eher eine energische Bitte, doch endlich mal zuzuhören, hinzusehen. Doch – die Genossen dachten nicht daran. Auch Helkes Grollen am Ende der Rede (»Genossen, eure Veranstaltungen sind unerträglich!«) machte sie nicht hellhörig.

Wer nicht hören will, muß fühlen, das weiß ja schon der Volksmund. So kam es zu der besagten Tomate. Eine Aktion, die auch durchaus pressewirksam war. Flugs trugen ›Spiegel, ›Zeit‹, ›Stern‹ und ›konkret‹ den Geschlechterclinch der enfants terribles unter die Leser/innen. Sicher nicht ohne klammheimliche Freude daran, daß es nun auch den Weltverbesserern an den Kragen ging ...

Den mit Abstand klügsten und sensibelsten Kommentar aus dieser Zeit schrieb im Dezember 1968 Ulrike Meinhof unter dem bezeichnenden Titel ›Frauen im SDS – oder – In eigener Sache‹ in ›konkret‹. Kernsatz: »Nicht dem permanenten Ehekrach soll das Wort geredet werden, sondern der Öffentlichkeit des Krachs.« Aber auch die anderen Journalisten hatten durchaus erfaßt, um was es ging. Wenig von der dumpfen Häme heutiger Berichterstattung, dafür durchaus Differenzierungen und ein gewisses Verständnis. Das waren eben noch andere Zeiten, und den Herren Journalisten selbst war es auch noch nicht an den eigenen Kragen gegangen ...

Doch auch die heute so üblichen Töne kündigten sich bereits an. Mit gewohnter Perfidie schloß ›Spiegel‹-Brügge seinen Bericht über den Hannoveraner Kongreß, indem er den Eintritt einer Frau in den Raum schildert, in den sich die Weiberrätinnen zur Beratung zurückgezogen hatten: »Selbst ein Mädchen, das mit intimen Anliegen von außen kommt und den nächststehenden Artgenossinnen etwas zuflüstern will, findet nur mühsam Gehör. Was will sie? ›Tampons! Hat eine vielleicht Tampons?‹ Die roten Schwestern blicken verdrießlich über die Schulter und brauchen eine Weile, sich den da angezeigten Einbruch eines ebenfalls ungerechten Naturereignisses bewußt zu machen. Schweigend kramen sie dann im Täschchen.« – Denn merke: Und ewig blutet das Weib.

Die Frankfurter und die Hannoveraner Frauenauftritte schufen nicht nur ein, zwei, drei, viele Weiberräte, sie veränderten auch die Struktur des bereits bestehenden Berliner Aktionsrates. Nun herrschten die Studentinnen vor. Sie waren es, denen die »sozialistischen Eminenzen« und deren Befreiung von den »bürgerlichen Schwänzen« vor allem am Herzen lag. Sie litten am meisten unter der neu deklarierten scheinliberalen Moral, deren entscheidende Neuerung für Frauen war: Bisher gehörten sie einem Manne, jetzt gehörten sie allen. Wer nicht mitmachte, gehörte nicht dazu. Die Kommune-Experimente begannen.

Nun wurden den Genossen diese neuen Formen sexueller Ausbeutung erstmals öffentlich vorgehalten. »Liebe« wurde von den Frauen nun in kritische Anführungsstriche gesetzt. »Vorsicht vor unterdrückender ›Liebe‹!« lautete die Parole.

»Mein Kleinkrieg gegen die Männer begann notgedrungen schon in der Pubertät. Aber erst damals habe ich begriffen, daß das Schlachtfeld, um das es ging, mein eigenes Herz ist.« Das sagt Karin Schrader-Klebert heute. Damals, in diesen 68er Tagen, war sie eine der SDS-Delegierten, eine jener, die euphorisiert aus Frankfurt zurückkamen und »Weiberräte« initiierten. In Münster, wo Karin als Dozentin an der Pädagogischen Hochschule arbeitete, »wuchsen wir schnell auf 60 bis 70 Frauen an. Es fiel uns viel ein. Wir machten kreative Aktionen, Demonstrationen und entwickelten Strategien für den häuslichen und beruflichen Kampf. Erst durch den Widerstand, die Ironie und Diffamierung, auf die wir stießen, radikalisierten wir uns immer mehr.«

Doch diese erste Frauenrevolte blieb eine Sache von Intellektuellen, ging kaum über den Campus hinaus. So konnten diese Frauen später auch wieder Opfer der intellektuellen, von Männern bestimmten Spielregeln werden: Sie fielen, zusammen mit der Studentenbewegung, zurück in ein noch theoretisierendes Ghetto und in die Resignation. Doch davon später.

Jetzt trug erst einmal die Weiberrats-Arbeit Früchte. Anfang 1969 erschien Karin Schrader-Kleberts inzwischen berühmter Text ›Die kulturelle Revolution der Frau‹, im Kursbuch 17. Rasch lag dieses »Frauenkursbuch« auf allen Schreibtischen frauenbewegter Intellektueller. Karins Text sollte Geschichte machen. Er war die erste eigenständige radikalfeministische Analyse der neuen deutschen Frauenbewegung, war ihr Vorläufer; aber er sollte, leider, auch einer der wenigen wirklich einschneidenden, analytisch-agitatorischen Texte überhaupt bleiben, die aus der Feder deutscher Feministinnen kamen.

In den darauffolgenden Jahren zeigte sich, daß die Stärke deutscher Feministinnen eher in der Praxis lag (und liegt) und weniger in der Theorie. Das hat vielfältige Gründe. Unter anderen den: Die neuen Feministinnen sind die Töchter des Faschismus und auch selbst noch verfangen in diesem alles erstickenden deutschtümeligen Schwarz-Weiß-Denken, das wagemutige Kreativität und intellektuelle Kühnheit nur schwer gedeihen läßt. So bleiben – im Gegensatz zum Ausland – im deutschen Feminismus die schrittmachenden Texte Ausnahmen, Beiträge von »Einzeltäterinnen«, die nicht selten, so wie Karin, eine »undeutsche« Variante hatten. Der Text der gebürtigen Wienerin Karin Schrader-Klebert sprengte diese Fessel (s. S. 111).

Vor allem auch sprachlich ist er Ausdruck seiner Zeit (trägt er auch die Spuren von Marx und Adorno), gleichzeitig aber geht er weit darüber hinaus. Hinter dieser Konsequenz, mit der da Frauen als unterdrückteste Gruppe definiert werden (»die Neger aller Völker«); hinter die Klarsicht bezüglich der reaktionären Rolle der Weiblichkeitsideologie; hinter die Analyse der Funktion der Ehe fallen Teile der neuen Frauenbewegung heute, nur zwölf Jahre später, weit zurück. Ein Grund mehr, uns zu erinnern.

Ich habe abgetrieben!
1971/72

»Privilegierte haben in der Geschichte ihre Rechte noch nie freiwillig preisgegeben. Deshalb fordern wir: Frauen müssen ein Machtfaktor innerhalb der ausstehenden Auseinandersetzungen werden! Frauen müssen sich selbst organisieren, weil sie ihre ureigensten Probleme erkennen und lernen müssen, ihre Interessen zu vertreten.«

Beifall der Mehrheit. Buhrufe von einzelnen. Es war schon später Nachmittag, als diese inzwischen historischen Sätze durchs Mikrophon klangen. Sätze, mit denen – ein halbes Jahrhundert nach dem Tod der ersten deutschen Frauenbewegung – die zweite deutsche Frauenbewegung geboren wurde. Ort des Geschehens: die Frankfurter Jugendherberge am Ufer des Mains. Geburtshelferinnen: zirka 450 Frauen von 40 Gruppen aus der ganzen Bundesrepublik, hier versammelt zum ersten »Bundesfrauenkongreß«.

Hinter ihnen lagen stürmische Monate. Und hätte diesen 450 Frauen ein Jahr zuvor jemand prophezeit, sie würden an der Wiedergeburt des Feminismus beteiligt sein – die meisten unter ihnen hätten wohl ungläubig den Kopf geschüttelt. Denn damals galt der Begriff »Feminismus« noch als Schimpfwort – auch und gerade in den Reihen politisierter Frauen. Nach einer ersten Auflehnung im Zuge der 68er Protestbewegung schien Anfang der siebziger Jahre wieder Friedhofsruhe zu herrschen in Sachen Frauen.

Auf der Suche nach einer fotogenen Women's lib in eigenen Landen klagte selbst ›Brigitte‹ noch im Frühling '71 kokettierend: »Deutsche Frauen verbrennen keine Büstenhalter und Brautkleider, stürmen keine Schönheitskonkurrenzen und emanzipationsfeindlichen Redaktionen, fordern nicht die Abschaffung der Ehe und verfassen keine Manifeste zur Vernichtung der Männer. Es gibt keine Hexen, keine Schwestern der Lilith, wie in Amerika, nicht einmal Dolle Minnas mit Witz wie in Holland, es gibt keine wütenden Pamphlete, keine kämpferische Zeitschrift. Es gibt keine Wut.«

Nun gab es sie, die Wut. Mehr, als ›Brigitte‹ und Kompagnon recht sein konnte. Denn die Wut richtete sich sehr rasch nicht nur gegen den § 218, sondern gegen das ganze Weiblichkeitsdiktat. Auslöser war das Abtreibungsverbot gewesen, Hintergrund aber war die zunehmende Infamie und Schizophrenie der neuen Frauenrolle. Denn es begann die hohe Zeit der propagierten Doppelbelastung: ein bißchen berufstätig, gleichzeitig perfekte Hausfrau, gute Mutter, flotte Geliebte – das war das neue Ideal, nach dem wir uns strecken durften.

An diesem Pulverfaß fehlte nur noch der Funke, doch wer sollte den zünden?

Die Apo-Frauengruppen waren infolge mangelnder intellektueller, emotionaler und organisatorischer Autonomie Opfer der allgemeinen linken Dogmatisierungs- und Fraktionierungsprozesse geworden. Wie entfremdet und sprachlos diese Vorläuferinnen der neuen Frauenbewegung zu Beginn der siebziger Jahre waren, zeigen damalige Arbeitspapiere. Eine Kostprobe der »Roten Frauen« in München: »Die technokratische Entwicklung der Berufstätigkeit der Frau ist Grundlage unserer Analysen und politischen Arbeit und nicht eine diffuse Emanzipation der ›Frau als Wesen‹.«

Ute Geißler, heute aktiv im Münchner Frauenbuchladen, damals eine der etwa 30 »Roten Frauen« erinnert sich: »Wir trafen uns einmal in der Woche, jeden Freitagabend, im Asta. Ein Teil studierte, ein Teil war berufstätig, so wie ich. Warum wir uns trafen, konnten wir selbst nicht so genau sagen. Da war so ein gewisses Unbehagen ... Ja, und dann gingen die Schulungen los. Karl Marx, Band 1. Wir haben das gehaßt wie die Pest. Aber zu sagen traute sich auch keine was ...

Wenige Monate später war die Malaise der »Roten Frauen« unübersehbar geworden. Ein Protokoll resümiert: »Da es unterlassen wurde, die verschiedenen Motivationen, Hoffnungen und Erwartungen aufzugreifen, blieben immer wieder Frauen weg; entwickelten sich bei denen, die blieben, starke Emotionen und schließlich Auflehnung gegen die Marx Schulung. Die meisten sahen in der Schulung keine direkte Aufarbeitung ihrer Probleme.«

Was nun taten die »Roten Frauen«? Sie gründeten »Untergruppen« zur »Aufarbeitung« der Frauenprobleme und verordneten sich in den Schulungsgruppen Engels, Reich und Mandel. Gruppenziel blieb »die Agitation« von Frauen, die Ideologie vom Haupt- und Nebenwiderspruch blieb unangetastet: Noch glaubten die Frauen den Genossen, daß, wenn erst einmal die Herrschaft des Kapitals abgeschafft sei, die des Patriarchats sich von selber erledige.

Das waren genau die Monate, in denen in Amerika, Holland

und Frankreich Frauen schon offen rebellierten. Im April 1971 erklärten 343 Französinnen öffentlich: »Wir haben abgetrieben, und wir fordern das Recht auf freie Abtreibung für jede Frau!« Initiiert worden war die Aktion von der Pariser Frauenbewegung, dem MLF. Veröffentlicht hatte den Appell die linksliberale Wochenzeitschrift ›Le nouvel Observateur‹. Der Zufall spielte eine Rolle dabei, daß die Aktion so rasch und so zündend in die benachbarte Bundesrepublik importiert wurde. Alice Schwarzer, damals Korrespondentin in Paris und selbst aktiv im MLF, transportierte die Idee zu den deutschen Schwestern. Bemüht, den feministischen Impetus der Aktion zu erhalten, suchte sie damals einerseits nach dem MLF vergleichbaren Frauengruppen und andererseits nach einer Möglichkeit zur Veröffentlichung.

Der ›Stern‹, der den spektakulären Aspekt der Aktion rasch erkannte, willigte ein. So kam die heikle aber doch letztendlich geglückte kurze Mesalliance zwischen dem Hamburger Männerblatt und der Frauenaktion zustande: die Frauen hatten ihr Forum, und der ›Stern‹ hatte seinen Skandal – hätte er damals allerdings auch nur geahnt, wozu er da Beihilfe leistete, hätte er es sicherlich lieber gelassen . . .

Nun galt es, die Frauen zu finden, die mitmachten. Da rasch klar war, daß es keine Frauengruppe gab, die wie die Pariserinnen die Aktion zentral hätte tragen können, klopfte Alice an viele Türen, auch an die von SPD-, DKP- und Gewerkschaftsfrauen – alle lehnten ab. Argumente: »Eine solche Aktion würde uns nur schaden, das wirkt unseriös« oder »Das würde die Basis schokkieren«.

Jedoch von den vier noch existierenden Frauengruppen waren drei bereit, mitzumachen: in Frankfurt die »Frauenaktion 70« (die aus der »Humanistischen Union« entstanden war, sich aus vorwiegend bürgerlichen berufstätigen Frauen zusammensetzte und bereits mit dem Slogan »Mein Bauch gehört mir!« auf die Straße gegangen war); in Berlin die SEW-nahe Nachfolgeorganisation des einstigen Aktionsrates, der »Sozialistische Frauenbund Berlin«; und in München die besagten »Roten Frauen«. Der studentische Frankfurter »Weiberrat« wies die Aktion zunächst pikiert von sich, er fand sie »unpolitisch« und »reformistisch«. An dem Freitagabend im Mai, an dem Alice den »Roten Frauen« den Plan unterbreitete, spaltete sich spontan die Gruppe: Die einen hielten weiter fest an den Schulungen (»Alles andere wäre blanker Aktionismus«), die anderen griffen zu (Ute: »Wir waren hocherfreut, endlich mal handeln zu können«).

Fieberhafte Aktivitäten begannen. Die drei Frauengruppen brachten innerhalb weniger Wochen etwa die Hälfte der 374 Unterschriften zusammen, der Rest kam durchs Schneeballsystem zustande: eine Frau erzählte es der anderen, Freundinnen, Kolleginnen, Nachbarinnen überlegten gemeinsam. Der Mut dieser Frauen war ungeheuerlich.

Was das damals bedeutete, überhaupt eine Abtreibung zuzugeben – von einem öffentlichen Geständnis ganz zu schweigen! – kann sich heute kaum noch jemand vorstellen. Denn dank dieser Kampagne ist das Thema Abtreibung heute zwar immer noch nicht gelöst, aber doch weitgehend enttabuisiert. Damals aber war es einfach eine Ungeheuerlichkeit, die man selbst der besten Freundin nicht gestand.

Und nicht nur das. Alle Frauen hatten Angst. Angst vor juristischen Folgen (Werden sie uns ins Gefängnis stecken?); Angst vor sozialen Konsequenzen (Verliere ich meine Stelle?); Angst vor Psychodramen (Kriegt meine Mutter eine Herzattacke? Was sagt mein Freund/Mann dazu? Sprechen meine Nachbarn noch mit mir?). Entgegen der späteren Propaganda waren die meisten der 374 Frauen alles andere als privilegiert oder gar prominent. Unter den ersten 374 Frauen, die sich öffentlich selbst der Abtreibung bezichtigten und dieses Recht für alle Frauen forderten, waren ganze neun Schauspielerinnen. (Und auch sie riskierten ihre Karriere, ihren Ruf!) Die restlichen 365 waren Sekretärinnen, Hausfrauen (sehr viele Hausfrauen!), Studentinnen, Arbeiterinnen, Angestellte. Die Älteste unter ihnen 77 (die Hamburger Hausfrau Adele Heldmann), die Jüngste 21 (die Berliner Friseuse Marita Spittmann).

Gewagt war die Aktion auf allen Ebenen. Gewagt in der Zusammenarbeit mit dem ›Stern‹, gewagt auch in bezug auf das persönliche Risiko der Frauen.

Doch gerade dieses Risiko, die Entschlossenheit von Frauen, sich nicht mehr an Spielregeln zu halten, die nicht die ihren sind, und die Demonstration ihrer Solidarität machten die ungeheure Wirkung der Aktion aus. Am 6. Juni 1971 zerriß das öffentliche Geständnis der 374 das Komplott des Schweigens. Millionenfach lag der ›Stern‹ an den Kiosken, mit Namen und Gesichtern bekannter und unbekannter Frauen, die gemeinsam erklärten: »Wir haben abgetrieben! Wir fordern keine Almosen vom Gesetzgeber und keine Reform auf Raten! Wir fordern die ersatzlose Streichung des § 218!« (s. S. 124).

Es war eine wahre Explosion. Frauen im ganzen Land schlossen sich zusammen. Unterschriften wurden gesammelt. In Büros, Fabriken, Universitäten, Stadtteilen. Endlich wagten es Frauen, sich die alltäglichen Demütigungen und psychischen Verstümmelungen einzugestehen, die ihnen der § 218 einbrachte. Irene M., 38jährige Hausfrau aus Freiburg: »Während ich mit ihm schlafe, denke ich immer nur daran – an die Angst vor der ungewollten Mutterschaft.«

Und dann die Bevormundung! Durch Ehemänner, Kirchenmänner, Ärzte, Richter, Politiker. Das Bettelnmüssen um die gnädige Erlaubnis zum Nichtaustragen einer ungewollten Schwangerschaft ...

Und die Verlogenheit dieser ganzen Gesellschaft, ihre Doppelmoral. Denn um den Fakt, ob nun abgetrieben wird oder nicht, ging es ja in Wahrheit nie. Frauen haben ungewollte Schwangerschaften immer und unter allen Umständen unterbunden. Auch das Risiko ihres Lebens konnte sie nicht schrecken. Selbst die drohende Todesstrafe im Dritten Reich nicht ... 1971 war die Dunkelziffer der jährlichen Abtreibungen allein in der Bundesrepublik eine halbe bis eine Million.

Während sogenannte Experten, während Theologen, Mediziner, Juristen und Politiker über den »Beginn des personalen Lebens«, die »Seele des Fötus«, die »völkerpolitischen Aspekte« und das »zu schützende Rechtsgut« aus der Distanz debattierten, hatten die Frauen bis dahin geschwiegen und – gehandelt. Daß sie dies täglich zu Tausenden heimlich taten, begriffen die isolierten Frauen selbst im vollen Ausmaß erst nach dem Eklat der Selbstbezichtigungskampagne. Vom scheinbar privaten Problem wurde der § 218 nun zum Politikum.

Und die Medien? Von rechts bis links versuchten sie bis auf wenige Ausnahmen zunächst nur eines: abzuwiegeln und zu diskreditieren. Für ›Bild‹ kam der »Protest zehn Jahre zu spät« und dementierte Vera Tschechowa angeblich ihre Unterschrift; für die ›Süddeutsche Zeitung‹ handelte es sich um reinen Exhibitionismus«, und die ›Frankfurter Rundschau‹ sichtete »Konsumwahn« und die »Vernichtung unwerten Lebens« (sic!). Zur Freude Kardinal Jägers, der es sich nicht nehmen ließ, von einem »neuen Euthanasieprogramm« zu sprechen.

Man sieht, der Frauenprotest muß ganz schön stark gewesen sein, um gegen diese Welle von Häme und Diffamation anzukommen! Er war in der Tat so stark, daß die Männermedien schließlich klein beigaben und einschwenkten. Nun versuchten sie, am § 218 wenigstens das dem Patriarchat Wesentliche zu retten:

nämlich die Entmündigung der Frau. Zugeständnis: illegale Kurpfuscher-Abtreibung ist nicht schön. Zugeständnis: die moderne Frau sollte ihr Leben überschaubarer (und dadurch benutzbarer!) planen können. Einzige und wesentliche Einschränkung: Frauen sollen Männer weiterhin bitten müssen. Die Entscheidung über Frauen wollten auch die scheinbar progressiven Männer auf keinen Fall aus der Hand geben. (So ließ zum Beispiel der ›Spiegel‹ einen gewissen Richter Woesener dozieren, »die hilflose Schwangere« werde den »fundierten Rat des Klinikarztes« sicherlich gern »befolgen«.)

Gleich zu Beginn der § 218-Kampagne begann in den Männermedien das Abblocken weiblicher Journalisten. Waren die sogenannten »Frauenthemen« bisher von den Männern verachtet und den Frauenseiten überlassen worden, so hieß es nun: Frauen können darüber nicht berichten, denn sie sind »nicht objektiv«. Die Medienmänner hatten die Brisanz des Themas begriffen.

Und die Politiker? Ab 1969 hatte die Liberalisierung des § 218 eigentlich zum »Reform-Paket« der SPD-FDP-Koalition gehört. Von einer »eventuellen Freigabe der Abtreibung bis zum dritten Schwangerschaftsmonat« war die Rede. Damals forderten auch die SPD-Frauen noch die »gänzliche Aufhebung des § 218«! Und der Juristenbund verlangte »weitgehende Straffreiheit«. Prompte und massive Gegenkampagnen der katholischen Kirche (»Minister Jahn will Mord legalisieren«) ließen die halbherzige Reformabsicht rasch wieder in den Schubladen verschwinden.

In einem Brief vom 11. 1. 1971 ging die rechte Hand von SPD-Justizminister Jahn, Referent Gessler, sogar soweit, sich in einem hektographierten Schreiben bei allen Befürwortern des § 218 zu entschuldigen: »Was die Reform der Strafbestimmungen über die Schwangerschaftsunterbrechungen angeht, so besteht hierüber ein weitverbreitetes Mißverständnis. Ein Gesetzesentwurf hierzu liegt erstens überhaupt nicht vor. Zweitens ist im Bundesministerium der Justiz auch keineswegs geplant, die Schwangerschaftsunterbrechung bis zum 3. Monat freizugeben. Welche Fassung unser Entwurf haben wird, läßt sich zur Zeit noch nicht absehen. Man könnte zum Beispiel an Fälle denken, in denen die Schwangerschaft auf einer Vergewaltigung beruht. Wir befinden uns noch im Stadium der intensiven Beratung, in die Sachverständige wie auch Kirchen mit einbezogen sind.« – Versteht sich, daß kein Politiker zu der Zeit zu den »Sachverständigen« etwa die betroffenen Frauen selbst zählte ...

Fünf Monate später traten eben diese Frauen an die Öffentlichkeit. Historisch ist es unleugbar, daß eine wie auch immer geartete Reformabsicht des § 218 wohl noch heute in den Schubladen der Sozialdemokraten schlummern würde, hätte es den Druck der Frauen von außen nicht gegeben! Und unter diesen Umständen entblödeten sich Teile der SPD nicht, genau die Kampagne, die die § 218-Reform – die die SPD dann ja auch auf ihr eigenes Konto schrieb – bewirkte, im Zuge des Wahlkampfes 1980 als »Publikumswerbeaktion im Stil eines Rührstücks« (›ppp‹.) zu bezeichnen!

Den Frauen, die die § 218-Kampagne initiierten und trugen, war übrigens immer klar, daß eine Reform des § 218 für diese Gesellschaft verkraftbar, ja vielleicht bis zu einem gewissen Punkt sogar genehm sein würde: eine Linderung des Frauenleidens würde die diskrete Bewältigung der Doppelbelastung wie gesagt nur machbarer machen. Wirklich revolutionär wurde die Forderung nach der Abschaffung des § 218 nur durch die damit verbundene Forderung nach der Selbstbestimmung der Frau!

Unter diesem Aspekt begreift man, daß manche Kräfte, die scheinbar in Sachen § 218 gemeinsame Sache mit den Frauen machten, den engagierten Frauen in Wahrheit in den Rücken fielen. Nämlich indem sie die rein technisch-juristische Forderung nach Reform des § 218 erhoben, nicht aber für die emanzipatorischen Inhalte dieser Kampagne eintraten. Das gilt für Teile der SPD ebenso wie für die außerparlamentarische Linke, für K-Gruppen wie für Spontis.

Das heißt, den scheinliberalen Kurs schlugen die Genossen in Sachen § 218 auch erst ein, nachdem klar war, daß der Frauenprotest nicht mehr zu stoppen war, daß es sich in der Tat um eine wahre »Massenbewegung« handelte. Die allerersten Genossen-Reaktionen allerdings waren ganz und gar abkanzelnd. So schrieben zum Beispiel die linken Paschas vom Verlag ›Roter Stern‹ noch im Herbst 1971 in einem Vorwort zu einer Zetkin-Neuausgabe: »Nicht von der bornierten und ständischen Interessenvertretung der bürgerlichen Frauenbewegung der Jahrhundertwende unterscheiden sich Initiativen westdeutscher Bildmagazine und ihrer Schauspielerklientel zur Abschaffung des § 218. Wer von Frauenbefreiung redet und den Zusammenhang im antikapitalistischen Kampf nicht einmal berührt, hätte besser geschwiegen.«

Geschwiegen hätten besser die Genossen. Wenige Monate später sahen sie sich durch die Macht des Faktischen zu einer 180-Grad-Wendung gezwungen, sprangen rasch noch auf den schon längst abgefahrenen Zug und sprachen nun vom § 218 als »eine der Hauptblockaden auf dem Weg zur Frauenbefreiung im Spätkapitalismus«.

Ruft man sich diese selbstgerechten Töne in Erinnerung, so versteht man vielleicht ein wenig, warum gerade deutsche Frauen sich von diesen – auch innerhalb der weltweiten Studentenbewegung intellektuell sehr dominierenden – Genossen so einschüchtern ließen. Margit Eschenbach vom Frankfurter »Weiberrat«, der zunächst abgelehnt hatte, mitzumachen, dann aber voll einstieg, gestand damals: »Wir erkennen erst jetzt, daß es uns genauso geht wie den anderen Frauen!«

Nicht so die Frauen innerhalb der dogmatischen Linken. So machte zum Beispiel der »Sozialistische Frauenbund West-Berlin« von Anbeginn an bei der § 218-Kampagne mit, er tat dies jedoch mehr unter dem Klassen-Aspekt (»Arme auf dem Küchentisch, Reiche nach England«) und weniger unter dem feministischen. Frauenarbeit blieb für den Frauenbund nicht mehr als eine Vorbereitung zur »richtigen« politischen Arbeit, ein Durchlauferhitzer. Die Frauenbündlerinnen damals in ihrer Zeitschrift ›Pelegea‹: »Wir organisieren uns zunächst separat als Frauen, um in theoretischer Arbeit die Ansatzpunkte zur spezifischen Frauenagitation herauszufinden. Wir sehen dies als Voraussetzung, um unter Führung der kommunistischen Partei unsere Aufgabe im Klassenkampf zu übernehmen.«

In den einstigen Kinderladen-Bestrebungen des früheren »Aktionsrates« glaubte die sozialistische Wortführerin Jutta Menschik »frauenrechtlerisches Aufbegehren« und gar eine »anklingende Rückkehr zum Matriarchat« zu orten . . .

Nun, die Hunderte, ja Tausende von Frauen, die in diesen Sommermonaten des Jahres 1971 zur Aktion § 218 stießen, waren frei von solcherlei Polit-Ballast. Was Vorteile hatte und Nachteile. Vorteil: die neu hinzukommenden Frauen mußten sich nicht politisch legitimieren, waren nicht so fern von sich selbst, konnten direkter bei ihrer Betroffenheit und Empörung als Frau ansetzen, artikulierten ihre Verzweiflung und ihren Männerhaß. Nachteil: Die Verknüpfung der Frauenfrage mit den allgemeinen gesellschaftlichen Problemen war für diese Frauen nicht so selbstverständlich.

»Der Preis, den Frauen, die sich emanzipieren wollen, zahlen müssen, ist nicht gering«, resümierte damals die Münchner »Aktion 218« die ersten oft auch bitteren Erfahrungen. »Sie riskieren die durch ihre Anpassung harmonisch scheinende Ehe, die durch das Sich-zur-Verfügung-Stellen für die Kinder zwar angenehme, aber suspekte Ruhe. Sie riskieren eine Ruhe, die von ihnen selbst längst als verlogen und damit als unerträglich empfunden wird.« – So kam es, daß so manch eine der spontan bei der »Aktion 218« mitmachenden Frauen eines Tages wieder wegblieb. Sie hatten die Zerreißprobe einfach nicht ausgehalten ...

Dennoch: Diese ersten Wochen und Monate nach dem 6. Juni waren für all die, die sich engagierten, aufregend und mitreißend. Und radikalisierend. Ute Geißler: »Als ich die Selbstbezichtigung unterschrieb, hatte ich noch mächtig Angst. Und dann, als wir ein paar Wochen später morgens um sechs diese Hausdurchsuchung hatten, da war klar: wir würden uns nicht mehr einschüchtern lassen.«

Nacht-und-Nebel-Aktionen der Polizei wie die in München, wo eine Razzia gemacht wurde, schwächten nun die Aktion § 218 nicht mehr, sondern stärkten sie eher, brachten ihr eine Welle der Sympathie. Und – eine weitere Welle von hilfesuchenden Frauen. Damit standen die Frauen der »Aktion 218« erst einmal ganz allein da: mit den Tausenden von Frauen, die Rat und Abtreibungsadressen brauchten. Einziger Ausweg: die Illegalität im eigenen Land oder die Reise ins Ausland. Die ersten Kontakte mit dem Ausland wurden geknüpft.

Am 20. November 1971 gingen in fast allen Ländern der westlichen Welt Frauen auf die Straße: für das Recht auf Abtreibung und für die Selbstbestimmung der Frau! Allein in Paris demonstrierten 4000.

In dieser Phase beriefen die deutschen Frauengruppen der »Aktion 218« den allerersten »Bundesfrauenkongreß« ein. Am 11. März reisten besagte 450 Frauen aus 40 Gruppen an, geographisch wie politisch von allen Horizonten. Es trafen aufeinander: geschulte Genossinnen und aufmüpfige Hausfrauen, interessierte Parteifrauen und versprengte Urfeministinnen. Zwei Tage lang wurde im Plenum und in vier Arbeitsgruppen heiß diskutiert: In der Arbeitsgruppe 1 ging es um »die Gründe für die Selbstorganisation von Frauen (siehe dazu auch die Abschlußerklärung der Gruppe, S. 127); in der Arbeitsgruppe 2 um »die Situation der erwerbstätigen Frau«; in der Arbeitsgruppe 3 um »die Funktion der Familie in der Gesellschaft«; in der Arbeitsgruppe 4 um die »Aktion 218«. Fragen wie die nach der Funktion der Sexualität oder dem Stellenwert der privaten Beziehung zwischen Frauen und Männern tauchten noch nicht auf, zumindest nicht laut.

Das Programm zeigt: weit über die Abtreibungsfrage hinaus

stand nun die Frage der Emanzipation der Frauen auf der Tagesordnung. Dazu waren an diesem Wochenende die Meinungen so bunt wie die Zusammensetzung des Kongresses. Doch schälte sich für die überwiegende Mehrheit der Versammelten immer klarer eine Gemeinsamkeit heraus: 1. Die Frauenfrage ist nicht länger der Klassenfrage unterzuordnen. 2. Wir Frauen müssen unsere Sache selbst und autonom in die Hand nehmen. Die Arbeitsgruppe »Situation der erwerbstätigen Frau« bezog klar Position für eine Berufstätigkeit aller Frauen und gegen die Verschleierung und Zumutung der Doppelbelastung. Eine Kontroverse zeichnet sich sofort ab: die nach der Frage, wie notwendig und sinnvoll es sei, daß Frauen sich in den bestehenden Gewerkschaften organisieren. Ein Teil der Frauen spricht sich dafür aus, ein Teil dagegen – darunter die Frauen der Frankfurter Sponti-Gruppe »Revolutionärer Kampf«, die gemäß ihrem grundsätzlichen politischen Konzept ohnehin gegen das Delegationsprinzip und für die Eigenvertretung von Interessen plädierten.

Die Arbeitsgruppe »Familie« benannte in aller Schärfe die repressive und frauenausbeutende Funktion der heutigen Familie und stellte darüber hinaus eine Liste konkreter Forderungen auf, darunter: Teilzeitarbeit für Männer und Frauen, gleicher Lohn für gleiche Arbeit, Aufhebung der Rollenverteilung in der Familie, Babyjahr für Mütter und Väter, unentgeltliche 24-Stunden-Kindergärten, Großwohnungen zu Niedrigmieten, Aufhebung der Isolation in der Kleinfamilie.

Die Arbeitsgruppe »Aktion 218« schließlich erinnerte daran, daß die Mehrheit der Bevölkerung (inzwischen 83% aller befragten Bundesbürgerinnen!) gegen den § 218 ist und kritisierte scharf die Haltung der Parteien (»Die Parteien haben entlarvt, wessen Interessen sie vertreten!«). Als Protest gegen ein für April geplantes nichtöffentliches Hearing der Bundesregierung zum § 218 kündigte der Frauenkongreß für den 14. Mai 1972 (Muttertag!) ein »Tribunal« zum § 218 in Köln an.

Ganz im Gegensatz zu dem, was immer behauptet wird, eines war für die Frauenbewegung von Anbeginn an klar: die Solidarität mit anderen politischen Kämpfen. So ist es symptomatisch, daß dieser erste Bundesfrauenkongreß 1972 unter vielen anderem einen Protest gegen Berufsverbote verabschiedete. Gleichzeitig bekräftigt die Frauenbewegung ihre Autonomie: So hieß es dann in der offiziellen Presseerklärung am Sonntag: »Auf dem Kongreß kamen wir überein, uns separat zu organisieren, solange Frauen in besonderer Weise und mehr unterdrückt sind als Männer. Wir rufen alle Frauen auf, sich für die Durchsetzung ihrer berechtigten Interessen selbst zu organisieren.«

Als die Frauen an diesem Abend des 12. März erschöpft auseinanderstrebten, ahnten wohl die wenigsten unter ihnen, welchem historischen Moment sie da beigewohnt hatten. Und noch wenige unter ihnen ahnten, was ihnen bevorstand: nämlich ein explosionsartiger Bewußtwerdungsprozeß der Unterdrückung von Frauen und eine prompte Gegenoffensive, mit der die Männergesellschaft mit allen Mitteln versuchen würde, die Sache der Frauen zu stoppen.

. . . aufs Kämpfen eingestellt 1972/73

Frühling 1972 bis 1973. Die Saat geht auf. Und wie. In Frankfurt machen Frauen ein Go-in im Dom (»Ungeborenes wird geschützt, Geborenes wird ausgenützt!«, »Hört nicht auf das Geschwätz der Pfaffen – wir Frauen werden's selber schaffen!«); sie platzen in die Jahreshauptversammlung des reaktionären Ärzteverbandes »Hartmannbund« und bewerfen die Herren mit Mehl und Binden (»Stürzt die Ärztegockel von ihrem Medizinersokkel!«); sie stürmen eine Disco-Mißwahl und decken die Jury mit Schweinsschwänzen und -Haxen ein (»Ihr verkauft hier unser Knie, wie der Bauer ein Stück Vieh!«, »Vorwärts zur Schwanzvermessung der Jury!«). In Köln veranstalten die Gruppen der »Aktion 218« ein zweitägiges »Tribunal« gegen alle Befürworter des § 218. In Berlin machen Künstlerinnen einen neuen, diesmal feministischen Realismus, der den subventionierenden Herren vom Senat so an den Nerv geht, daß die geplante Ausstellung »Von Frauen – für Frauen – mit Frauen« verboten wird.

Ein Jahr nach dem provokativen Selbstbekenntnis »Ich habe abgetrieben« halten auch Frauen in Deutschland sich immer weniger an die Spielregeln, die die ihren nie waren. Wenige Wochen nach dem offiziellen Start der neuen Frauenbewegung greifen sie zu immer spektakuläreren Aktionsformen. Sie haben weniger Angst vor Radikalität.

Und an Anlässen zur Wut mangelt es nicht. »Mörderinnen« nennt die katholische Kirche schlicht alle gegen den § 218 kämpfenden Frauen. »Wir treiben auch legal nicht ab«, erklärt eine Mehrheit der Ärzte für den Fall, daß der § 218 liberalisiert würde (oft sind es übrigens genau dieselben Ärzte, die durch illegale Abtreibungen ein Vermögen verdienen). Und: »Treibt doch mit dem Feuerhaken ab!« antworten Ärzte des Hartmannbundes auf den Frauenprotest. Wir befinden uns im patriarchalischen Spätkapitalismus, das heißt, in einer Phase, in der »die Frauen mehr ausgebeutet werden denn je zuvor« (so die französische Soziologin Andrée Michel). In der Bundesrepublik verdiente 1968 eine Arbeiterin im Schnitt stündlich 1,61 DM weniger als ihr männlicher Kollege – 1973 waren es schon 2,60 DM weniger. Seither verbreitet sich die Lohnschere zwischen Frauen und Männern ohne Unterlaß . . .

Und zuhause? Da sieht es für die Frauen noch ärger aus, da werden sie noch nicht einmal unterbezahlt, sondern müssen sogar gratis arbeiten. 1973 errechnete die »Deutsche Gesellschaft für Ernährung e. V.«, daß alleine in der Bundesrepublik Hausfrauen (Voll- und Feierabendhausfrauen) jährlich 45 bis 50 Milliarden Stunden Gratisarbeit leisten. Die Zahl der Lohnarbeitsstunden belief sich gleichzeitig auf 52 Milliarden. Bedenkt man, daß all diese gesellschaftlich ja notwendige Gratisarbeit fast ausschließlich von Frauen gemacht wird, und daß Frauen außerdem ein Drittel der Berufsarbeit leisten, so bedeutet das: In der Bundesrepublik leisten Frauen zwei Drittel der gesamtgesellschaftlich notwendigen Arbeit, Männer hingegen – nur ein Drittel. Frauen arbeiten also doppelt soviel wie Männer.

Das war ab jetzt das neue Frauenleitbild: Für Unternehmer, Politiker wie Ehemänner: Frauen *durften* nicht nur berufstätig sein, sie *sollten* es sogar. Ohne dabei jedoch ihr KKK-Leitbild aus den Augen zu verlieren. Klassenziel: in Küche und Kinderzimmer ohne Widerspruch und schuldbewußt – weil berufstätig – emsig bleiben; im Büro und am Fließband willig-billige – weil in erster Linie Ehefrau und Mutter – Reservearmee bleiben. Das war (und ist) die Situation, vor der sich die neuen Feministinnen fanden. Nun galt es, Frauen einerseits zur Berufstätigkeit zu ermutigen (denn nur die ökonomische Selbständigkeit, und sei sie auch noch so relativ, erlaubte – nach damaliger Einschätzung – überhaupt den Gedanken an Emanzipation); Frauen aber gleichzeitig vor der Hinnahme der Doppelbelastung zu warnen, sie zu bestärken in dem Kampf um Entlastung durch die Gesellschaft und Teilung der Haus- und Kinderarbeit mit den Männern.

Doch lange noch nicht ist die volle Dimension des Sexismus, ist der direkte Zusammenhang zwischen Unterbezahlung und Mißwahl erkannt. Beschleunigt wird dieser Erkenntnisprozeß durch die nun, endlich, nachgeholte Lektüre ausländischer, vor allem amerikanischer Feministinnen: Betty Friedans ›Weiblichkeitswahn‹, der die Verstümmelungen eines Hausfrauendaseins darstellt, Kate Milletts ›Sexus und Herrschaft‹, erster umfassender Beitrag zu Form und Funktion der Sexualpolitik der Männergesellschaft, Valerie Solanas' ›Manifest zur Vernichtung der Männer: SCUM‹ (Auszüge s. S. 132) – erster Exzeß des Hasses, des begründeten Hasses; Wahnsinnstat, die sich einmal, endlich, nicht gegen die Opfer, sondern gegen die Täter richtet! Das ist es wohl, was den Frauen, wie allen unterdrückten und gedemütigten Gruppen, am meisten ausgetrieben worden ist: der Mut zum Haß!

Was wäre eine Freiheitsbewegung ohne Haß? Ohne die Frage: Gehen wir wirklich weit genug? Sind wir wirklich nicht feige? Machen wir uns wirklich nichts vor? Reicht unsere Solidarität auch für die, die nicht, nicht mehr, die Nerven haben, dieses ganze himmelschreiende Unrecht immer nur in »Besonnenheit« lösen zu wollen? Mut zur Militanz war noch nie eine deutsche Spezialität. Dennoch ergriff er in dieser Zeit auch deutsche Frauen. Besonders couragiert und witzig handelten sie da, wo feministische Motivation und linke Militanz aufeinander trafen.

So in Frankfurt, wo Frauen aus der Sponti-Gruppe »Revolutionärer Kampf« (»Die Herrschaft der Schwänze hat ihre Grenze!«) und Aktive aus der »Aktion 218« 1972/73 eine Serie von Flugblättern machen, die über das bisher Gewohnte hinausgehen, »Frauen gemeinsam sind stark!« deklarieren sie und beschäftigen sich mit der Frauenausbeutung im Betrieb ebenso wie mit der in der Küche, mit steigenden Preisen und Häuserspekulationen ebenso wie mit Ärzte-Boykott und Miß-Wahlen. (Die feministischsten unter den RK-Genossinnen traten übrigens bald darauf bei den Genossen aus und in die Frauenbewegung ein.)

Zur gleichen Zeit bleiben die meisten Frauen der außerparlamentarischen Linken, vor allem der dogmatischen Linken, ganz in den männerbeherrschten Organisationen verhaftet. Bei den Sponti-Gruppen bilden sich die ersten Frauengruppen. Nicht alle aber sind sie so (selbst)bewußt wie die RK-Frauen. So manche bleiben im Denken und Handeln ganz unter der Fuchtel der sich in Italien und Frankreich inspirierenden Genossen. So die Siemens-Frauengruppe München, die unter dem platten Maoisten-Motto »Was können wir tun« nun unter Frauenarbeit ganz einfach versteht, statt, wie bisher, ausschließlich von Männern zu reden, nun einfach auch die Frauen zu erwähnen (Slogans: »Arbeiterinnen und Arbeiter feiern den 1. Mai.« »Die Chefs sind wenige, aber wir sind viele.«) »Wir verlangen von den Genossen, daß sie sich über die Frauenemanzipation informieren«, klagten solche Genossinnen. »Nicht nötig«, höhnte darauf die ›Hexenpresse‹: »Es würde genügen, sich von den Genossen zu emanzipieren, um die Genossen hinreichend zu informieren.« – »Wir verlangen von den Genossen, daß sie unser Problem zu erkennen versuchen«, klagten die Genossinnen. »Auch dies«, befand die ›Hexenpresse‹, »ist verlorene Liebesmüh. Es genügt vollauf, daß die Unterdrückten ihre Probleme, das heißt, das Problem ihrer Unterdrückung, erkennen, möchten wir meinen. Denn Befreiung ist kein Gnadenakt der Unterdrücker.« – Außerdem, so die ›Hexenpresse‹ vernichtend: »Eine Rebellion von Frauen, die sich vor dem männlichen Revolutionsmonopol als ›berechtigt‹ ausweist, ist keine Rebellion, sondern eine Rechtfertigung.«

Wer wagte diese frechen Töne? Eine Deutsche in Basel. Gunhild Feigenwinter, Intellektuelle, Ehefrau und Mutter, die dieses damals wohl respektloseste Feministinnenblatt erstmals im Oktober 1972 herausgab: ›Hexenpresse‹. Schon der Name ein Programm ...

Eine Abrechnung mit der Linken war in dieser Zeit für die junge Frauenbewegung ebenso wichtig wie der Kampf gegen die fest im Sattel Sitzenden dieser Gesellschaft. Denn gerade die Umklammerung mit den eigenen Genossen hatte sie solange niedergehalten, hatte ihnen den Blick darauf verstellt, daß auch Genossen Männer sind und – sie selbst dem Frauenschicksal nicht entkommen, weder an der Uni noch im Bett.

Gunhild in Basel schlug nicht allein so scharfe Töne an. Auch aus Münster zum Beispiel, der Stadt, in der Karin Schrader-Klebert drei Jahre zuvor den Weiberrat gegründet hatte, klang es spröde. »Jenny, wir kommen!« verkündete dort ein Flugblatt und erklärte auch gleich, per Handschrift, warum: »Jenny von Westphalen – das ist die Frau von Marx. Besser gesagt: seine Putzfrau, Köchin, Waschfrau, Prostituierte, Gebärmaschine – und das alles ohne jede arbeitsrechtliche Regelung, ohne geregelte Arbeitszeit, ohne Lohn. Karl hat nicht einen Finger gekrümmt im Haushalt, außer, daß er mit der Haushälterin bumst, ihr ein Kind macht und dazu noch zu feige ist, das zuzugeben. Aber am Schreibtisch sitzen und dicke Wälzer schreiben, groß von der Befreiung der Menschheit quatschen ... Wir sind alle Jennys! Denn wir leben in einem System der Männerherrschaft.«

Und sodann erzählt das Jenny-Flugblatt den westfälischen Schwestern, was sonst noch alles los ist in der Welt: »In Berlin gibt's mehrere Frauengruppen, zum Beispiel ›Brot und Rosen‹, die machen ab Februar eine Ausstellung und Filme und Straßentheater. Näheres auf Anfrage. Und am 10./11. Februar ist Weibertreff in München. Ja, und dann ist ein Sternmarsch nach Bonn geplant, wegen § 218. Wer will, verabredet sich mit uns.«

Aufbegehrende Frauen waren nun nicht mehr allein. Auch da nicht, wo sie noch keinen direkten Kontakt miteinander hatten. Sie wußten voneinander. Es war nicht mehr so, wie noch vor zwei, drei Jahren, als sie sehnsüchtig in den Zeitungen von den »Dollen Minnas« in Holland und dem »Women's lib« in Amerika lasen. Nun rebellierten auch die Schwestern im eigenen Haus. Überall brach es auf. Flugblätter. Treffen. Aktionen. Broschüren. Erste Zeitungen. Kongresse. Deklarationen. Die Frauenbewegung begann, ein politischer Faktor zu werden.

Und sie brach ein in die bis dahin gefestigten Hochburgen des Patriarchats: nun begannen auch die Frauen in den Parteien, unruhig zu werden. Vor allem in der SPD, in der die Kluft zwischen Anspruch und Realität besonders unerträglich war (und ist!). Die Einschüchterung innerhalb der Parteien verhinderte, daß die Frauen sich aus eigener Kraft auflehnten. Erst die Impulse und Ermutigungen von außen bestärkten sie. Die Frankfurter SPD-Frau Dorothee Vorbeck, damals dank der ersten Emanzipationswelle Bundesvorsitzende der AsF, Arbeitsgemeinschaft sozialdemokratischer Frauen (und kurz darauf aufgrund zu konsequenter feministischer Positionen – vor allem in der Frage der Berufstätigkeit und im Kampf gegen die Lüge von der »Wahlfreiheit«! – wieder gestürzt), bekannte damals ganz offen: »Angeregt worden ist das alles von der neuen Frauenbewegung, der Aktion 218.«

Mit »das alles« meinte Dorothee die neuen feministischen Impulse, die inzwischen auch einige Parteifrauen ergriffen hatten. Auf der SPD-Bundesfrauenkonferenz 1970 in Nürnberg waren es etwa 30 Genossinnen, die die Frauenfrage nun bewegte: »Wir haben eine Nacht lang zusammengehockt und ein Papier erarbeitet: Welchen Sinn politische Frauenarbeit haben kann, warum es sinnvoll ist, diese Arbeit zunächst auf Frauen zu beschränken.« Als die SPD-Genossinnen wenig später als erste frauenpolitische Tat in Frankfurt ein Flugblatt zum Muttertag machten (s. S. 126), da beschloß der SPD-Parteivorstand kurzerhand, dieses Flugblatt einstampfen zu lassen(!), »weil es in der Öffentlichkeit schädlich wäre und vom Wähler nicht verstanden würde«.

Dorothee Vorbecks damaliger Kommentar ist auch heute noch Wort für Wort zutreffend, leider: »Der Frauenbereich wird eben ausgespart in der Partei. Zunächst mal mit dem Argument: das ist nicht politisch. Dann kommt das nächste: das schadet der Partei. Der wahre Grund ist natürlich, daß jeder einzelne von den Männern ganz elementar betroffen ist, persönlich profitiert von der Unterdrückung der Frauen.«

Frauen wie Dorothee waren und blieben innerhalb der SPD allerdings in der Minderheit. Sie versuchten vor allem, innerhalb der Partei zu wirken, direkte Kontakte zu der außerparlamentarischen Frauenbewegung waren selten und eher Resultat individuellen Interesses.

Die Frauenbewegung war parteienkritisch eingestellt, hatte alle traditionellen Organisationsformen und Kommunikationswege in Frage gestellt, und war in ihrem harten feministischen Kern antiautoritär, antihierarchisch und eher anarchistisch. Nur die überregionalen Treffen vermittelten den einzelnen Gruppen in dieser Zeit das Gefühl der Gemeinsamkeit. Darum streben damals alle noch mit Eifer und Wonne zu solchen Treffen. Zum »Frauentreffen« in München kamen am 10./11. Februar 1973 Hunderte in das Haus der Kunst am Englischen Garten.

Auch aus Paris reisten Frauen an. Sie brachten zwei französische Ärzte mit und organisierten so die allererste Demonstration der bis dahin unbekannten Absaugmethode in Deutschland. Diese Karman-Methode ist inzwischen – dank der energischen Aufklärungskampagnen von Feministinnen – auch hier verbreitet und anerkannt. Damals, als die Auseinandersetzungen mit den Ärzten – die zunehmend erklärten, sie seien nicht bereit, abzutreiben! – immer schärfer wurden, stellten sich einige deutsche Frauen folgende kühne Frage: Wäre es nicht sinnvoll, nach dem Beispiel Italiens und Frankreichs mit der ambulant praktizierbaren Absaugmethode ganz provozierend illegale Abtreibungszentren aufzubauen?

Daß dies letztlich doch nicht geschah, hat sicher unter anderem was mit dem Rasen zu tun, den Deutsche auch bei Revolutionen nicht betreten, sobald da ein Schild »Betreten des Rasens verboten« steht ...

Es war der Münchener Frauenkongreß, auf dessen Programm erstmals offiziell der magische Begriff »Consciousness raising« stand. CR-Gruppen, auch, wie später, Klein- oder Quatschgruppe genannt. Das Prinzip der CR-Gruppe lag nahe, das Rezept kam aus den USA.

Freiburger Frauen schrieben über ihre CR-Gruppen-Erfahrung im ersten ›Frauenjahrbuch‹: »Frauen haben bis jetzt die Erfahrungen gemacht, mit ihren Ängsten und Hoffnungen ziemlich allein dazustehen. Indem wir unsere Ängste, die wir ja oft als Schwächen kennengelernt haben, mitteilen und bei anderen erleben, lernen wir, daß unser Sich-mies-fühlen nicht unser eigenes Versagen ist: daß wir nicht minderwertig und unfähig sind, sondern daß wir dazu gemacht wurden. Hier setzt dann auch die Frage ein, warum das so ist, und wem das dient ... Eine Kleingruppe kann keine fertigen Lösungen anbieten, aber sie kann den Rücken stärken, um die Veränderungen in Angriff zu nehmen. Sie schafft damit die Grundlagen zu unserer Politisierung. (...) Auf gar keinen Fall darf eine Kleingruppe zur Heile-Welt-Insel werden, wo wir unsere Frustrationen abladen, uns wieder aufrichten und im übrigen genauso weitermachen wie bisher (. . .) Auf jeden Fall wollen wir keinen Scheinfrieden und keine Bla-Bla-Solidarität!«

So wichtig die Selbsterfahrungsgruppen waren (und sind), so groß ist in der Tat die Gefahr, daß sie zu Bla-Bla-Gruppen abrutschen. In den darauffolgenden Jahren ist so manches Frauenzentrum zerbröselt in Quatschgruppen, die für die beteiligten Frauen zwar Ventil und Erleichterung waren, dies aber auch ausschließlich blieben. Die CR-Gruppen bekamen dadurch die gefährliche Funktion des Linderns und Wieder-fit-machens, – zum Durchhalten und Genau-so-weiter-machen-wie-bisher.

Viel diskutiert in den Kleingruppen wurde in dieser Zeit das im Frühling '72 erschienene ›Frauenhandbuch‹ der Berliner Gruppe »Brot und Rosen«. Die Berlinerinnen, die über die Abtreibungsproblematik zur Verhütungsfrage gekommen waren und sich langsam der damit verknüpften Frage der Sexualität näherten, hatten vor allem mit ihrer scharfen Kritik an der Pille Aufsehen erregt (es sollte dann noch fast acht Jahre dauern, bis die Männermedien das nicht länger totzuschweigende Unbehagen von Frauen an der Pille endlich zur Kenntnis nahmen!).

Diese Pillenkritik rannte offene Türen ein. Zu lange hatte jede Frau einzeln geschwiegen und geschluckt. Zu lange schon hatte sie heimlich daran gewürgt – daß immer mehr Frauen vergaßen, sie einzunehmen, war kein Zufall.

Über die ideologische und medizinische Kritik an der Pille hinaus griffen nun Frauen die gesamte männerbeherrschte Medizin an. »Brot und Rosen«: »Wir Frauen müssen uns selbst dazu befähigen, das, was mit uns gemacht wird, fachlich beurteilen zu können. Wir müssen unsere Angst verlieren vor Männern, die im Namen irgendeiner Wissenschaft Respekt für sich und ihre Handlungen fordern. Wir müssen es wagen, Fragen zu stellen, so gründlich zu stellen, daß sie uns nicht mehr abtun können wie bisher.« Zwei Jahre später gab es in der Bundesrepublik und in Berlin schon die ersten Selbsthilfegruppen.

In diesem Frühling '73 trafen sich die Frauen, die bereits feministische Blätter machten oder planten, erstmals in Frankfurt. Die Diskussionen waren heftig. Schon zeichneten sich verschiedene Strömungen ab, polarisierten sich vor allem hier eine radikale feministische Position und da die sogenannt »sozialistisch-feministische«.

Die schon damals erscheinende Zeitschrift ›efa‹ zum Beispiel, gemacht zum Teil von engagierten Sozialdemokratinnen, gehörte zu dieser sozialistisch-feministischen Strömung, und die Mehrheit der sich damals zusammenfindenden Feministinnen mochte sich darum nicht für dieses Organ als Zentralstimme der Bewegung entscheiden. Sie waren die verquaste Legitimation leid. Sie wollten sehr viel grundsätzlicher das Verhältnis von Patriarchat und Kapitalismus und seine Auswirkungen gerade auch auf uns Frauen bedenken, als es in einer schon so vorgegebenen Kategorie möglich gewesen wäre.

Die Frauen entschieden sich also für eine neu zu gründende ›Frauenzeitung‹, deren redaktionelle Verantwortung gemäß dem antihierarchischen und dezentralen Anspruch der neuen Frauenbewegung rotieren sollte: jeweils eine andere Gruppe in einer anderen Stadt sollte die Verantwortung für diese überregionale Stimme der Bewegung übernehmen. So geschah es auch.

Das Inhaltsverzeichnis der allerersten ›Frauenzcitung – Frauen gemeinsam sind stark‹, erschienen im Oktober '73, gibt einen guten Überblick über die Breite der Interessen von aktiven Feministinnen in dieser Zeit: Es beginnt mit der Frage »§ 218 – und wie geht es weiter?« und fährt dann fort mit der Feststellung »Wir müssen uns selber helfen!«, der Polemik »Warum der § 218 keine Klassenjustiz ist – Oder: Was die Genossin mit der Betschwester zu tun hat!« sowie einer Reflexion über Verhütung »Pille, Spirale oder Gummi?«. Dem folgt eine Information über einen »Frauenstreik in Frankreich« in einer Hemdblusenfabrik in Cerizay, über einen »Feministinnenkongreß in USA« und über den »Kampf der Antwerpener Dockerfrauen – eine immer noch aktuelle Geschichte!«. »Kennst Du Deine Zervix?« ist ein erster Bericht über Selbsthilfe-Kliniken in Los Angeles, und der »Liebesbrief an die Skandinavischen Genossinnen« berichtet von der Frauenferieninsel Femø (auf die noch ausführlicher eingegangen wird). Es folgen: Ein entschiedenes »NEIN zur Tagesmutter!« und die Geschichte der »Lesben im Weiberrat« (Ein Thema, das bis dahin tabu war in der Bewegung!); erste Querelen und die Frage »Spaltpilz in der Frauenbewegung?« sowie immer wieder die Ankündigung geplanter Frauenzentren!

Frühling '72 bis Frühling '73: Drei Aspekte vor allem haben diese Phase gekennzeichnet:

Erstens die Militanz und Phantasie der Frauenkämpfe: angefangen mit der Provokation »Ich habe abgetrieben« und weitergeführt mit Aktionen, die soviel Kopf wie Bauch hatten.

Zweitens das breite politische Spektrum der neuen Feministinnen: das Persönliche wurde als politisch begriffen, aber – das bis dahin als »politisch« Deklarierte wurde auch als Persönliches, als Sache, die auch uns Frauen direkt angeht, verstanden. Drittens: das neue weibliche Selbstbewußtsein (Frausein ist powerful!), aber – gekoppelt an den gleichzeitigen Ausbruch aus der Frauenwelt und das selbstbewußte Einbrechen in bisherige Männerdomänen.

Es ging uns damals um mehr als nur Frausein: um mehr Wissen! mehr Können! mehr Wollen!

Aufstand der Schwestern 1973/74

Vor dem Richter des Heidelberger Amtsgerichtes stand an diesem 19. August des Jahres 1974 Monika und referierte: »Wir Frauen sind weitgehend unselbständig und hilflos gehalten. So kommt es, daß wir nie gelernt haben, selbstbewußt aufzutreten und unsere Angelegenheiten selbst in die Hand zu nehmen.«

Und weil Monika und die anderen angeklagten Frauen genau das ändern wollten, standen sie nun vor Gericht. Anlaß: die Besetzung am 17. Januar 1974 – Instandbesetzung, wie man heute sagen würde – in der Plöck 48. Den Heidelbergerinnen war nach monatelangem Hinhalten durch die Stadt der Geduldsfaden gerissen, sie zogen kurzerhand in das frisch aus Mitteln einer »Stiftung für sozial schwache Studentinnen« renovierte und seit einem Jahr leerstehende städtische Haus ein. Das Glück währte sechs Tage. Dann kam, nachts um viertel nach fünf, die Polizei. Wenige Stunden später wurde mit der Zerstörung des Hauses begonnen, heute steht an dieser Stelle ein – Parkhaus.

Damals schien der Anspruch der Heidelbergerinnen, von der Stadt Zuschüsse für ein Frauenzentrum zu bekommen, gar nicht so abwegig. Schließlich subventionierten auch Städte wie Amsterdam und Kopenhagen Frauenhäuser, und taten solche Häuser in Heidelberg nicht weniger not. Was die Frauen mit den Räumen anfangen wollten? Auch das erklärten sie vor Gericht:

»Bisher sahen wir Probleme mit unserem Freund oder Ehemann als privat an. Jetzt haben wir gemerkt, daß es allen Frauen ähnlich geht, und daß wir uns gegenseitig helfen könnten. Wir haben die Erfahrung gemacht, daß gerade Gruppen, die an den scheinbar privaten Problemen wie Familie, Kindererziehung und Sexualität ansetzen, in der Lage sind, Frauen zu aktivieren, ihnen eine Perspektive zu eröffnen, ihre Situation zu verändern. (...) Dazu brauchen wir öffentliche Räume, die jeder Frau zugänglich sind: Ein Kommunikationszentrum für Frauen, wo wir über unsere Probleme sprechen und sie in einen gesellschaftlichen Zusammenhang stellen können. Wo wir Kinderbetreuung und Einkauf kollektiv organisieren können, um Zeit und Energie freizusetzen. Wo wir uns anhand von Zeitschriften, Büchern und Filmen, die sich mit unserer Situation auseinandersetzen, informieren können. Wo wir Aktionen gegen Frauenunterdrückung organisieren können, bei Problemen wie § 218, Hausarbeit, Verhütung, Kindergärten etc.« Das waren also die Hoffnungen, die anfangs noch verknüpft waren mit den geplanten Frauenzentren. Die Heidelbergerinnen gehörten mit zu den ersten, die die Realisierung eines solchen Zentrums konkret in die Hand nahmen, wirklich geschafft hatten es damals erst zwei Städte: Berlin und Frankfurt.

Zu der Zeit zählte die junge Frauenbewegung zwischen 100 und 200 Gruppen und einige tausend Aktivistinnen. Doch das, was sie ausgelöst hatte, ging weit über diese Zahlen hinaus. Frauenunterdrückung und Frauenrechte waren nun ein öffentliches Thema, die Bewegung gegen den § 218 die bis dahin auch zahlenmäßig bedeutendste Bürger(innen)-Bewegung in der Geschichte der Bundesrepublik. Immer deutlicher zeichnete sich der seit Beginn der 70er Jahre in allen westlichen Ländern wieder aufgeflammte Protest und Widerstand von Frauen als wohl fundamentalste Befreiungsbewegung dieses Jahrhunderts ab.

Die gesellschaftliche und politische Relevanz des Frauenbegehrens also war klar. Dennoch – und gerade darum! – stießen die Frauen sehr rasch auf Widerstand. So wie schon zuvor beim § 218 mußten sie ihre Sache selbst in die Hand nehmen: für viele eine neue Erkenntnis; für andere Lektion schon aus dem Kampf der außerparlamentarischen Linken, die 1968 begonnen hatte, alternative Strukturen aufzubauen, in Wohngemeinschaften zu leben, eigene Verlage und Treffpunkte zu haben.

Bis Frühling 1974 ertrotzten sich die Frauen in der Bundesrepublik ein rundes Dutzend Frauenzentren: alle selbst finanziert, selbst renoviert, selbst propagiert. Die ersten waren die Berlinerinnen mit ihrem Kreuzberger Ladenlokal. Die Hornstraße 2 war von Anbeginn an sowohl Treffpunkt und Arbeitsraum für die Aktiven Frauen selbst, wie auch Kontaktstelle für »Neue« und Ratsuchende (das waren die Jahre, in denen die Frauenbewegung quasi allein all den Frauen weiterhelfen mußte, die auf der Suche nach Abtreibungsadressen waren).

Im Berliner Zentrum gab es damals neben diesen Beratungsstunden auch Theorie- und Praxisgruppen. Die Themen: Sexualität, Gewalt gegen Frauen, Berufstätigkeit, Hausfrauenlohn, Selfhelp, Karate, Straßentheater, Stadtteilarbeit, Frauenzeitung.

Die alten Organisationsformen waren in Frage gestellt, neue nicht gefunden. Weder wollten die Frauen das Unrecht der Hierarchisierung noch die Fehler der Zentralisierung und Bürokratisierung wiederholen.

Zwar war die deutsche Frauenbewegung damals sicher immer

noch die organisierteste von allen, wurde weder in Frankreich noch Amerika soviel von Tages- und Geschäftsordnungen, Delegierten und Plenen geredet wie hier. Dennoch begann auch hier die Suche nach neuen Ausdrucks- und Organisationsformen. Denn die alten Spielregeln dieser Männerwelt hatten gerade auch Frauen bisher zum Verstummen – oder zur selbstverleugnerischen Anpassung – gebracht.

Bereits in dieser Phase zeichneten sich kontroverse Strömungen ab, die sich zwar zu der Zeit oft noch bereichernd ergänzten, sich später aber verhärten und gegenseitig behindern sollten.

Zunächst schienen es zwei Gruppierungen vor allem zu sein: Hier die »Funktionärinnen«, die, geschickt geschult aus der Linken kommend, flott begannen, nun verwalten zu wollen (Lieblingsslogan: Kommt massenhaft!). Da die Anarcho- oder Urfeministinnen, die tiefer greifend bisher Praktiziertes in Frage stellten, sich entschlossen gegen jede Bürokratisierung stemmten, jedoch die Gefahren eines strukturlosen Spontaneismus unterschätzten (Lieblingsslogan: Frauen gemeinsam sind stark!). Dazwischen schob sich nun der breite Strom der nicht traditionell politisierten Frauen.

Schon 1974 warnten Berlinerinnen im ›Frauenhandbuch Nr. 1‹ vor den »schrecklichen Folgen« einer »Verherrlichung der weiblichen Unterdrückung«:

»Intellektuelle Anspruchslosigkeit von Frauen, Ziellosigkeit, keine Realitätsbezogenheit. Auseinandersetzungen in der Gesellschaft werden nicht zur Kenntnis genommen, sondern nur die eigenen. Wissen wird als Angriff empfunden. Es gibt den Drang zum Ausgleichen, Konflikte werden verdeckt. Diese Formen, mit denen Frauen versuchen, männliche zwanghafte Verhaltensweisen aufzubrechen, können sich sehr schnell verselbständigen und ebenso zwanghaft werden. (. . .) Die Angst, andere Frauen durch eigenes Verhalten zu blockieren, kann so weit gehen, daß man ein Problem geduldig zum hundertsten Mal durchgeht, wenn eine Frau sich erst später in die Diskussion einschaltet. Das ist für die anderen terroristisch und lähmend, aber kaum jemals bringt eine den Mut auf und bringt das zur Sprache. Von daher kommt die Ineffektivität, unter der viele Gruppen leiden, obwohl sie zahlenmäßig sehr viel auf die Beine bringen müßten. Wahrscheinlich ist die Geduld eine kollektive unbewußte Angst vor den Konsequenzen der eigenen Überlegungen.«

Einer der tiefsten Konflikte kündigt sich an, der in den Jahren darauf die Frauenbewegung manchmal bis zur Lähmung belasten sollte: der Schwäche/Stärke-Konflikt mit der Mystifizierung traditionell weiblicher Schwächen. Das war das Mißverständnis: Wichtig war (und ist), zu begreifen, was aus uns Frauen diese doch oft auch mutlosen, unsicheren, angstvollen Wesen gemacht hat. Wichtig war aber auch, dies ändern zu wollen, und sich eben nicht mit dem bisher zugestandenen Mittel- und Kleinmaß zufrieden zu geben.

Für die Pionierinnen der neuen Frauenbewegung, die Frauen der ersten Stunde, war dies selbstverständlich. Sie hatten den Kampf begonnen, mußten einfach mutig und stark sein. Für die zweite Welle aber, die nun dazustieß, war dies schon weniger evident: Frauen kamen nun nicht nur ins Frauenzentrum, um zu kämpfen, sie kamen auch, um sich auszuweinen oder einfach mal gemütlich zu quatschen.

Und noch eine Schwäche der Nicht-Strukturierung zeigte sich rasch: Da alle Zentren und Gruppen prinzipiell jederzeit allen Frauen offenstanden, wurde eine Weiterentwicklung unendlich schwer gemacht. Immer wieder mußte sich jede Gruppe von jeder »neuen« Frau auf den Nullpunkt zurückholen lassen. Berüchtigtes Beispiel für diesen Mechanismus: die »Neuen« im Plenum, denen über Jahre hinaus immer wieder geduldig (bis gereizt) erklärt werden mußte, »warum hier keine Männer rein dürfen«. Die in Ansätzen richtige antiautoritäre und offene Struktur gab nun nicht selten einem nörgelnden Gesetz der Schwachen gegen jede Stärke Raum, der Ängstlichen gegen jede Radikalität. So wichtig diese Konfrontation und Auseinandersetzung nach außen war, so gefährlich könnte sie im Herzen der Bewegung selbst werden. Die schwere Aufgabe, vor der nun die Frauenbewegung dringlicher und ehrlicher als alle anderen politischen Bewegungen stand, lautet: Wie ist die Emanzipation der einzelnen mit der aller zu verbinden?

Die Schwäche/Stärke- und Politisch-Erfahrene/Politisch-nicht-Erfahrene-Pole waren nicht die einzigen Gegensätze, die in den Zentren aufeinander prallten. Sehr rasch kam auch das in der gesamten Gesellschaft existierende Generationsproblem auf – Ältere fühlten sich, oft zu Recht, weniger ernst genommen und entsprechend weniger wohl – und eine Variante des Klassenproblems. Die Zentren waren nach den Vorstellungen und Bedürfnissen nicht einer bestimmten Kategorie von Frauen gemacht: überwiegend junge Frauen aus der Szene, Studentinnen, Flippies. Andere Frauen trauten sich nur zögernd rein, wurden auch oft abgeschreckt. So klagte eine Frau aus dem Kölner Frauenzentrum im ersten ›Frauenjahrbuch‹:

»Das Wort Plenum – auch so ein Wort, das ich anfangs nicht verstand – machte mich immer so fix und fertig, daß ich gar nicht mehr hinging. Dort wurde eine Sprache gesprochen, die ich zum Teil nicht verstand. Ich kam mir klein und dämlich vor. Immer mehr hatte ich das Gefühl, hier gehörst du gar nicht hin. Was taten sie alle für wichtige Dinge, dagegen sah mein Alltag so banal aus. Vormittags sechs Stunden Büro, dann aufräumen, putzen, waschen, kochen, spülen, Schulaufgaben nachsehen. Dazu benötige ich auch nicht so komische Wörter wie: Paper, Paperback, Frustration, checken, Patchwork und Hunderte mehr, die ich vergessen habe. Wollte ich bei den Diskussionen mitkommen, hätte ich die dauernd unterbrechen und fragen müssen: Was meint ihr damit oder damit? Das traute ich mich natürlich nicht. Ich kam mir ja blöd vor und alle anderen erschienen mir so klug.«

Das heißt, auch den deutschen Frauen blieb ein Grundübel der gesamten deutschen Emanzipationsbewegungen nicht erspart: die – historisch begründete – Sprachkluft und die Ghettosituation, in der sich revolutionäre Bewegungen aufgrund mangelnder und unterbrochener Traditionen gerade hierzulande befinden. Doch im Gegensatz zu denen der Linken wurden die Impulse der Frauenbewegung auch in der Bundesrepublik sehr rasch Allgemeingut von Millionen Frauen. Nur: die Frauenzentren auch als Treffpunkt der »Frau von nebenan« – so, wie es die Heidelbergerinnen noch gehofft hatten –, das klappte nun doch nicht und konnte auch kaum klappen. Die Bewegung gestand sich dies nur zögernd ein – und so blieben die Zentren über Jahre bizarre Zwitter: Weder wirklich geschützter Ort, an dem konzentriert weitergedacht und weitergearbeitet werden konnte, noch Schauplatz der allgemeinen Verschwisterung ...

Dennoch: es waren euphorische Zeiten, diese Monate zwischen dem Frühling 1973 und dem Frühling 1974. Die Begeisterung des Aufbruchs überdeckte die Differenzen, noch, und der gemeinsame Außenfeind war leicht zu orten: der Kampf um den § 218 ging weiter, ja spitzte sich zu. Schon 1971 zeigten Umfragen, daß 71% aller Frauen in der Bundesrepublik gegen den § 218 waren, 1973 waren es schon 83%! Längst lag die unhaltbare Kluft zwischen der Existenz dieses einschüchternden und entmündigenden Gesetzes einerseits und der Frauenrealität andererseits offen. Dennoch ließ sich die SPD/FDP-Koalition Zeit. Endlich, für den Frühling 1974 war die parlamentarische Debatte um den § 218 angesetzt – eine absolute Mehrheit der Frauen (und auch viele Männer) forderten seine Abschaffung.

Allerdings hatten auch die Gegenkräfte gerüstet. Die Kirchen sprachen weiterhin von der »Tötung unschuldigen Lebens«, die Parteien wirkten auch nicht gerade motiviert (lediglich die FDP schloß sich den Selbstbestimmungsforderungen der Frauen an), CDU/CSU bezogen den Standpunkt der katholischen Kirche, die Mehrheit der SPD – allen voran ihr »Reformkanzler Brandt« – hatte eine sehr ambivalente, eine eher Pro-218-Haltung, und die Ärzte machten spektakulär mobil: Die Mehrheit der Mediziner kündigte an, daß sie auch im Falle einer gesetzlichen Fristenlösung nicht im Traum daran dächten, bei Frauen Schwangerschaftsabbrüche vorzunehmen! Ganze Kliniken (oft katholische, aber auch andere) drohten mit geschlossenem Boykott. Gleichzeitig beharrten die Ärzte auf ihrer Ablehnung einfacher Abtreibungsmethoden (wie der Absaugmethode) und ihrem Monopol zur Abtreibung. Aber – was würde ein Recht wert sein, das wir Frauen gar nicht wahrnehmen könnten . . .?

Wenige Monate vor der Parlamentsdebatte stand es also gar nicht gut um das Anliegen der Frauen. Die selbstgerechte Position der Ärzte war zur Schlüsselfrage geworden. So kam Anfang 1974 in der Frauenbewegung die Idee auf, noch einmal alle Kräfte zu mobilisieren, um diese widerstrebende Männergesellschaft zur Abschaffung oder zumindest Reform des § 218 zu zwingen! Die Idee »Aktion letzter Versuch« wurde geboren. Und sie wurde zu einer der wirkungs- und phantasievollsten großen Aktionen der neuen Frauenbewegung überhaupt.

Eine der Initiatorinnen, Ursula Scheu, ist auch heute noch aktiv in der Frauenbewegung: »Wir waren knapp eine Handvoll Frauen aus dem Berliner Frauenzentrum, die sich in diesen Januartagen in meiner Kreuzberger Hinterhofwohnung trafen.« Es ging darum, mit der dezentralen und eigenverantwortlichen Struktur der Frauenbewegung eine gemeinsame, abgestimmte Aktion auf die Beine zu stellen. Die »Koordinationsgruppe letzter Versuch« wurde ausgeheckt, sie alarmierte und informierte alle bekannten Feministinnen, Zentren, Gruppen, einzelne. Die Gruppe bot sich für die nächsten Wochen als Drehscheibe an, über die die Informationen und Absprachen sowie überregionale Öffentlichkeits- und Pressearbeit laufen konnten.

Zwei Monate später war es soweit. »Aufstand der Schwestern« titelte der ›Spiegel‹ am 11. März und berichtete: »Der 16. März, der Samstag dieser Woche, wurde zum ›Nationalen Protesttag gegen den Paragraphen 218‹ ausgerufen. In Hamburg und Frankfurt wollen Frauen mit zugepflasterten Mündern, gefesselten

Händen und schwarzen Gefängniskugeln am Bein durch die Innenstadt ziehen. In Berlin sollen mitgeführte Masken, Ärztepuppen, Särge und Wäscheleinen mit Männer-Unterhosen die aus dem Paragraphen 218 resultierende Unterdrückung der Frau symbolisieren. Beim Amtsgericht nahe Frankfurts Zeil wollen hessische Frauen gesammelt ihren Kirchenaustritt erklären, in München gibt es ›Frauen-Power‹ als Straßentheater. Auch in Provinzstädten soll die Parole ›Frauen, jetzt reicht's‹ sinnfällig gemacht werden.«

In demselben ›Spiegel‹ platzte eine erste Bombe: 329 Ärztinnen und Ärzte bezichtigten sich öffentlich, Frauen »ohne finanziellen Vorteil zur Abtreibung verholfen« zu haben und erklärten: »Wir meinen, daß nur die Frau selbst darüber entscheiden kann, ob sie Mutter wird oder nicht. Wir meinen, daß wir als Ärzte verpflichtet sind, Frauen unser Wissen für diesen Eingriff zur Verfügung zu stellen. Denn der Zwang zur Mutterschaft ist ein schwerwiegender Eingriff in das Leben einer Frau und eine Verletzung der elementarsten Menschenrechte. Die Schwangerschaftsunterbrechung ist keine Gnade, sondern ein Recht!«

Der Mut dieser Ärztinnen und Ärzte war beachtenswert (sie riskierten immerhin den Ausschluß aus ihrem Berufsstand!), und ihre Argumentation war wahrhaft frauenfreundlich. Was kein Zufall war. Denn diese Ärzteaktion war von engagierten Feministinnen initiiert worden. Genauso, wie die damit Hand in Hand gehende und noch brisantere öffentliche Ankündigung einer Abtreibung nach der schonenden Absaugmethode. Es hatte Wochen gedauert, bis die Frauen Mediziner fanden, die bereit waren mitzumachen . . .

Ursula Scheu: »Die Aktion war ja illegal und entsprechend geheim. Wir hatten den Entschluß, es zu versuchen, heimlich und nur zu zweit gefaßt . . . Wochenlang putzten wir Abend für Abend die Klinken: in Praxen, Ärzte-Wohnungen, Kliniken. Wir haben uns viele Abfuhren geholt. Gerade auch bei engagierten linken Ärzten, die nicht immer auch frauenfreundlich waren. Endlich schafften wir den Durchbruch. Eine Frau, Ingrid Kämmerer, war die erste, die bereit war, mitzumachen. Die übrigen 13 Ärztinnen und Ärzte fanden sich dann rasch.«

Gemeinsam mit den Feministinnen arbeiteten die 14 den Plan aus, mit einer öffentlich angekündigten Abtreibung gegen die Doppelmoral ihrer Kollegen und dieser Gesellschaft zu protestieren und – gleichzeitig die im Ausland längst praktizierte, schonende neue Absaugmethode zu propagieren!

Damit legten die 14 Ärzte und die zwei Feministinnen den Sprengsatz zum größten Medienskandal in der Geschichte der Bundesrepublik: zur ›Panorama‹-Affäre. Denn gleichzeitig plante Alice Schwarzer, als Feministin selbst aktiv in der »Koordinationsgruppe: Aktion letzter Versuch« und als Journalistin unter anderem für ›Panorama‹ tätig, in dem Montagsmagazin einen Bericht über den Ärzteprotest und die angekündigte Abtreibung. Schon Tage zuvor titelte ›Bild‹ die »Abtreibung aus Protest«. Schlagzeilen in allen Medien. Die Nation stand Kopf.

Doch als dann am Montag, dem 18. März, der Bericht gezeigt werden solle, war das Studio leer. 45 Minuten lang zeigten die Fernsehkameras zur besten Sendezeit zwischen 20 Uhr 15 und 21 Uhr nur leere Stühle.

Was war geschehen? In einer dramatischen Konferenzschaltung hatten die ARD-Intendanten den § 218-Beitrag im letzten Augenblick verboten. Aus Protest gegen diese Zensur zogen daraufhin auch der damalige Leiter von ›Panorama‹, Peter Merseburger, und seine gesamte Redaktion die geplanten Beiträge zurück. Tags darauf gab es nur eine Schlagzeile: »Abgesetzt!« ›Bild‹ feierte Kardinal Döpfner als »den Mann, der den Abtreibungsfilm stoppte: Sein Machtwort zum Montag ...«

Sehr rasch versuchten die sogenannten seriösen Medien das Ganze auf seine medienpolitischen Dimensionen herabzuschrauben. Und in der Tat ist es bemerkenswert und bezeichnend, daß der krasseste Fall von Zensur in den öffentlichen Anstalten nicht etwa ausgelöst wurde durch eine außenpolitische oder parteipolitische Frage, sondern – durch die Geschlechtsfrage.

Gleichzeitig wurde der ›Panorama‹-Skandal im öffentlichen Bewußtsein zum § 218-Skandal. Der gestoppte Beitrag löste mehr aus, als seine Ausstrahlung jemals hätte auslösen können. So wurde die Frauenaktion »Letzter Versuch« und der damit verbundene Ärzteprotest ohne jeden Zweifel ausschlaggebend dafür, daß sich die SPD/FDP letztendlich – und nur aufgrund des Drucks von außen und im Bangen um Wählerinnen-Stimmen! – doch zu dem Votum für die Fristenlösung durchrang.

Nebeneffekt der Aktion: Sie machte die Frauenzentren erst richtig einer breiten Öffentlichkeit bekannt. So eine Hamburgerin im ersten ›Frauenjahrbuch‹: »Erst als im März 1974 in Berlin die öffentlich angekündigte Absaugung durch die 14 Ärztinnen und Ärzte bekannt wurde und im Zusammenhang damit auch das Frauenzentrum und unsere Aktionswoche in den Zeitungen erwähnt wurden, veränderte sich die Situation schlagartig. Die unterschiedlichsten Frauen kamen zu uns, von ›Bild‹, ›BZ‹ oder ›Tagesspiegel‹ hatten sie unsere Adresse erfahren. In den folgenden vier Wochen waren mindestens 150 Frauen im Zentrum, die Rat suchten (...) Wir sahen jetzt die Beratung in einem anderen Licht, denn wir wurden hautnah mit dem Problem der ›Durchschnittsfrau‹ konfrontiert, deren Lage miserabel ist – geprägt von Unwissenheit über ihre Körperfunktionen, Hilflosigkeit, sexueller und ökonomischer Unterdrückung und Ausbeutung. Wir mußten das aufgreifen und versuchen, etwas dagegen zu tun.«

Die Zeit der Entwicklung von »Ärztefragebögen« und »Ärztekampagnen« fing an, in Gesprächen und Selbstuntersuchungsgruppen begannen Frauen, ihren eigenen Körper endlich selbst zu entdecken. Die Macht der »Götter in Weiß« wurde entmystifiziert, die Profitinteressen der Pharmakonzerne wurden angeprangert. In München und Berlin veranstalteten Feministinnen ganze »Tribunale« gegen frauenfeindliche Ärzte und gesundheitsschädliche Mittel und Methoden der Pharmaindustrie.

Gleichzeitig trieben Feministinnen die ökonomische Analyse ihrer Lage als Frauen voran. 1971 erschien in Paris eine der frühesten und wichtigsten Analysen dazu, der Text ›Feind Nr. 1‹ der Soziologin Christine Delphy, die auf den gesellschaftlichen Nutzen und den Zusammenhang zwischen der Gratisarbeit von Frauen (im Haus und bei der Kindererziehung) und der unterbezahlten Arbeit von Frauen im Beruf hinwies. 1973 erschien in der Bundesrepublik das Buch von Alice Schwarzer ›Frauenarbeit – Frauenbefreiung‹, in dem es ebenfalls um das Zusammenspiel weiblicher Konditionierung und »typisch weiblicher« Arbeit – gratis wie unterbezahlt – ging. Wenige Monate später veröffentlichte der linke Merve-Verlag in Berlin die Texte der Italienerin Mariarosa Dalla Costa und der Amerikanerin Selma James zur Hausarbeit: ›Die Macht der Frauen und der Umsturz der Gesellschaft‹.

Zu dieser Zeit waren die sogenannten »Leichtlohngruppen« für Gewerkschaften noch kaum ein Thema, und die von Frauen geleistete, gesellschaftlich notwendige Arbeit in Küche und Kinderzimmer ist dies ja bis heute nicht. Auch existierte der (inzwischen abgeschaffte) § 1356 des Bürgerlichen Gesetzbuches noch, nach dem Frauen einerseits die Berufstätigkeit untersagt war für den Fall, daß sie ihren Haushaltspflichten nicht voll nachkommen; und Frauen andererseits gleichzeitig verpflichtet waren, berufstätig zu sein, wenn »die wirtschaftliche Lage der Familie es erfordert«. Texto: »Die Frau ist berechtigt, berufstätig zu sein, soweit dies mit ihren Pflichten in Ehe und Familie vereinbar ist.« – Ohne den Kampf von Feministinnen hätten solche Gesetze noch heute Gültigkeit ...

Das Thema »Hausarbeit« wurde nun als relevant für alle Frauen anerkannt. Jede Frau ist auch Hausfrau. Mütter, Schwestern, Freundinnen, Geliebte, Ehefrauen bedienen ihre Männer. So war es nur folgerichtig, daß die Hausfrau, die sogenannte »Nur«-Hausfrau, zur neuen Märtyrerin der Frauenbewegung wurde. Und wie früher die Linken den Proletarier, so mystifizierten nun einige Feministinnen die Hausfrau.

In der Tat ist die Situation der Hausfrau Extrakt der Frauensituation überhaupt: Hausfrauen arbeiten nicht für Geld, sie arbeiten aus »Liebe«; Hausfrauen arbeiten nicht für sich, sondern für die anderen; Hausfrauen arbeiten noch nicht einmal unterbezahlt, sie arbeiten umsonst. Dabei ist ihre Arbeit, ist die Haus- und Erziehungsarbeit gesellschaftlich genauso notwendig wie die Berufsarbeit.

So war es auch weiter nicht verwunderlich, daß die Hausfrauen selbst inzwischen längst unruhig geworden waren. So unruhig, daß die Männergesellschaft sich prompt anschickte, abzuwiegeln. Sie versuchten, Frauen durch den üblichen Schmus gefügig zu halten. Von der »Wichtigkeit« der Hausfrauen war plötzlich allerorten die Rede (deswegen aber nahm sie noch lange niemand wirklich wichtiger). Die Frauenzeitschrift in Männerhand, ›Brigitte‹, ließ die Soziologin Helge Pross umfragen und beruhigend verkünden: »Deutschlands Hausfrauen sind zufrieden.« Und die CDU/CSU dachte sich flugs einen »Hausfrauenlohn« aus (oder sollte man besser sagen: ein Taschengeld?), nach dem in Zukunft »Nur«-Hausfrauen monatlich mit 300 Mark besänftigt werden sollten.

Und die Frauenbewegung? Sie reagierte unterschiedlich – und setzte hier die Grundsteine für die ersten fundamental unterschiedlichen Einschätzungen der Frauenfrage aus sich als feministisch verstehender Sicht.

Zwei Richtungen zeichneten sich ab: die eine schloß aus der Erkenntnis der so nützlichen Gratisarbeit von Frauen die Forderung nach »Lohn für Hausarbeit« (siehe dazu Textauszug von Mariarosa Dalla Costa im Anhang); die andere blieb bei der Einschätzung der absoluten Notwendigkeit der Berufstätigkeit von Frauen und forderte gleichzeitig: Kampf gegen die Doppelbelastung! gegen die Ideologie von der Hausarbeit als »Frauenarbeit«! für eine teilweise Vergesellschaftung dieser Arbeit! für

50/50-Teilung der Haus- und Erziehungsarbeit mit den Männern! für eine Veränderung des Charakters dieser Arbeit.

Die letzteren warnten eindringlich vor einem »Lohn für Hausarbeit«, der de facto erstens nicht realisierbar, zweitens bestenfalls Taschengeld für Hausfrauen (wie von der CDU vorgeschlagen!) sein und Frauen nur noch stärker ans Haus binden würde. Ganze Zentren debattierten heftig. So auch die Göttingerinnen, die am 1. Oktober 1973 zu dem kategorischen, in einem Protokoll festgehaltenen Schluß kamen: »Die Forderung nach Hausfrauengehalt ist reaktionär!« (s. S. 150).

Eine Mehrheit der für Hausfrauenlohn eintretenden Frauen erklärten ihre Einschätzung quasi zum Dogma und alle anderen Frauen zu reaktionären Antifeministinnen – und das, obwohl in den meisten ausländischen Frauenbewegungen der sogenannte »Lohn für Hausarbeit« nie ein Thema, geschweige denn eine Forderung gewesen ist (so zum Beispiel weder in Frankreich noch in Amerika)!

Auch in diesem Punkte blieb der deutschen Frauenbewegung eine deutsche Krankheit eben nicht erspart: Das rigide Freund/Feind- und Schwarz/Weiß-Denken; die weitgehende Unfähigkeit, sich über differierende Inhalte solidarisch auseinanderzusetzen und üble Angewohnheiten, anders Denkende zu diffamieren.

Ein Gutes aber hatte die ganze Debatte um die Hausarbeit auf jeden Fall: Sie machte uns Frauen den Wert dieser Arbeit bewußt und die Unerhörtheit der Tatsache, daß das alles nur auf unseren Schultern ruht!

Nachzutragen ist noch, wie das mit dem § 218 weiterging: nämlich wie das Hornberger Schießen. Frauen errangen nach Jahren und Jahrzehnten Kampf gegen dieses bevormundende Gesetz auf parteipolitischer und gesetzgebender Ebene zunächst einen Sieg, zumindest einen Teilsieg: Im April 1974 verabschiedete das Parlament mehrheitlich die sogenannte Fristenlösung, das Recht auf Abtreibung in den ersten drei Monaten. Und Überzeugung war es wahrhaft nicht gewesen, die eine Mehrheit der SPD/FDP-Abgeordneten für die Fristenlösung votieren ließ.

Vielmehr war es die Angst vor den nächsten Wahlen und das Schielen auf die weiblichen Stimmen. Nur durch einen unmißverständlichen Druck von der Basis und ein klares Auftreten als ernstzunehmender Machtfaktor hatten Frauen den Parteien diese Reform quasi abgenötigt.

Um so größer war die Fassungslosigkeit, als die von Millionen Frauen in einem harten aber durchaus demokratischen Prozeß den Politikern abgerungene Fristenlösung wenig später durch sechs alte Männer des Bundesgerichtshofes mit einem Federstrich zunichte gemacht werden konnte. Da hat man uns jahrelang diskutieren und demonstrieren lassen, hat uns aus politischer Berechnung scheinbar nachgegeben – und das alles nur, um uns dann zu sagen: April, April, wir, die Mächtigen dieser Männergesellschaft, haben uns das anders überlegt ...

Bezeichnend ist bei der Rücknahme der Reform auf eine »erweiterte Indikationslösung«, daß es wieder einmal nicht darum geht, ob abgetrieben wird oder nicht, sondern nur darum, wie abgetrieben wird: nämlich nicht in der Eigenverantwortung von Frauen, sondern unter Bevormundung von Männern, von Ärzten, Psychologen, Richtern. Die wahre Funktion des Paragraphen, nämlich die Einschüchterung und Entmündigung von Frauen, blieb erhalten.

Die neue Zärtlichkeit
1974/75

»Ich hätte nie gedacht, daß man sich mit Frauen so gut amüsieren kann«, seufzt eine der wildesten Rocktänzerinnen des Abends erschöpft. Vier Uhr morgens. Ein letzter Walzer. Das »ROCKfest im Rock« geht zu Ende.

Statt ein paar hundert, wie erhofft, kamen an diesem Abend des 9. Mai 1974 über 2000 Frauen in die Mensa der Berliner Technischen Universität. Die meisten aus Berlin selbst, viele aber auch von weit her angereist. So strömten sie, meist mottogerecht im Rock, zu diesem ersten wirklich öffentlichen Frauenfest. Aktive Feministinnen wie einfach Neugierige, für die dieser Abend der erste und durchaus lustbetonte Kontakt mit der Frauenbewegung war. Es habe eine »liebe Stimmung« geherrscht, berichtete der ›Spiegel‹ anzüglich und hatte einmal recht damit.

Spaß und Agitation, Übermut und Politik trafen an diesem Abend glücklich zusammen. Bücherstände neben Schminktischen, der verbotene Panorama-Film und Klamottentausch, Würstchen und Luftballons und die alles übertönende allererste deutsche feministische Frauenband, die Berliner Frauenrockband (später »Flying Lesbian«, später »Lilith«). Die spielte vor allem Englisches, aber auch schon eigene Lieder. Der Bewegungs-Ohrwurm »Frauen kommt her, wir tun uns zusammen!« hatte Premiere, und Monika sang:

> Wir sind eine Million Jahre alt
> doch was haben wir daraus gelernt?
> Wir durften nie wir selber sein,
> noch immer sind wir uns so fern.
> Wir sind eine Million Jahre jung
> doch alt genug um zu kapiern
> daß wir Frauen alle zusammengehören
> denn außer Männern gibt's für uns nichts zu verliern.

Die Männer, die gab's in der Tat zu verlieren. Denn die reagierten prompt auf das, was sich da anbahnte. Schon wenige Monate später, im September '74, fand der ›Spiegel‹ das Phänomen titelwürdig, lancierte das Schlagwort von der »neuen Zärtlichkeit«: »Frauen lieben Frauen«.

Was da angefangen hatte als Kampf gegen Männer, wurde nun ein Kampf für Frauen. Das Verhältnis von Frauen zu Frauen begann sich zu verändern. Im weitesten wie im engsten Sinne: das ging von der Frau, die nun einfach mal einen schönen Abend mit Frauen verbrachte (um dann ins eheliche Bett schlafen zu gehen), bis hin zu der Frau, die nun mit ihrer besten Freundin nicht mehr nur ins Café, sondern auch – ins Bett ging.

Hinzu kamen diejenigen, die schon immer Frauen geliebt hatten und dies nun nicht länger heimlich tun wollten. Sie machten öffentliche Lesbendemos und – ein Kiss-in auf dem Kudamm.

Den Männern hatte diese Entwicklung schon längst geschwant. »Die Männer haben uns Feministinnen schon als lesbisch beschimpft, als wir selbst noch gar nicht wußten, daß wir es sind«, hat eine Amerikanerin es treffend benannt. Schon die ersten Schritte der neuen Frauenbewegung waren begleitet von dem Geraune: die sind doch alle lesbisch.

Dahinter steckte zweierlei. Zum einen ein Einschüchterungs-Manöver: der Versuch der Spaltung und die Warnung an die »anderen«, die »normalen« Frauen (ihr seid doch nicht wie die, ihr liebt doch Männer ...). Zum anderen das tiefe Wissen der Männergesellschaft darum, daß das Gebot der Frauen, ausschließlich Männer zu lieben, eine ganz bestimmte, für Männer sehr praktische Funktion hat.

Drei von vier deutschen Hausfrauen putzen ihren Männern noch heute die Schuhe – »aus Liebe«. Aus Liebe heiraten Frauen, geben ihren Namen und ihren Beruf auf, fördern seine Karriere statt ihre eigene, sind allein zuständig für die Kinder und das Wohlbefinden der Familie. Im Namen der Liebe werden Frauen gedemütigt, geschlagen, ausgebeutet. Dies zu durchschauen und gar zu verändern – das könnte das patriarchalische Gefüge ganz schön ins Wanken bringen.

In den ersten Jahren der Frauenbewegung distanzierte sich die Mehrheit der Feministinnen noch mit Eifer von dem Verdacht, lesbisch zu sein. Denn Frauenliebe war innerhalb der Frauenbewegung zunächst einmal ebenso tabu wie in der gesamten Gesellschaft. Beispiel Frankfurter Weiberrat. Da kam das Thema erstmals im Frühling '72, also vier Jahre nach Gründung, auf. Eine Weiberrätin berichtete später im ersten ›Frauenjahrbuch‹:

»Nachdem sich im Verlauf eines halben Jahres immer hartnäkkiger das Gerücht durchgesetzt hatte, es gäbe im Weiberrat so etwas wie ›Lesbierinnen‹, konnten die vier betroffenen Frauen im Frühjahr 1972 zum ersten Mal den Mut aufbringen, sich im Weiberrat zu ihrem Lesbischsein zu stellen. Sie verlangten im Plenum eine Diskussion, bei der sie darauf hinwiesen, daß offenbar bei vielen Weiberratsfrauen die finstersten Vorurteile über Lesbierinnen bestünden. Bezeichnend für die Hilflosigkeit der Diskussion war, daß die Frage ›Wie unterdrücken wir euch denn, und wie könnten wir euch helfen?‹ im Mittelpunkt stand.«

Das war die Zeit, in der unausgesprochen deutlich wurde, daß sehr viele unter den Feministinnen, die aktiv gegen den § 218 kämpften, die Zentren und Beratungsstellen aufbauten, dabei sich und ihr Leben als Lesbierinnen verleugneten. Aus Angst. Aus berechtigter Angst.

Nun waren die Dämme gebrochen. Schwer zu schätzen, aber etwa jede zweite unter den Aktiven in der Frauenbewegung, die bisher ausschließlich mit Männern Liebesbeziehungen gehabt hatte, baute nun nicht nur ihre (unbewußten) Vorurteile gegen Homosexuelle ab, sondern machte sich auch ihre eigenen homosexuellen Wünsche bewußt und – lebte sie. Manche unter ihnen blieben nach einer bisexuellen Phase ganz bei den Frauen, für andere war es eher eine Art »Ausflug«.

Frauen diskutierten zusammen, kämpften zusammen, lernten zusammen, wohnten zusammen, verreisten zusammen. Und siehe da: es ging nicht nur ohne Mann, es ging oft sogar besser ohne Mann. Sich selbst und andere Frauen nicht länger verachten – dies ist auch theoretisch eines der hehrsten Ziele des Feminismus. Unter dem Schutt der Rivalität, Konkurrenz und Mißachtung legten Frauen nun Stück für Stück ihr menschliches Antlitz frei. Frauen entdeckten sich als liebenswert; als wert, geliebt zu werden.

Die Männerwelt verlor keine Zeit. In der Bundesrepublik wurde Anfang 1974 ein Mordprozeß zur ersten großen öffentlichen Abrechnung mit der Frauenliebe. Aus dem Mordprozeß gegen Judy Andersen und Marion Ihns, die den Mann der einen hatten umbringen lassen, um zusammen leben zu können, wurde ein Lesbenprozeß. »Wenn Frauen nur Frauen lieben, kommt es oft zu einem Verbrechen«, schrieb zum Beispiel die ›Bild‹-Zeitung (die sogenannte seriöse Presse reagierte ähnlich) und titelte über Wochen mit Sätzen wie: »Vater des Toten verflucht lesbische Frauen.«

Das Halali tönte quer durch alle Gazetten: Gejagt wurden Frauen, die Frauen lieben; gewarnt wurden Frauen, die die Absicht haben könnten ... Nach altbewährtem Muster wurden Andersen und Ihns auseinanderdividiert in die »Männliche« und die »Weibliche«, die Verführerin und die Verführte. Andersen wurde ganz ans Messer geliefert, Ihns die »Chance« der Reue gegeben: ›Quick‹ brachte Marion Ihns sogar dazu, »alle Frauen« vor Lesbierinnen »zu warnen«.

Um die ging es jetzt, um *alle* Frauen. Die paar Lesbierinnen hatte diese bigotte Männergesellschaft schließlich noch allemal in Schach halten und in die Ghettos abschieben können. »Liebe ist ...« witzelte ›Bild‹ zu der Zeit passend, »wenn ihr ein Mann lieber ist als die ganze Frauenbewegung.«

Schwankende bekamen nun die Abrechnung mit Ihns und Andersen exemplarisch vor Augen geführt. Wie jeder anständige Hexenprozeß endete auch der auf dem Scheiterhaufen: Lebenslänglich für beide. Dabei hätte die Bürde ihrer sozialen und psychologischen Motive für die Tat (beide waren schon als kleine Mädchen vergewaltigt worden, Ihns wurde von ihrem Ehemann regelmäßig geprügelt und vergewaltigt) bei einem Mann allemal Nachsicht und ein paar Jahre auf Bewährung oder Freispruch bewirkt. Im Namen der »Männerehre«.

Ein vergleichbares Klima hatte es nur bei dem lange zurückliegenden Brühne-Prozeß gegeben. Aber es gab einen Unterschied: den Hexen-Prozeß gegen Brühne nahmen auch empörte Frauen widerspruchslos hin, gegen den Ihns und Andersen gemachten wehrten Frauen sich. Und zwar vernehmlich.

Erstmals wandten sich Journalistinnen an den Presserat, 144 insgesamt, und forderten, »die unangemessene sensationelle Berichterstattung« zu rügen. Dies geschah. Gleichzeitig aber schaffte es fast keine der empörten Journalistinnen, in den Medien, die sonst selbstverständlich ihr Forum waren, über den Prozeß zu berichten. Nach der Blockade zum § 218 erfuhren engagierte Journalistinnen nun zum zweiten Mal, wie relativ ihre Macht war und wie leicht sie an der Berichterstattung gehindert werden konnten.

Gleichzeitig aber war der exemplarische Schlag gegen Ihns und Andersen so heftig geführt worden, daß er zum Bumerang wurde. Dieser Prozeß wurde letztlich zum Auslöser für das in der Luft liegende öffentliche Coming out von lesbischen Frauen in der Bundesrepublik. Aus dem ganzen Land kamen Frauengruppen nach Itzehoe zum Prozeß gereist. Weiß geschminkt demonstrierten sie vor dem Gerichtsgebäude: »Tat: Mord – Anklage: Lesbische Liebe« stand da auf den Transparenten zu lesen. Und: »Die Mordanklage ist Vorwand – Am Pranger steht die lesbische Liebe«.

Die Medien steckten leicht zurück. Die Presseratsrüge war zu peinlich. Der ›Spiegel‹ distanzierte sich wenig später von den »hysterischen Wahnvorstellungen über lesbische Frauen«. Doch der scheinbare Rückzug war nur ein Atemholen zu einer neuen und diesmal gründlichen Offensive gegen die Emanzipationsbewegung. Schon jetzt, Mitte der 70er Jahre, wurde die sogenannte »Tendenzwende« lanciert, oder auch, politisch präziser gesagt: die Konterrevolte formierte sich.

In Amerika, so wurde eifrig gemeldet, »kriecht die Emanzipation zwar unaufhaltsam voran«, aber »Weiblichkeit ist wieder gefragt« (›Der Spiegel‹). Die »Mutterschaft« wurde rasch auf dem Podest wieder zurechtgerückt (für einen Roman wie ›Die Mutter‹ von Karin Struck gab es durchaus einen Markt). Biologen und Psychologen mußten herhalten, um die Frauen an ihre »Natur« zu erinnern. Journalist Bittorf ging im ›Spiegel‹ sogar so weit, den »anatomischen Imperativ« auszurufen.

Bis zum Erbrechen zitierten die Männermedien in dieser Zeit Esther Vilar (Frauen sind nichts anderes als »zwei Brüste und ein paar Lochkarten mit dummen stereotypen Redensarten«), deren Hauptthese die der drohnenhaften Ausbeutung des Mannes durch die Frau war.

Auch das von der UNO proklamierte »Jahr der Frau« war eher Reaktion als Aktion; war der Versuch, den überbordenden Frauenunmut in faßbare Bahnen zu lenken. Bezeichnend war schon die Zusammensetzung des bundesdeutschen Kuratoriums zum »Jahr der Frau«. Da war neben dem damaligen Arbeitgeberpräsidenten Hanns Martin Schleyer, dem Bischof Tenhumberg und 47 weiteren ehrenwerten Herren und Damen eine einzige Feministin vertreten . . .

Und damit auch niemand auf falsche Gedanken komme, beteuerte Familienministerin Focke gleich zu Eingang, dies sei »keine Kampfansage an die Männer«, denn: »Wir wollen sie nicht verschrecken.« Kanzler Schmidt scherzte dazu auf die ihm eigene joviale Art, er hätte durchaus etwas für Frauen übrig, »und zwar in beiderlei Sinn«; ansonsten aber seien »Reformen nicht drin«, und die Frauen könnten nicht erwarten, daß andere für sie »Opfer bringen«.

Feministinnen benannten das »Jahr der Frau« von Anfang an als Farce. Am 5. Dezember 1974 riefen sie ihrerseits zu einem »Internationalen Feministinnenkongreß« nach Frankfurt. Es kamen 600 Frauen aus aller Welt. In einer gemeinsamen Resolution schrieben sie an UNO-Generalsekretär Waldheim: »Wir lehnen das Motto des ›Jahres der Frau‹ – Gleichberechtigung, Entwicklung, Frieden – ab. Diese Ziele beinhalten eine Integration der Frauen in die bestehenden Machtverhältnisse. Nicht Frauen sind die Ursache für fehlende Gleichberechtigung, Entwicklung und fehlenden Frieden, sondern Männer.« Für das Jahr der Frau planten (und machten) die Feministinnen unter anderem eine »internationale Woche zum Kampf gegen das Abtreibungsverbot«, ein »Kulturfestival« in Italien, internationale Streiks und Demonstrationen zum Muttertag.

1975 hielten auch unsere sozialistischen Brüder es für angebracht, sich zum Thema Frauen zu äußern. Die DDR-Frauenzeitschrift ›Für Dich‹ nahm die Gelegenheit wahr, den dekadenten westlichen Gedanken der Frauenemanzipation – für sie eine Erfindung der Medien, in der BRD, speziell des ›Stern‹ – zu maßregeln. Für Feministinnen sei Mann gleich Mann, Arbeiter wie Kapitalist, vom Klassenkampf hielten sie nichts, und sie kümmerten sich weder um den § 218 noch um die ökonomische Unabhängigkeit der Frau, sondern nur um ihren Kampf gegen BHs und ihre »Weiberkommunen«. ›Für-Dich‹-Lektion: »Nicht ob Mann oder Frau ist ausschlaggebend für eine emanzipierte Lebensgestaltung, sondern einzig und allein die Zugehörigkeit zu der Klasse der Besitzenden oder Besitzlosen, zu der Klasse der Unterdrücker oder Unterdrückten.«

Der Meinung waren auch die Genossen in Portugal, die gerade – Seite an Seite mit den Frauen – Revolution gemacht hatten. Doch als Portugiesinnen am 13. Januar 1975 in Lissabon gegen die Unterdrückung der Frauen protestieren wollten (sie wollten unter anderem Pornohefte und Pumps symbolisch auf der Straße verbrennen), stürzten sich auf die etwa 200 Frauen 5000 bis 6000 Männer und schrien: »Verbrennt sie!« – »Geht nach Hause an den Herd!« – »Frauen nur im Bett!«. Viele Frauen wurden zusammengeschlagen. Die Polizei sah keinen Anlaß, zu intervenieren ...

Frauendiskriminierung links wie rechts. Zwei Jahre nach dem faschistischen Putsch in Chile meldeten verzweifelte Frauen der Weltöffentlichkeit: 10000 politische Gefangene in Chile. Männer wie Frauen werden gefoltert. Aber Frauen werden noch zusätzlich erniedrigt. Fast alle weiblichen Gefangenen werden vergewaltigt. Meist von mehreren Männern und oft auch von dazu abgerichteten Hunden in Vagina, Anus und Mund – bis zur Bewußtlosigkeit. In die Vagina werden hungrige Ratten eingesetzt, Elektroden werden an Brüste, Vagina und After angeschlossen.

Vor den Augen der Mütter werden die eigenen Kinder gefoltert.

Zur gleichen Zeit kommen in Amerika die Vergewaltigungen durch Banden auf, einige Jahre später erreicht diese Entwicklung Europa. Amerikanische Psychiaterinnen berichteten schon 1973 von chirurgischen Eingriffen auch bei unbotmäßigen Hausfrauen (siehe dazu Phyllis Chesler, ›Frauen, das verrückte Geschlecht‹).

Jetzt laufen zwei Ebenen nebeneinander. Auf der einen verschärft sich die Konfrontation zwischen Frauen, die sich nicht länger ducken wollen, und einer Männerwelt, die ihre Herrschaft weiterhin für selbstverständlich hält. Auf der anderen schaffen Frauen sich Freiräume, um endlich frei denken und fühlen zu können. Die ersten Publikationen in Frauenselbstverlagen erscheinen (so ab 1975 der ›Frauenkalender‹). Der erste feministische Frauenverlag, die ›Frauenoffensive‹, wird gegründet. Auch die Zentren sind solche Freiräume, die Frauenwohngemeinschaften und die Frauenferientreffen. Großes Vorbild dafür ist Femø.

Im Sommer 1974 waren erstmals auch deutsche Frauen auf der dänischen Insel Femø, auf der Kopenhagener Feministinnen für ein paar heiße Sommerwochen lang ein »internationales Frauenferienlager« organisiert hatten. Italienerinnen, Französinnen, Deutsche, Holländerinnen, Engländerinnen, Amerikanerinnen – alle kamen. Und alle brachten ihre frauenkämpferischen Erfahrungen und Erkenntnisse, aber auch ihre feministische Sehnsucht mit. Sich einmal ohne taxierende Männerblicke bewegen können. Einmal selbstverständlich und ohne Konkurrenz mit Frauen zusammensein können. Sich einmal nicht im Zerrspiegel des Patriarchats spiegeln müssen, sondern in die Augen einer anderen Frau sehen können.

Femø verstärkte die Sehnsucht nach einem »Frauenland«. Nicht nur ein Raum für Frauen, ein Land für Frauen! Ein Land, in dem wir nicht nur geduldet und schon gar nicht eingeengt sind. Ein Land, in dem wir handeln, denken und träumen dürfen. Ein Land, in dem wir zärtlich miteinander sein können. Unser Land.

Verstärkt trugen die Femø-Frauen die offensive Diskussion um Zärtlichkeiten und Sexualität zwischen Frauen zurück in ihre Länder. Auch in der deutschen Frauenbewegung fielen diese Gedanken auf fruchtbaren Boden. Hinter den Frauen lagen die Stürme des Ihns/Andersen-Prozesses, Lesben waren nicht länger in der Defensive. Zumindest innerhalb der Frauenbewegung nicht.

Es gab eigenständige Lesbengruppen in zahlreichen Städten und Zentren, in Berlin erschien die erste Lesbenzeitung, die ›Lesbenpresse‹. Herausgeberin war die LAZ, das »Lesbische Aktionszentrum West-Berlin«. Die LAZ lud auch seit 1972 jährlich zu einem Treffen, zum »Pfingsttreffen«. 1975 kamen rund 300 Frauen und diskutierten ebenso über ihre konkrete Lebenssituation (im Beruf, in einer Beziehung etc.) wie über ihre Organisation und Politik.

Unübersehbar war nun auch die Spannung zwischen militanten Lesben und den sogenannten »Heterofrauen« geworden. Etliche Lesben warfen den Frauen, die ausschließlich in Männerbeziehungen lebten, ihre Unfähigkeit, Frauen zu lieben, vor. Denjenigen, die vor allem mit Männern lebten, sich aber ab und zu eine »nette Nacht« mit Frauen gestatteten, kreideten sie die »Funktionalisierung lesbischer Frauen« an. Den Bewegungslesben schließlich – also den Frauen, die in der Frauenbewegung zur Frau gefunden hatten – trauten sie nicht so recht über den Weg.

Die sogenannten »Heterofrauen« wiederum beklagten einen von ihnen so empfundenen »Lesbenterror«.

Hinter diesen Spannungen – die nicht selten natürlich auch als Vehikel für persönliche Querelen benutzt wurden – standen und stehen fundamentale feministische Fragen. Nämlich: 1. Wenn Männer in einer patriarchalischen Gesellschaft objektiv unsere Feinde sind – ja, kann/darf man dann seine Feinde lieben? 2. Ist Homosexualität schon an sich eine feministische Haltung? 3. Was hat der Feminismus von den homosexuellen Frauen, was haben die homosexuellen Frauen vom Feminismus zu lernen? Ist es richtig, daß Feminismus die Theorie und Lesbianismus die Praxis ist?

Die Homo-hetero-Konflikte gingen quer durch alle Gruppen und Zentren. Mit Männern lebende Frauen fühlten sich – manchmal zu Recht – unter Druck gesetzt. Mit Frauen lebende Frauen erinnerten – zu Recht – an ihre Außenseiterposition und die allgemeingesellschaftlich weiter vorherrschende Zwangsheterosexualität. Und – sie hatten (und haben) auch Angst vor dem möglichen Verrat: »Jede Frau, die heterosexuell lebt oder gelebt hat, kann eben jederzeit in die Arme der Männer zurück.«

Im ›Frauenkalender 75‹ schrieben LAZ-Frauen: »Wir kämpfen ohne und gegen Männer, denn Ignoranz gegenüber ihrem täglichen Sexismus ist für uns nirgends mehr möglich.« Damals nannten sich die LAZ-Frauen noch »Frauengruppe der HAW« (Homosexuelle Aktion Westberlin) – ein Name, der an die Geschichte des gesamten Lesbenkampfes erinnert. Die Berlinerinnen waren, wie alle militanten Lesbierinnen der ersten Stunde, zunächst innerhalb der männerdominierten Schwulenbewegung organisiert. Bis dann, durch den Aufbruch der neuen Frauenbewegung, auch sie den Unterschied erkannten: »Auch wir sind in erster Linie Frauen«, erklärten sie. »Nur sind wir doppelt unterdrückt: als Frauen und als Homosexuelle.«

Von Anbeginn an wurde also die Frage der Frauenliebe innerhalb der Frauenbewegung von den unterschiedlichsten Seiten her angegangen: theoretisch wie praktisch, fordernd wie abwehrend, von Immer-lesbisch-Gewesenen wie von Bewegungs-Bekehrten wie von Eisern-Heterosexuellen.

Daß es bei der Frage der Frauenliebe um eine der Kernfragen des Feminismus geht, das zeigte spätestens die Reaktion der Männergesellschaft ...

»Es gibt keine Bewegung, die so sehr gegen eigene Identifizierungen mit dem Unterdrücker ankämpfen muß, wie gerade die Frauenbewegung.« Bittere Erkenntnis. So formuliert im zweiten, im ›Frauenjahrbuch 76‹. Mitte der siebziger Jahre. Nun kämpften Frauen diesen Kampf wieder einmal offen. Offen nicht nur gegen die Männergesellschaft, sondern offen auch gegen den eigenen Mann. Es stiegen die Scheidungen – eingereicht immer häufiger von Frauen! –, es sanken die Eheschließungen. Noch 1964 heirateten 504182 Paare, zehn Jahre später waren es nur noch 377119. Noch 1964 ließen sich nur 55698 Paare scheiden, zehn Jahre später waren es schon 90164.

Sehr oft mußten (und müssen) Frauen dabei auch gegen das Patriarchat, bzw. das Weibchen in sich selbst kämpfen. Denn: »Es gibt keine Bewegung ...« Und nicht selten wurde (und wird) deshalb auch von Frauen selbst statt dem so nötigen Kampf gegen die weibliche Schwäche ein Kampf gegen – die weibliche Stärke geführt.

Im März '76 erschien in der ›Lesbenpresse‹ eine Polemik gegen die weibliche Selbstdestruktion mit dem Titel: ›Die Befreiung aus der neuen Zärtlichkeit. Oder: Wie überwinde ich meine Verunsicherung durch die zur Verhaltensnorm erhobene Schwäche und Ohnmacht von Frauen in Frauengruppen?‹. Der Text wütete gegen die Einengung durch die »eigenen Schwestern« und endete mit den Zeilen:

Mach dich endlich frei, Schwester
von der Angst
dich zu blamieren
nicht mehr weiblich zu sein
deine Würde zu verlieren
Oder dein Niveau
Freu dich
daß du lebendig bist
Wenn du aggressiv bist
Wenn du nicht mehr
so scheintot bist
Wie alle jene
Die immerzu ihre Würde wahren.

Dies waren die ersten Aufschreie gegen das leider auch von Feministinnen besorgte Sich-selbst-Verschließen in die muffige Enge dessen, was sie uns als »weiblich« diktiert haben. Ein Konflikt, der sich in den folgenden Jahren verschärfen sollte ...

Im Rückblick haben einige Chronistinnen diese Phase als die »Wendung nach innen« der Frauenbewegung bezeichnet. Einer der Gründe dafür ist sicherlich, daß nun auch in der Tat die Probleme zwischen Frauen in den Gruppen offen ausbrachen und viel Energie beanspruchten. Gleichzeitig ist gerade dies – sich selbst und andere Frauen nicht länger verachten und die Stärke haben, ihnen in Konflikten offen und nicht verdeckt intrigant entgegenzutreten! – eine der größten Herausforderungen an uns Frauen! Diese angebliche »Wendung nach innen« ist also ein irreführender Begriff. Auch war gerade diese Zeit im Gegenteil die Phase der Verbreiterung der Bewegung: quantitativ wie qualitativ. Immer mehr Frauen stießen dazu, und immer deutlicher wurde allen das wahre Ausmaß des Konfliktes zwischen den Geschlechtern.

Die wahren Dimensionen des Sexismus begannen sich abzuzeichnen. Unterbezahlung und Unterrepräsentanz in Chefetagen und Parlamenten sind, das wurde klar, nur die Spitze eines Eisberges. Frauen, das erkannten jetzt auch deutsche Feministinnen, sind so viel mehr als nur »benachteiligt«: sie sind kolonialisierte Wesen. Körper, Seele und Verstand von Frauen sind okkupiert von Männern, besetzt mit Gewalt.

»Die Linke macht Mobilisierungskampagnen, wenn die staatliche Repression verschärft wird (Berufsverbote, Paragraph 88a etc.). Wenn sie sich so hellauf empören, muß ich immer daran denken, daß es zu derselben Repression gegenüber Frauen nicht einmal Paragraphen braucht«, heißt es im ›Frauenjahrbuch 76‹. Und weiter:

»Uns werden unsere Fähigkeiten von Kind auf abgewürgt, wir haben schon immer Berufsverbot. Uns wird die Identität geklaut, von früh auf lernen wir eine Identität nur über einen Mann zu bestimmen. Unser Körper ist permanentes Freiwild für Blicke, zum Betatschen, für Bemerkungen. Die Straße ist für uns Feindesland. Wir trauen uns nachts nicht allein auf die Straße. Für uns ist immer ›Ausgangssperre‹. Die Gewalt, die uns trifft, hat nicht einmal das Privileg, als ›Gewalt‹ angesehen zu werden. Da empört sich kein Mann, das ist normal, daß zirka 80% des ehelichen Beischlafs Vergewaltigungen darstellen, ohne daß jemand eingreift.«

In dieser Zeit errechneten Feministinnen: in der Bundesrepublik wird alle 15 Minuten eine Frau vergewaltigt. Nun fanden sich auch in deutschen Zentren erste Gruppen zusammen, die das Thema diskutierten. Und im März '76 trafen sich in Brüssel Frauen aus der ganzen westlichen Welt zu einem Frauentribunal über »Gewalt gegen Frauen«. Angeklagt war die Gewalt gegen Frauen in der Ehe, der Psychiatrie, der Gynäkologie, auf der Straße, im Beruf und in den Medien. Das Berliner Frauenzentrum stellte eine ausführliche Dokumentation über dieses Tribunal zusammen: dies beschleunigt die Analyse und die konkrete Gegenwehr von Frauen auch hierzulande.

Längst lag der Gedanke von »Häusern für geschlagene Frauen« in der Luft, in Berlin entstanden die ersten Pläne. Auch Notrufstellen für vergewaltigte Frauen wurden bereits diskutiert. Erste feministische Therapie-Gruppen bildeten sich, die Berliner Selbsthilfegruppe plante ein »Feministisches Frauengesundheitszentrum« (und realisierte dies auch wenig später).

In diese Phase fallen die Anfänge einer feministischen Gegenkultur. Erste Frauenkneipen (so der »Blocksberg« in Berlin), erste Frauenbands, Frauenbuchläden (»Lillemor« in München) und Frauenverlage (so die Frauenoffensive und wenig später auch der Amazonenverlag).

Die Zeit war günstig. Feministische Gedanken waren in aller Munde, feministische Bücher wurden nun erstmals auch in der Bundesrepublik Bestseller. Innerhalb eines Jahres vervierfachte sich die Auflage des seit 1975 im Frauenselbstverlag erscheinenden ›Frauenkalender‹ von 20000 auf 80000 Exemplare. Die spektakulärste Veröffentlichung aus dieser Zeit, ›Der kleine Unterschied und seine großen Folgen‹ von Alice Schwarzer, erreichte – ohne eine einzige Anzeige des Verlages und nur durch das Interesse von unten, durch den Druck der Frauen und den dadurch ausgelösten Medienspektakel – innerhalb kurzer Zeit eine Auflage von einer viertel Million (s. S. 171).

An der exemplarischen Rolle, die in der Folgezeit Alice Schwarzer als öffentlich bekanntester Feministin zugeschoben wurde, läßt sich die Reaktion dieser Männergesellschaft auf die feministische Herausforderung überhaupt ablesen. Eine wahre Hexenjagd ging los. Sie traf vor allem die eine, meinte aber alle.

So arg wurde es getrieben, daß es selbst einigen der etablierten Medien zuviel wurde. So schrieb damals ›Die Zeit‹:

»So geht das nun seit Monaten: ›Hexe mit stechendem Blick‹ (›Bild‹), ›frustrierte Tucke‹ (›Süddeutsche Zeitung‹), ›Nachteule mit dem Sex einer Straßenlaterne‹ (Münchener ›Abendzeitung‹).

Und ein Ende der Beschimpfungen, die so offenkundig kein anderes Ziel haben, als das, die deutsche Frauenrechtlerin Alice Schwarzer so lange zu demütigen, bis sie es endlich gefressen hat, daß sie ihre Schnauze halten soll, ein Ende dieser bisher längsten und perfidesten journalistischen Menschenjagd in der Geschichte der Bundesrepublik ist nicht abzusehen. Denn Alice Schwarzer hat immer noch nicht abgeschworen, darum muß sie weiter büßen nach dem Motto: Mit Dir werden wir schon noch fertigwerden ... Der einzelne, der sich auf eigene Faust, das heißt ohne den schützenden Apparat einer Zeitung oder einer politischen Partei mit Meinungen in die Öffentlichkeit wagt, die den Mächtigen unbehaglich sind und bei den Ohnmächtigen auch noch Beifall finden, der wird hierzulande zunehmend als Freiwild gejagt.«

Doch das Exempel Alice Schwarzer wirkte nicht nur abschreckend, sondern empörte auch viele Frauen, öffnete so mancher die Augen ... Der feministische Gedanke war nicht mehr aufzuhalten. Er schaffte sogar die Mauer: Aus der DDR kam das erste große literarische Zeugnis unseres neuen Frauenbewußtseins, kam Irmtraut Morgners Roman ›Leben und Abenteuer der Troubadora Beatriz de Diaz‹.

Neben diesen ersten Büchern der neuen zweiten Frauenbewegung standen nun zunehmend die wiederentdeckten Schriften der ersten Frauenbewegung. Und zwar nicht nur Texte aus Amerika, England und Frankreich, sondern endlich auch solche aus Deutschland. Das war für uns wohl eine der größten und freudigsten Überraschungen: daß auch wir deutschen Frauen eine stolze Tradition haben im Frauenkampf! Namen, die wir ein, zwei Jahre zuvor noch nicht einmal gekannt hatten, füllten sich nun mit Gesichtern und Geschichte. Hedwig Dohm, Anita Augspurg, Lida Gustava Heymann, Minna Cauer – alles Frauen, die um die Jahrhundertwende und oft bis zum Beginn des Dritten Reichs (etliche von ihnen starben im Exil) entschlossen und mit großer Radikalität um das Recht auf Menschenwürde auch für Frauen gekämpft hatten.

Nicht wenige dieser historischen Texte gingen weit über das hinaus, was die neue junge Frauenbewegung bis dahin formuliert hatte. Frauenhäuser, der radikale Kampf gegen die angebliche »Natur von Frauen«, die entschiedene Forderung nach gleichberechtigter Teilhabe an der Macht – das alles hatten schon unsere Urgroßmütter gefordert!

Erkenntnis, die den neuen Feministinnen Mut aber auch – Angst machte. Das alles war also schon gesagt und getan worden – und das alles hatte man wieder zunichte machen können? Ganz von vorne hatten wir wieder anfangen, hatten erst den Schutt der Männergeschichte wegschaufeln müssen, um überhaupt an unsere eigene Geschichte anknüpfen zu können. Würden wir es diesmal schaffen ...?

Gerade den Frauen der ersten Stunde wurde immer klarer, wie wichtig es war, sich nicht noch einmal alles aus der Hand schlagen zu lassen, nicht irgendeine diffuse »Frauenarbeit« zu machen, sondern dem Übel wirklich an die Wurzeln zu gehen. Gerade in dieser Zeit, in der die Zentren und Gruppen überschwemmt waren von »Neuen«, die es meist gut meinten, aber deswegen noch lange nicht auch immer gut machten, hieß es jetzt, sich auf das Wesentliche besinnen. In dem im ›Frauenjahrbuch 76‹ erschienenen, bereits zitierten Aufsatz ›Feministische Tendenzen – was alles unter Feminismus verstanden wird‹, heißt es dazu:

»Es geht vor allem darum, daß wir anfangen, überhaupt politisch zu denken, daß wir nicht stecken bleiben in dem aktuellen Einheitsbrei (wir sind alle Frauen, wir wollen alle dasselbe), sondern daß wir offenlegen, daß wir verschiedene Vorstellungen haben, und diejenigen, die ähnliche Vorstellungen haben, sich zusammentun. Daß alle die Chance haben, das, was sie für richtig halten, auszuprobieren, ohne erst alle anderen Frauen des Zentrums überzeugen, überreden oder überstimmen zu müssen. Das Nicht-Austragen von Differenzen in den Frauenzentren ist entsetzlich lähmend. Wir sollten den Mut haben, offen verschiedene Wege einzuschlagen und von dieser Basis aus zu diskutieren, damit diese Unter-der-Hand-Machtpolitik aufhört, uns gegenseitig zu blockieren oder zu neutralisieren. Viel zu viel Energie verpufft im internen Dschungel.«

Da ist er wieder, der interne Dschungel ... und auch der Dschungel draußen wucherte weiter, gebar neue Schlingpflanzen. »Partnerschaft« lautete die neue magische Formel, und angeblich war sie plötzlich überall schon ausgebrochen: ER half häufiger mal beim Spülen, mit den Kindern spielte ER nicht nur sonntags, und im Bett stellte ER neuerdings auch schon mal Fragen nach *ihren* Bedürfnissen ... Doch ließen sich Jahrtausende von Unterdrückung wirklich innerhalb weniger Jahre aufheben? Und genügte zur Vermenschlichung der Frau die Gleichberechtigung? Gerade auch vor dem Hintergrund des neugewonnenen historischen Wissens sahen radikale Feministinnen lieber unklar als zu rosa. So schrieben sie im ›Jahrbuch 76‹ zu dem neben der »Partnerschaft« auftauchenden Schlagwort »Gleichberechtigung«:

»Die Gleichberechtigungsforderungen (mehr Frauen in die Politik etc.) sind insofern blinde Forderungen, als nicht genauer hinterfragt wird, ob wir diese männlichen Domänen in ihren Strukturen überhaupt akzeptieren, ob wir männliche Politik, männliche Wissenschaft etc. überhaupt mitmachen wollen.«

Längst wollten auch die radikalen unter den deutschen Feministinnen nicht nur einen Teil dieser Welt (sei es nun die Welt der Bürger oder die der Genossen), sondern sie wollten diese Welt mitbestimmen und – neu definieren.

Auf diese Neudefinition wollten sie sich nun aber auch da einlassen, wo hauptberuflich definiert wird: An den Universitäten. Die Studentinnen, die – unter anderem – über den Kampf gegen den Abtreibungsparagraphen in die Frauenzentren gekommen waren, die diese Zentren überhaupt erst mitgegründet hatten, die hatten sich bisher oft an ihrem eigenen Arbeitsplatz völlig ignoriert. An der Universität, wo sie studierten, oder – seltener – lehrten, beschäftigten sie sich weithin mit »normalen« Themen – im Rahmen der herrschenden Wissenschaft, die sie höchstens als Linke, aber bisher noch nicht als Feministinnen hinterfragt hatten. Seit 1974 ging es aber Schlag auf Schlag.

1974 wurde an der Freien Universität Berlin das erste Frauenseminar eröffnet. Seit der Gründung des Berliner Frauenzentrums 1973 (damals noch) in der Hornstraße, gab es unter den zahlreichen Arbeitsgruppen auch eine Frauen-Uni-Gruppe, die darüber diskutierte, wie die Frauenbewegung auch an die Uni getragen werden könnte. An der Uni hatte Renate Bookhagen, Dozentin der Soziologie, vor, ein Seminar zur Situation von Studentinnen und Dozentinnen zu machen. Sie kam bei der zuständigen Kommission nicht durch und wandte sich an die Frauen-Uni-Gruppe im Zentrum. Gemeinsam mit Frauen aus der Gruppe trat sie dann noch einmal vor der Kommission auf – die Forderung nach dem Frauenseminar ging durch. Die Vorbereitungsgruppe begann das erste Semester des Seminars zu planen.

Im zweiten Semester zwängten sich dann schon 100 Frauen aus 12 verschiedenen Fachbereichen in die oft zu kleinen Räume. War es schon ein ordentlicher Schock für die Genossen und Kommilitonen, daß so viele Frauen sich auf einmal mit ihren eigenen Problemen befassen wollten, die doch nur den »Nebenwiderspruch« darstellten (– neben dem Hauptwiderspruch Arbeit und Kapital), so waren sie noch mehr entsetzt, als sie erfahren mußten, daß die Frauen das auch noch für sich alleine tun wollten. Es bestand also keine Chance, sie auf die Nebensächlichkeit ihrer

Themen neben den »wirklichen« Problemen aufmerksam zu machen. Dennoch probierten sie es immer wieder, die Diskussion über »Männer raus« mußte in jeder Sitzung dieses ersten Frauenseminars wieder neu geführt werden.

Vera Slupik, von Anfang an dabei, erklärt das heute so: »Es war damals noch viel schwieriger, den neuen Frauen den Ausschluß von Männern zu erklären. Das war nicht so selbstverständlich wie heute.« Vera – und die meisten anderen Frauen aus der Vorbereitungsgruppe – fanden es zudem wichtig, den Frauen, die das »Männerverbot« nicht verstehen konnten oder wollten, die Gründe dafür auch zu erklären. Sie sollten aus eigener Erfahrung lernen können, warum es für Frauen so wichtig ist, sich autonom zu organisieren – auch auf der Universität.

Die Erfahrungen aus den Anfängen der Frauenbewegung wiederholten sich in den Seminaren: Waren Männer dabei, trauten sich viele Frauen nicht mehr zu sprechen, und – so Vera: »Sie trauten sich nicht mehr über Persönliches zu sprechen.« Das war aber ein Schlüsselpunkt der ersten Frauenseminare: Selbsterfahrung, die Verbindung von persönlicher Erfahrung und »objektiver« Wissenschaft, von Interesse und Theorie, und die Aufarbeitung des berechtigten Zweifels: Können wir mit dieser Wissenschaft, so wie sie ist, unsere Fragen überhaupt adäquat angehen?

In der ersten Nummer der Uni-Frauen-Zeitschrift ›Nebenwiderspruch‹, die – von Frauen aus dem Seminar gemacht – bereits im Mai 1974 erschien, nehmen die Erfahrungsberichte der einzelnen Frauen einen breiten Raum ein. Auch im drei Jahre später veröffentlichten Journal der Frauen-Offensive zu »Frauen an der Universität« geht es – im Rückblick auf die ersten Jahre immer wieder um Selbsterfahrung, Consciousness-Raising.

Daneben lief aber vehement die Auseinandersetzung mit den Linken. Sie wurde zum Hauptthema des zweiten Frauenseminars. ›Feminismus und Marxismus‹ nannte Ingrid Schmidt-Harzbach ihr Seminar am – von Linken dominierten – Otto-Suhr-Institut der Freien Universität. Auch sie fühlte sich »in einer richtig schizophrenen Situation«, konnte ihre Arbeit an der Uni und ihr Engagement im Frauenzentrum nicht zusammenkriegen. Sie beschloß, das zu ändern, ihr politisches Engagement, die Frauenfrage, nun auch an ihren *Arbeitsplatz* zu tragen (s. S. 168).

Im Herbst 1974 kündigte sie im ersten Frauenseminar ihr Vorhaben an. Im April 1975 saßen dann auf der ersten Sitzung des Frauenseminars 350 Frauen – und vier Männer – im Audimax. Die vier Männer »blieben dann von alleine weg, angesichts dieser geballten Frauenmacht« (Ingrid Schmidt-Harzbach). Und selbst der linke Theoriepapst Altvater mußte der »geballten Frauenmacht« weichen: Die Hunderte von Frauen, die zur zweiten Sitzung des Seminars kamen, verdrängten Altvater samt Studenten aus dem größten Hörsaal des Otto-Suhr-Instituts.

Zur gleichen Zeit holten sich die Frankfurter Unifrauen einen linken Urvater freiwillig ins Haus: Die ebenfalls seit 1974 bestehende Unigruppe an der Uni Frankfurt beschloß, Herbert Marcuses Anwesenheit in der Stadt für sich zu nutzen.

In der Heimatstadt des Neomarxismus und des Weiberrats hatten Ulrike Prokop und Regina Becker-Schmidt bereits seit Anfang der 70er Jahre Tutorien zu Frauenthemen abgehalten. Seit 1973 liefen zwei klar als Frauenseminare deklarierte Veranstaltungen in der Soziologie und der Germanistik. Während des Uni-Streiks 1974 trafen sich dann auf der »Aktionswoche« erstmals Studentinnen, um ihr Unbehagen an den Aktionsformen der linken Genossen zur Sprache zu bringen. Sie machten ein Flugblatt, das »einschlug«: Zu dem von ihnen vorgeschlagenen Termin zu einem gemeinsamen Treffen erschienen 100 Frauen. – Die Unifrauengruppe war geboren, und bald darauf auch die Forderung nach einem Lehrstuhl für Frauenfragen.

»Die circa 40 Mitglieder der Fachbereichskonferenz (FBK) staunten nicht schlecht, als 50 Frauen in den Sitzungssaal hinein strömten«, berichten die Frankfurterinnen im Frauenjahrbuch 1976 über das historische Ereignis. Die Unifrauengruppe las ihre Begründung für den Frauenlehrstuhl vor – und erreichte, daß die Fachbereichskommission mit 19 zu elf Stimmen bei zwei Enthaltungen folgender Forderung zustimmte: »Die FBK möge beschließen, sobald wie möglich einen Lehrstuhl für Frauenfragen einzurichten, die Professur soll auf die nächste freiwerdende H 2-Stelle fallen und von einer Frau ausgeführt werden.«

Die Schwierigkeiten, die dann die zuständigen Herren auf nächsthöherer Ebene wegen der Formulierung, es dürfe nur eine Frau genommen werden, machten, konterten die Frauen mit der Begründung: Für diese Stelle seien »eigene Erfahrungen in der aktuellen Frauenbewegung« erwünscht. – Die konnte leider kein männlicher Kandidat mitbringen.

Da nützte auch kein Drohen mit »Verletzung des Gleichheitsgrundsatzes«. In Frankfurt wie Berlin wußten die Frauen ihre Interessen zu wahren. Vera Slupik: »Auch auf der formalen Ebene konnten wir uns sehr gut wehren. Es gab und gibt soviele begrenzte Seminare, die nur unter bestimmten Bedingungen zugänglich sind. Da konnten wir sagen, an unserem Seminar kann eben nur teilnehmen, wer die Qualifikation weiblicher Lebenserfahrung mitbringt.«

Die brachte Herbert Marcuse allerdings ganz und gar nicht mit, und dennoch hatte er einen Text zur Frauenbewegung verfaßt. Den diskutierte die Frankfurter Unifrauengruppe mit ihm – was die Berlinerinnen wiederum veranlaßte, ein Papier zu verfassen, in dem Herrn Marcuse die Eignung, sich zu Feminismus-Fragen zu äußern, schlichtweg abgesprochen wird. In der Zeitschrift ›links‹, die zuvor den Marcuse-Text abgedruckt hatte, veröffentlichten Frauen aus der Berliner Frauenbewegung und dem Schmidt-Harzbach-Seminar ihre Kritik am Marcuse-Papier und schrieben unter anderem: »Kein Mann kann uns als Frauen vertreten! ... Wir behaupten, daß ein Mann, der einen ehrlichen Versuch unternimmt, im Zusammenhang mit der Frauenunterdrückung sich zu engagieren, nur eines machen kann, wenn er glaubwürdig sein will: über Männer und ihre Art, Frauen zu unterdrücken, ihre Unfähigkeit, außer unter Druck, eine Selbstveränderung zu vollziehen, zu schreiben – aber nicht über Frauenkampf und Feminismus.«

In Berlin begann derweil die Uni-Frauenzeitung ›Nebenwiderspruch‹ die vielfältigen Initiativen zu dokumentieren, die sich inzwischen gebildet hatten: Frauen an drei psychologischen Seminaren hatten Frauenseminare eingerichtet, auf der Soziologie, bei den Juristen und auf der Pädagogischen Hochschule trafen sich Studentinnen und Dozentinnen zu Seminaren.

Eine Dozentinnen-Gruppe hatte sich aus dem Feminismus-Marxismus-Seminar gebildet – und ging gerade daran, die erste Frauensommeruniversität vorzubereiten. Ingrid Schmidt-Harzbach erinnert sich an die ersten Sitzungen: »Ein paar von uns waren in den USA gewesen und hatten dort Erfahrungen mit Women's studies gemacht. Und so was wie eine Summer-school wollten wir nun auch.« Es ging ihnen dabei aber nicht nur um Wissenschaftsfragen. »Wir wollten auf der Universität Politik machen, aber nicht nur Universitätspolitik«, stellte Vera Slupik nachträglich in ihrem Aufsatz im Offensive-Journal fest. Fünf bis sieben Frauen teilten sich in die Vorbereitung – »Wie wir das wirklich geschafft haben, kann ich mir heute gar nicht mehr vorstellen«, staunt Ingrid Schmidt-Harzbach nachträglich.

Im Juli 1976 war es soweit. 600 Frauen kamen – aus der ganzen Bundesrepublik. Es kamen all die Frauen aus den Frauenunigruppen anderer Städte, die sich inzwischen gebildet hatten – und die sich von den Frauenunitreffen von 1974 und 75 schon kannten: Frauenseminare waren in diesen beiden Jahren in Münster, Hamburg, Bielefeld, Bochum, Kassel, Düsseldorf, Aachen, Mannheim, München, Göttingen, Hannover, Marburg entstanden. Germanistinnen trafen sich so gut wie Ökonominnen und erstmals auch Frauen aus den naturwissenschaftlichen und technischen Bereichen. Es kamen aber auch Frauen, die keine Studentinnen waren. Auf der ersten Sommeruni noch weniger, aber bald immer mehr. Sie trugen dazu bei, daß die Sommeruni zu einem umfassenden Forum der Frauenbewegung wurde.

Am wichtigsten aber war diese erste Sommeruni für all die Frauen, die in ihren Städten noch keine Frauenseminare hatten, und die nun Mut faßten – und Informationen sammelten –, um selber welche zu initiieren. Seit der Sommeruni 1976 entstanden Schlag auf Schlag an fast allen Unis Frauenseminare oder zumindest Uni-Frauen-Gruppen, und Studentinnen faßten nun auch den Mut, ihre Examensarbeiten zu Frauenthemen zu schreiben.

Frauen eroberten ihren Arbeitsplatz Universität Stück für Stück und unaufhaltsam. Sie gingen in die Asten und gründeten Asta-Frauengruppen. Sie gingen in die Gremien und forderten Dozenten-Stellen für Frauen. Sie gingen in die Vollversammlungen und forderten die Einrichtung von Kommunikations- und Beratungszentren für Studentinnen, »Frauenzimmer« an der Uni.

Sie wagten sich auf alle Bereiche: In den ›Beiträgen zur Berliner Sommeruniversität für Frauen 1976‹ (Courage-Verlag) sind Veranstaltungen von ›Zur Gretchen-Episode in Goethes Faust‹ bis ›Zur Situation der Hausarbeit heute‹, von ›Erfahrungen mit männlichen Therapeuten‹ bis ›Frauen im Strafvollzug‹ dokumentiert. Die erschreckenden Zahlen zur Situation von Studentinnen wurden öffentlich gemacht: 1970/71 machten Frauen genau 25,6 Prozent aller Studierenden aus. Dafür war ihre Selbstmordrate höher als die aller anderen nichtstudierenden Frauen. Noch 1968 konzentrierte sich die Hälfte aller Studentinnen auf fünf von 75 Fächern. Und die Stimmung unter den Professoren war 1971 immerhin noch so, daß ein Bonner Professor ungeniert von sich geben konnte: »Warum soll ein Mädchen in ihren besten Jahren, also im Alter von 19/20 ihre Zeit durch wissenschaftliche Arbeiten vertun, wenn sie in dieser Zeit am leichtesten Kinder gebären könnte?«

Doch die Frauen ließen sich durch nichts mehr abhalten und bald wandelte sich auch die Stimmung. In Hannover zum Beispiel galt das Frauenseminar von Regina Becker-Schmidt ›Probleme lohnabhängiger Mütter‹ als Geheimtip – auch unter den männlichen Kollegen, die sich dann neugierig auf die Ergebnisse stürzten. »Wir wirkten auf die gemischten Seminare zurück«, erzählt Regina Becker-Schmidt: »Unsere Wissenschaftskritik, die alternativen Methoden, die wir entwickelten, all das wirkte auf die allgemeine wissenschaftliche Arbeit an der Uni. Plötzlich entstand zum Beispiel großes Interesse an Gewalt, besonders Gewalt gegen Frauen. Diese Frage wurde überall diskutiert, so trugen wir unsere ›Frauenfragen‹ auch in die anderen Seminare. Die Frauenbewegung konnte nicht mehr ignoriert werden. Sie nahm auf alles Einfluß.«

Vom Hexen und Hetzen
1976/77

Von heute an gibt's mein Programm! – Das war mehr als nur der Titel der ersten deutschen Feministinnen-Schallplatte. Das war das Motto der Projekte-Bewegung, der Frauen also, die nicht länger auf die Gnade der männerbeherrschten Institutionen und Unternehmen angewiesen sein, sondern endlich ihr eigener »Herr« sein wollten. Projekte, Projekte, Projekte. Das ging von Schallplatten und Büchern über Bands bis hin zu den ersten »Häusern für geschlagene Frauen«.

Die allererste Schallplatte erschien bereits 1975 im Verlag Frauenoffensive, der gleichzeitig sein erstes Buch und das ›Frauenjournal‹, eine feministische Theoriezeitschrift, herausbrachte. Geliefert wurde die Produktion nicht nur an den etablierten Buchhandel, sondern auch schon in die ersten »Frauenbuchläden«, Buchläden, die ausschließlich von Frauen finanziert, eröffnet und geführt werden. »Lillemor« in München war der erste, es folgten in Berlin »Labrys« und »Lilith«.

Auf den Regalen der Frauenbuchläden lagen neben den Offensive-Büchern feministische Zeitschriften en masse: ›Frauen und Film‹, die (immer noch) einzige feministische Filmzeitschrift; ›Clio‹, das Magazin des Feministischen Frauengesundheitszentrums Berlin; die ›Frauenzeitung‹, das überregionale Bewegungsblatt, neben der Vielfalt der Frauen-Stadtzeitungen; die ›Lesbenpresse‹ wie die UKZ; ›Tango feminist‹, ›Troubadoura‹, die ›Schwarze Botin‹ wie später auch ›Courage‹ und ›Emma‹.

Von Anbeginn an wurden die Frauenbuchläden geschüttelt von der Frage: Dürfen auch Männer rein oder dürfen sie nicht? (letztere Auffassung setzte sich schließlich durch), von Anbeginn an wurden sie auch von politisch recht unterschiedlichen Frauen geführt: einige kamen vom äußersten feministischen Flügel, andere geradewegs aus der linken Szene. Zu blühen begann auch die Frauenkneipenkultur. Im September 1975 lud als erster der »Blocksberg« in Berlin Frauen zum »Essen, Trinken, Tanzen, Flippern und Rumhexen«. Bald war der »Blocksberg« nicht nur Treffpunkt für Berlinerinnen, sondern auch für westdeutsche Feministinnen, die in das damals noch recht dominante Berlin feministische Sight-Seeing-Touren unternahmen.

Nicht immer verliefen solche Besuche so aufmunternd wie erhofft: denn im »Blocksberg« wurde, wie in ganz Berlin, nicht nur gehext, sondern auch kräftig gehetzt. Auch in diesem Punkt war Berlin Avantgarde. Die Gründe sind wohl in der allgemeinen politischen Verhärtung und Dogmatisierung dieser Stadt zu suchen, die selbst an den Frauen leider nicht vorbeiging.

Gleichzeitig kamen damals noch wichtige Impulse aus der Ghetto-Stadt. Viele Modell-Projekte entstanden hier. So eröffneten Feministinnen hier am 1. November 1976 das erste »Haus für geschlagene Frauen«. Allein in den ersten drei Monaten suchten darin 193 Frauen mit ihren über 300 Kindern Zuflucht. Von Anbeginn an war das Haus überfüllt (und das ist es auch heute noch). Wenige Monate später folgten die Kölnerinnen und die Bremerinnen, ein paar Jahre danach existierten bereits mehrere Dutzend solcher Häuser, verstreut über das ganze Land.

Bei dieser konkreten Arbeit lernten die Feministinnen selbst viel dazu. Sie begannen, das wahre Ausmaß, den Charakter und die Funktion von Gewalt gegen Frauen in einer Männergesellschaft zu begreifen. Und sie lernten die theoretisch vielbeschworene Gesellschaft in all ihren Varianten kennen: beim Kampf um die Existenz dieser Häuser und um die Rechte der darin Schutz suchenden Frauen und Kinder sind sie tagtäglich mit Ämtern, Institutionen, Politikern und – Ehemännern konfrontiert. In diesem Herbst '76 rückt das Problem Gewalt ähnlich explosiv in das Bewußtsein der Öffentlichkeit, wie wenige Jahre zuvor das Thema Abtreibung. Plötzlich ist der Bann des Schweigens gebrochen. Was Millionen Frauen zuvor für sich allein erduldet hatten (allein in der BRD wurde die Zahl geschlagener Frauen auf bis zu vier Millionen geschätzt!), sagten sie nun laut. So laut, daß selbst die ›Bild-Zeitung‹ es für opportun hielt, in einer Serie mit dem Titel ›Mein Mann schlägt mich‹ dieser nun nicht länger leugbaren Realität Rechnung zu tragen.

Geschlagen wird, das wurde nun offensichtlich, in allen Klassen. Mit einem Unterschied: bürgerliche Männer schicken ihre Frauen öfter in die Psychiatrie. Eine englische Untersuchung zeigte, daß zwei Berufsstände besonders viel prügeln: Polizisten und Richter . . .

›Emma‹ schrieb in einem Bericht über das Berliner Haus im Frühling '77: »Langsam wird klar: Wir alle sind geschlagene Frauen. Die, die zwar nicht viermal in der Woche Prügel beziehen, aber immer mit der *möglichen* Männergewalt zu rechnen haben, ebenso wie die, die regelmäßig zusammengeschlagen werden. Aus Erfahrung wissen wir, daß auch die friedlichsten Männer gewalttätig werden, wenn Frauen gehen – und Frauen gehen zunehmend.«

Die Gewaltschraube begann sich zu drehen. Immer mehr kam an das Licht des Tages, immer mehr aber auch schien zu passieren. Je weniger Frauen sich duckten, um so härter schlugen Männer zu. In dieser Zeit stiegen in Amerika wie in einigen europäischen Ländern abrupt vor allem die Zahlen der Vergewaltigungen durch Banden.

In Italien gingen im Frühling '77 Zehntausende auf die Straßen. Sie protestierten gegen die Vergewaltigung eines jungen Mädchens, Claudia Caputi, und den Umgang der Umwelt, der Justiz und der Medien mit diesem Fall. Claudia Caputi war im Sommer '76 in einer römischen Vorstadt 16mal vergewaltigt worden und dann, zur »Strafe« für ihre Anzeige, im März '77 von denselben Männern wieder. Ihre Eltern verstießen sie. Die Justiz ließ die Männer mit Minimalstrafen davonkommen.

In Argentinien wurde ein Porno gedreht, für den man eine Frau real (!) zu Tode folterte, um's realistischer darzubieten. Der Kinorenner der Saison 1976 war die ›Geschichte der O‹, die neue Sado/Maso-Welle rollte an – damals allerdings stieß sie noch auf den vehementen und einmütigen Protest von Feministinnen.

»Wie lange noch werden Männer Frauen schlagen und vergewaltigen können, ohne Gefahr zu laufen, eines Tages selbst getroffen zu werden?« fragte in dieser Zeit Annie Cohen in ihrem auf einem Paris-Gewalt-Kongreß heftig diskutierten Pamphlet ›Kriegszustand‹ (s. S. 178).

Frauen rüsten zur Gegenwehr. In Amerika. In Italien. In Frankreich. In der Bundesrepublik. Am 1. März 1977 gehen erstmals in Berlin Frauen aus Protest gegen eine Vergewaltigung mit tödlichem Ausgang auf die Straße. Auf ihrem Flugblatt heißt es: »Susanne Schmidtke ist kein Einzelfall. In der BRD werden 35000 Frauen im Jahr vergewaltigt, das heißt jede Viertelstunde eine. Davon werden 7000 Vergewaltigungen angezeigt, aber nur 700 Vergewaltiger verurteilt. Nicht gezählt in diesen Statistiken sind die Vergewaltigungen in der Ehe. Inez Frazia, die in den USA ihren Vergewaltiger erschießt, wird freigesprochen – nicht zuletzt dank massiver feministischer Unterstützung.«

Am 30. April '77 ziehen im ganzen Land Frauen zur ersten feministischen Walpurgisnacht mit dem Schlachtruf: Wir erobern uns die Nacht zurück! durch die dunklen Straßen. Selbstverteidigung lautet die Parole. Auf der Straße wie im Gerichtssaal, wo die vergewaltigten Frauen fast immer ein zweites Mal Opfer werden.

In Berlin entsteht im Frühling '77 der erste »Notruf für vergewaltigte Frauen«, Karategruppen sprießen allerorten. In Amerika, und kurz darauf auch auf deutsch, erscheint der bisher wichtigste theoretische Beitrag zur Frage der Vergewaltigung: Susan Brownmillers ›Gegen unseren Willen‹ (s. S. 180). In ihrer konsequenten historischen Recherche und aktuellen Dokumentation formuliert die Amerikanerin pointiert die feministische Erkenntnis, daß Vergewaltigung kein Versehen einzelner, sondern Strategie der gesamten Männergesellschaft ist; daß es dabei wenig um Lust und viel um Macht geht. Die Frauenfrage ist, das wird nun immer deutlicher, soviel mehr als eine Frage des Bewußtseins: sie ist auch und vor allem eine Frage der Macht, das heißt letztendlich: eine Frage der – Gewalt. In dieser Erkenntnis wagen Feministinnen sich nun immer weiter vor, auch in die subtilsten, von Frauen selbst kaum eingestandenen Domänen von Unterwerfung. Damit dringen sie zum Kern der Männerherrschaft vor. Nicht ungestraft. Sehr rasch versuchen Politiker, Ämter und Medien die Gewaltfrage wieder zu verniedlichen, die Initiativen engagierter Frauen zu bremsen und zu verwässern.

Von Anfang an werden die meist mit staatlichen oder städtischen Geldern mitfinanzierten »Häuser für geschlagene Frauen« bedrängt – und zwar vor allem in so wesentlichen Punkten wie: dem Ausschluß von Männern aus den Frauenhäusern, der autonomen Selbstverwaltung durch die Bewohnerinnen und Mitarbeiterinnen, sowie dem Prinzip der emanzipatorischen Lebenshilfe (die Frauen nicht länger verwalten, sondern auf die eigenen Füße stellen will).

Schon das Geld für das erste Berliner Haus war ein taktisch wohlüberlegtes Wahlgeschenk von SPD und FDP. Doch lange ließ man die Frauen nicht gewähren. Seit Jahren nun schwelen die Konflikte, und einige der Häuser wurden tatsächlich durch Abdrängung der Feministinnen quasi zu »Heimen« gemacht. Wichtig ist es heute, nicht zu vergessen, daß weder ein öffentliches Bewußtsein für die Männergewalt gegen Frauen noch eine gewisse Sensibilisierung von Medien und Justiz und schon gar nicht konkrete Hilfen wie die Häuser und Notrufe existieren würden ohne die Arbeit und den Kampf von Feministinnen.

Die Geldfrage bewegte immer wieder die Projektgruppen. Und zwar: 1. woher das Geld nehmen, und da ging die Palette vom Selbstfinanzierten (nicht selten mit Privatkrediten), übers Mit-Subventionierte bis hin zum – sehr selten – ganz von öffentlichen

Stellen Finanzierten. 2. sollen auch die in den Projekten arbeitenden Feministinnen entlohnt werden?

In die heftig debattierte Frage: Schadet Geld dem Feminismus? spielte vieles hinein. Nicht zuletzt auch die Tradition von Frauen, gratis zu arbeiten; ihr ungewohnter Umgang überhaupt mit Geld, das über die Summen von Haushaltskassen hinausgeht; sowie die Berührungsangst der Revolutionärinnen vor den kapitalistischen Gesetzen gehorchenden Bilanzen. Auch waren die Motive der projektestartenden Frauen unterschiedlich: die einen betrachteten die Projekte als Feierabendhobby (das waren nicht selten die, die ein wenig mehr Zeit hatten als die andern, d.h. Studentinnen etc.), die anderen hofften, das Projekt könne auch ihnen selbst berufliche Perspektiven bieten. Schon von daher mußte die Haltung zum Geld unterschiedlich sein: die einen fanden schon die Debatte empörend und ihre Gratisarbeit selbstverständlich; die anderen mußten auf Bezahlung dringen, da sie sich die Mitarbeit sonst nicht hätten erlauben können. Im Laufe der darauffolgenden Jahre setzte sich weitgehend auch in feministischen Projekten die Auffassung durch, daß die Frauen bezahlt werden müßten.

Am Anfang jedoch bremste die theoretische Diskussion nicht selten die pragmatische Absicht. Und nicht selten waren es Scheingefechte, Teil des selbstzerstörerischen Umgangs miteinander.

Denn die Gewalt war (und ist) nicht nur um uns, sie ist auch in uns und zwischen uns. »Ich lernte, daß Frauen einander immer schon feindselig gesonnen waren, daß sie selbstzerstörerisch und von ohnmächtigem Zorn erfüllt waren. Nicht im Traum hätte ich erwartet, daß ich den Tag erleben würde, an dem dieser Zorn innerhalb der Bewegung dazu dienen würde, Schwestern herunterzumachen«, schrieb Phyllis Chesler schon 1972 vor dem Hintergrund ihrer amerikanischen Erfahrungen in ›Frauen – das verrückte Geschlecht?‹. Und sie fuhr fort: »Wenn wir Frauen uns je aus dem Sumpf des Selbstmitleids, der Selbstzerstörung und Impotenz befreien sollten, die, solange wir denken können, unser Los gewesen sind, dann ist es vielleicht wichtiger, einander in unseren Leistungen, Erfolgen und Stärken zu unterstützen, als Mitgefühl und Verständnis für unser Versagen und unsere Schwächen aufzubringen.«

Leider blieben diese bitteren Erfahrungen nicht auf Amerika beschränkt. Konflikte, die zuvor schon einzelne und Gruppen überwuchert hatten, fanden in den Projekten nun den satten Boden, auf dem sie erst richtig aufblühen konnten. Enthüllungen, offene Briefe, Zentrums-Tribunale waren an der Tagesordnung (in Berlin gingen Feministinnen 1976 sogar so weit, innerhalb einer *politischen* Kontroverse ein Buttersäureattentat gegen das Auto einer anderen Feministin zu verüben).

Der Frauenbewegung selbst sind diese Konflikte leider nur allzu sattsam bekannt, und wir Aktiven wissen auch, daß sich hinter jedem Konflikt meist ein Bündel von Ursachen und Motiven verbirgt, als da sind: in der Tat objektiv Kritisierenswertes, der klassische Schwäche/Stärke-Konflikt (stark gleich männlich, also suspekt, schwach gleich weiblich, also mitleiderregend), Ängste, Rivalitäten, Konkurrenzdenken, private Abrechnungen, aber auch reale politische Differenzen. Denn die Frauenbewegung ist schließlich keine Partei mit Einheitsplattform, sondern ein recht heterogener Haufen.

Daß Frauen ihre Wut so oft gegen sich selbst und ihre Schwestern richten, ist ja gerade Teil unserer Deformation, Teil unserer Unterdrückung. Der Tag, an dem eine Mehrheit von uns in der Lage sein wird, damit anders umzugehen, der Tag wird der wirkliche Anfang vom Ende unserer Unterdrückung sein.

Ansätze zu dieser Frauensolidarität gibt es gerade in der Frauenbewegung mehr als irgendwo sonst, aber – es gibt auch Rückfälle. So zogen die Veranstalterinnen des »Nationalen Frauenkongresses« 1977 in München nach einem ersten Anlauf das recht resignierte Resümee: »Der Sprung in die Welt der Geschäfte, auch wenn es Frauengeschäfte sind, ist nicht abgelaufen, ohne Schaden zu nehmen. (....) Ein Boykott jagt den anderen, inhaltliche Diskussionen sind passé, heute geht es ums Feilschen von Prozenten, ums Aufpassen, nicht vom Schwesternprojekt übers Ohr gehauen zu werden, die Konkurrenz und der Machtkampf zwischen den Frauenprojekten wuchert derzeit dermaßen, daß wir keine Frau gefunden haben, die bereit war, zum Thema Frauenprojekte einige zusammenhängende Sätze zu sagen« (so das ›Extrajournal‹ der Frauenoffensive zum Kongreß).

Das Schlagwort von der Sisterhood wurde nicht selten durch das vom »Weiberzank« verdrängt. Und dies vor allem zum Pläsier der Männer. Nicht immer ist es uns in den vergangenen Jahren gelungen, unsere internen Konflikte nicht auch noch der Männerhäme auszuliefern und – wohl nicht immer war diese Diskretion auch beabsichtigt. Am öffentlichsten wurden dabei, damals wie heute, die Angriffe auf ›Emma‹. Zwei Gründe förderten dies: zum einen der sich mit ›Emma‹ verbindende spektakuläre Name Alice Schwarzer (für die Medien praktisches und für die Bewegung dadurch belastendes Symbol), zum anderen wurde gerade dieses Projekt wohl aufgrund seiner Dimension von der Männerwelt als besonders bedrohlich empfunden.

Darum, und auch weil wir davon besonders betroffen sind, wollen wir auf diesen Konflikt ein wenig genauer eingehen. Dieses ist ein ›Emma‹-Buch, und wir sind darum parteilich. Aber wir sind ganz besonders gut informiert. Wie war das also?

Die erste ›Emma‹ erschien im Februar 1977 mit einer Auflage von 300000, die innerhalb weniger Tage vergriffen war (nicht zuletzt wegen der Hetze der Männermedien). Wenige Monate zuvor, im September '76, war erstmals ›Courage‹ erschienen, damals allerdings noch als »Berliner Zeitschrift«.

Als ein halbes Jahr später ›Emma‹ kam, ging ›Courage‹ im selben Monat überraschend auf einen überregionalen, bundesweiten Vertrieb. Von da an lagen zwei Feministinnen-Zeitschriften an den Kiosken. Beide haben inzwischen recht hohe Auflagen (im Sommer '81: Courage 60000, ›Emma‹ 100000), beide sind im Besitz von Feministinnen, arbeiten ohne private Profite und werden ausschließlich von Frauen gemacht. Dies haben sie gemein. Vieles aber auch unterscheidet die beiden Zeitschriften. Bei dem Versuch der Definition der Unterschiede ließe sich im Rückblick sagen:

›Courage‹ legt Wert darauf, nicht professionell gemacht zu sein, das heißt vor allem von Nicht-Journalistinnen: ›Courage‹ hat sich von Anbeginn an eher an die Szene, die linke und die feministische, gewendet, was auch ihre Sprache und ihre Themenwahl zeigt: ›Courage‹ wäre innerhalb des feministischen Spektrums eher der Strömung zuzurechnen, die einerseits mit der »neuen Weiblichkeit« liebäugelt, sich andererseits einigen traditionell linken Standpunkten verpflichtet fühlt. (Beispiele: die Bejahung eines Lohns für Hausarbeit. Appelle an eine »weibliche« Friedfertigkeit und eine gewissen Mystifizierung der Rolle der Mutterschaft im Leben von Frauen: Mutterschaft gleich Macht.)

›Emma‹ wurde vor allem von Journalistinnen in Gang gesetzt, wenn auch mit Infragestellung des üblichen »Professionalismus« und unter sehr starker Einbeziehung nicht-professioneller Schreiberinnen; schon daraus, aber auch aus einer grundsätzlichen politischen Haltung, ergibt sich das Konzept, über den engeren Kern hinaus auch die noch nicht explizit feministisch Engagierte zu erreichen; ›Emma‹ ist innerhalb des feministischen Spektrums der Strömung des »Radikalfeminismus« zuzurechnen, dessen entschiedenste Position eine rigorose Ablehnung einer *natürlichen*

Weiblichkeit ist, der eine sehr kritische Haltung zur neuen Mystik und zur »neuen Weiblichkeit« hat und für den die Lösung des Geschlechterkonflikts verwoben ist mit der des Klassen- und Rassenkonfliktes – für den die Geschlechterfrage allerdings ein Grundraster ist, das über allem liegt. Soweit, so gut.

Denn *beide* Positionen spiegeln durchaus typische Haltungen innerhalb der Frauenbewegung. Beide Stimmen wären also nötig, beide haben bestimmte politische Akzente gesetzt. Doch nur gegen ›Emma‹ gab es – noch vor Erscheinen – schwere Angriffe aus den eigenen Reihen, ausgelöst von einer Handvoll Berliner Projektgruppen, die im Herbst 1976 sogar einen Informations-Boykott lancierten. Hauptvorwurf an ›Emma‹: Sie sei ein »kommerzielles Unternehmen« und dahinter stecke in Wahrheit der Gruner-&-Jahr-Konzern (ausgerechnet . . .), und zwar in Gestalt eines gewissen Herrn Huffzky (dieser angebliche »Berater« von ›Emma‹ war eine ›Spiegel‹-Ente gewesen, die noch in der Woche darauf im ›Spiegel‹ richtiggestellt wurde).

Angefangen hatte alles in der Nr. 1 der ›Schwarzen Botin‹, einem feministischen Theorieorgan, das sich in »Kleinen Anmerkungen« bemüßigt fühlte, anzukündigen, ›Emma‹ werde im Januar '77 »200000 Frauen penetrieren«, und die Macherinnen schon »im Souterrain nahe der Basis« herumkriechen sah (ausgerechnet diese ›Schwarze Botin‹, stolze Erfinderin des Boykotts unter feministischen Zeitungsmacherinnen, wurde dann wenige Monate später selbst Opfer eines solchen Boykotts . . .).

Das »Lesbische Aktionszentrum West-Berlin« griff diese hohen Töne mit Verve auf und fügte noch den Hinweis hinzu, allein die von ›Emma‹ geplante Auflage spreche für eine schlechte und unpolitische Qualität (nach dem Motto: Basis gleich Souterrain und Souterrain gleich unpolitisch), außerdem wolle ›Emma‹ »die Heterosexualität und patriarchalische Kleinfamilie stabilisieren«.

Dazu ließe sich politisch wie psychologisch eine Menge sagen. Ein ganzes Buch würde das füllen. Bleiben wir also bei den nackten Fakten des Exempels ›Emma‹. Noch vor Erscheinen stellte ›Emma‹ im September und Oktober '76 durch eine mehrstündige öffentliche Diskussion (Alice im Berliner Frauenzentrum) und ein detailliertes Rundschreiben an 150 Frauengruppen die unterstellten Fakten (*keine* Gruner-&-Jahr-Dependance, *keine* privaten Profite, *keine* Verwässerung feministischer Einschätzung etc. etc.) klar und widerlegte sie konkret – soweit dies überhaupt möglich war auf dieser Ebene von Unterstellungen, deren Richtigkeit sich letztlich erst am fertigen Produkt würde überprüfen lassen. Doch ›Emma‹ antwortete vergeblich. Denn trotz gegenteiliger Informationen veröffentlichte ›Courage‹ – und nun unübersehbar wider besseres Wissen – zwei Monate vor Erscheinen der ersten ›Emma‹ einen Informations-Boykott-Aufruf gegen ›Emma‹, verbreitete die groteske Gruner-&-Jahr-Story weiter (jetzt nicht mehr in klaren Behauptungen, sondern in dumpfen Andeutungen) und griff auch in den darauffolgenden Monaten (und Jahren) immer wieder ›Emma‹ und/oder Alice an. Stil: »Alice Schwarzer in ihrer 1a-Villa« – die Redaktionsräume von ›Emma‹ sind in einem Haus mit der Nummer 1a ...

›Emma‹ schwieg. Beharrlich. Und zwar nicht zuletzt im Wissen um den längst von den Männermedien ausgenutzten »Weiberzank« und auch in der Hoffnung, daß bewußte Frauen aus gar zu demagogischen Tönen selbst ihre Schlüsse ziehen würden. Doch – steter Tropfen höhlt den Stein. Erst als im Wahlherbst '80 sogar die SPD auf das schamloseste versuchte, auf dem Feuer feministischer Kontroversen ihr Süppchen zu kochen, eröffnete ›Emma‹ eine inhaltliche Diskussion über persönliche Kontroversen und politische Konflikte innerhalb der Bewegung. Und nicht nur die ›Emma‹-Frauen meinen heute dringlicher noch als zuvor, daß gerade Feministinnen diese in Wahrheit oft inhaltlichen und politischen Kontroversen transparent machen müssen und nicht auf der Ebene des persönlichen Hickhacks bleiben dürfen.

Ein Muster, nach dem auch die damals heftig weiter tobende Debatte Heterofrauen/Lesben gestrickt war. Statt wirklich auf Inhalte zu kommen, ergingen sich die Frauen nicht selten in persönlichen Diffamationen. Irrational waren selbst die Reaktionen auf Bücher, so auf Jill Johnstons Pamphlet ›Lesbian Nation‹, das unter dem Titel ›Lesben Nation‹ im Berliner Amazonen-Verlag erschien.

Schon Ende des Jahres '75 war in dem Verlag Frauenoffensive ein Buch erschienen, das im Jahr darauf zum schleichenden Bestseller werden sollte: ›Häutungen‹ von Verena Stefan. Sie erzählte die Geschichte einer Frau, die – nach Beziehungen zu linken »Mackern« – ihre Liebe zu Frauen entdeckt, und traf so vor allem bei den Frauen den Nerv, die selbst um ihre Loslösung aus dem machistischen Linken-Milieu kämpften. Unnötig belastet wurde Verena Stefans Erfahrungsbericht durch gar zu große literarische Ansprüche der Autorin selbst (die im Vorwort eine »neue Sprache« ankündigte). Dies allerdings minderte nicht den Identifikations-Wert des Buches für viele Frauen. Und es zeigte nicht nur auf, was mit den Männern nicht oder kaum geht, sondern bot auch alternative Ansätze zu einem Leben mit Frauen an (s. S. 183).

Frauen beschäftigen sich jetzt zunehmend mit sich selbst. Die Selfhelp-Gruppen verbreiten sich über das ganze Land. Angefangen hatte es in Berlin, wo dann die Frauen der Selbsthilfegruppe im Oktober 1977 das Berliner Frauengesundheitszentrum eröffneten und weiterhin die Zeitschrift ›Clio‹ herausgaben.

Längst war aus dem kurzgegriffenen Slogan »Unser Bauch gehört uns« die Parole geworden: unser Körper gehört uns. Und bei ihrem Kampf gegen Monopol und Monopolmißbrauch der Ärzte stießen Frauen auf verschüttetes Wissen der »weisen Frauen« von einst. Das Buch der Berliner Selbsthilfegruppe, ›Hexengeflüster‹, hatte seinen Namen nicht zufällig.

Zu den Spekula kamen nun die Kräuter, und nicht selten gerieten die Frauen bei der Suche nach anderen als den ausschließlich technisch-materialistischen Wegen der Männerwissenschaft auch ins allzu magische Abseits. Die Magie-Welle schwappte über den Ozean, die ersten Tarot-Karten kursierten.

1976/77, das war auch die Zeit, in der Psychologinnen und Therapeutinnen erste Ansätze zu einer feministischen Psychologie und Therapie vorantrieben. Die Meinungen gingen (und gehen) dabei weit auseinander, umfassen sie doch das gesamte Spektrum der existierenden Therapieschulen, von der Psychoanalyse bis zur Radical Therapie. Nur in einem waren sich alle einig: die beste Therapie nutzt nichts, wenn nicht auch die konkreten Lebensumstände der Therapierten geändert werden.

Lebensumstände, das ist gerade bei Frauen nicht nur der Beruf und Öffentliches, das ist auch das sogenannte »Private«. Auf diesem Terrain spielen sich immer noch die größten Ausbeutungen, die stärksten Erniedrigungen von Frauen ab.

Darum lag es nahe, daß Frauen von Anfang an auch in diesem Bereich Alternativen schufen. Zunächst waren es vor allem die Studentinnen, die, ganz in der Tradition der Apo, nun nicht mehr länger in »gemischten« Wohngemeinschaften lebten (Frauen *und* Männer), sondern in reine Frauen-WGs zogen. 1971 gab es die allerallererste in München, doch erst Jahre später florierten sie wirklich, die Frauen-WGs, und ab 76/77 war es nun auch für Frauen, die ganz und gar nicht in der Szene lebten, denkbar, zusammenzuwohnen. Frauen-WGs wurden salon-, bzw. ›Brigitte‹-fähig.

Eine Tournee durch diese Frauen-WGs gab in dieser Zeit oft mehr Aufschluß über die verschiedenen Strömungen innerhalb der Bewegung als alle Frauenzeitungen zusammen: da waren die räucherstäbchenduftenden, kerzenlichterhellten, teppichbehangenen Magiehöhlen, die ostentativ vergammelten Anarcho-Kommunen, die liebevoll mit Pflanzen dekorierten Endlich-allein-Zimmer der Frischgeschiedenen, und die linken WGs, in denen die Frauen nun das Karl-Marx-Poster durch das von Virginia Woolf und die Blauen Bände durch die lilafarbenen der Frauenselbstverlage ausgewechselt hatten. Und es gab auch schon die ersten Geburtszimmer für die nun feministisch propagierte Hausgeburt ...

Doch ganz so unbewußt, wie einige Jahre später, schien der Feminismus in dieser Zeit noch nicht in die »neue Innerlichkeit« und »neue Weiblichkeit« zu retirieren: Die Frauen wußten damals auch durchaus noch ganz realistisch zuzuschlagen, wenn's not tat:

Aus dem Isenburger Frauenzentrum kam die Kunde vom Fan Shen, einer Methode, die die Frauen im kulturrevolutionären China mit Erfolg angewandt hatten. Fan Shen heißt soviel wie Umkehren und hatte zur Folge, daß uneinsichtige schlagende Ehemänner nun ihrerseits verdroschen wurden, und zwar gleich von einer ganzen Frauentruppe.

Ein gemildertes Fan Shen bekamen damals auch uneinsichtige Journalisten zu spüren. Im April 1977 gaben die »militanten Panther-Tanten« auf eine dümmlich belehrende und bösartig sexistische Titelgeschichte von ›konkret‹ (Stil: die »bürgerlichen« Feministinnen sollten sich lieber mal um den Klassenkampf kümmern; Titelbild: eine behaarte Männertatze auf nackter Frauenbrust) die adäquate Antwort: In der Nacht zum 6. April mauerten sie den Genossen die Türe zur Redaktion zu.

Mütter und deutscher Herbst 1977/78

Herbst 1977. Deutscher Herbst. Statt wie bisher »Lesbe« wurde nun auch schon mal »Terroristin« hinter allzu entschieden auftretenden Frauen hergezischt. Deutscher Herbst. Zeit der RAF-Hysterie und Zeit der ungehemmten Reaktion.

Wobei der sogenannte »Terrorismus« vor allem als Vorwand diente. Vorwand für die Law-and-order-Anhänger (Kontaktsperregesetz, Gewaltparagraph); Vorwand auch für die Patriarchen, die den hohen Prozentsatz an Frauen im Untergrund dazu benutzten, die gesamte Frauenbewegung in den Ruch des »Terrorismus« zu bringen – eine damals wahrhaft tödliche Nähe. Und die Männermedien schürten kräftig:

»Exzeß der Emanzipation?« (›Der Spiegel‹). »Aus unerfüllter, inzestuöser Vaterliebe resultierender Vaterhaß« (›Die Welt‹). »Im neubegründeten ›Feminismus‹, der von der Linken gepredigt wird, sehen Beobachter der Szene einen Hauptgrund für den jüngsten Rollentausch der Geschlechter an der Terrorfront.« (›Bayern-Kurier‹).

Sowohl zur Bürger-Befriedigung wie zur Frauen-Einschüchterung visierte zwar die Repression den »harten Kern« direkt an, meinte dies jedoch exemplarisch und zielte vor allem auf die »Sympathisanten«: auf die unbequemer zu werden drohenden Bürger und Frauen. Motto: Seht her, so ergeht es euch, wenn ihr euch auf *die* einlaßt . . . Die, die kritisches Denken proklamieren, Ungehorsam, Gegenwehr, Befreiung.

Was waren das für Zeiten. Die sogenannte »Rechtsstaatlichkeit« und das »Stehen auf dem Boden der Verfassung« mußten ohne Unterlaß rosenkranzartig abgebetet werden, bevor man überhaupt das Recht hatte, den Mund aufzumachen. Das spöttisch-selbstkritische Geständnis eines Sponti-Linken, Mescalero, beim Buback-Mord »klammheimliche Freude« empfunden zu haben (eine »Freude«, die dieser wenige Sätze später analysierte und verwarf), löste eine Welle der Hysterie und Verfolgung aus. Es war die hohe Zeit der Demagogen und der Denk-Verbote.

Die neugeschaffenen Anti-Terror-Gesetze wurden zwar maßgeschneidert für den »harten Kern«, sie paßten aber auch auf Streikende in Betrieben, auf Kernkraftgegner/innen und Demonstrantinnen gegen den § 218, zum Beispiel.

Und dann das Verständnis von Gewalt. Der Anti-Gewalt-Paragraph bedrohte die Handvoll politischer Desperados, nicht aber die Verantwortlichen für krankmachende Arbeitsbedingungen in Büros und Betrieben, nicht prügelnde Ehemänner in Schlafzimmern, nicht Vergewaltiger auf der Straße. Die GSG 9 mimte den starken Mann in Mogadischu und stellte damit das Paradebeispiel des aus der Hüfte ballernden Helden dar, was zum Unfrieden zwischen den Menschen und den Geschlechtern allemal mehr beiträgt als zum Frieden.

Und der RAF-Krimi lenkte so schön ab. Er lenkte ab von der just in dieser Zeit massiv beginnenden Arbeitslosigkeit, von der steigenden Umweltzerstörung und von der Frauen immer stärker bewußtwerdenden alltäglichen Männergewalt.

Wie nun reagierte die Frauenbewegung selbst auf den »deutschen Herbst«, auf diese zunehmende Verhärtung des politischen und des intellektuellen Klimas, auf den Versuch, Feministinnen als »Terrormädchen« abzustempeln? Sie reagierte unterschiedlich. So unterschiedlich, wie sie selbst zu dieser Zeit längst war.

Da gab es die Indifferenten, die sich abgewandt hatten (oder abgewandt blieben) von dem, was ihre Mütter und Großmütter noch »Männersache« genannt hatten, und die das nun als »Makkerpolitik« bezeichneten. Diese Strömung beschäftigte sich zunehmend ausschließlich mit sich selbst, meist in der Form der feministischen Variante der »neuen Innerlichkeit«, der heute so genannten »neuen Weiblichkeit«. Kernstück dieser neuen, alten Weiblichkeit ist die Annahme vom natürlichen »Anderssein« der Frau, von der »Frau als Naturwesen«. Für viele begann dies in der zunächst unverfänglichen Beschäftigung mit dem eigenen Körper und den Gefühlen, für sehr viele blieb es dann leider auch dabei ...«

Der Rest verfiel, grob gesagt, in drei Teile: Erstens die, die sich dem »bewaffneten Kampf« immer schon verbunden gefühlt hatten, und nun ihre Zeit und Kraft in distanzlose Solidaritätsaktionen für die Gejagten und eine jegliche spezifische Frauenhaltung entbehrende Kritik der Repressionen investierten. Zweitens die, die versuchten, das Geschehen allgemeinpolitisch zu analysieren und sich darüber hinaus dazu eine Haltung als Feministinnen zu erarbeiten. Und dann drittens in die, die auf diesen Bierernst der Lage nur noch ausgeflippt reagieren konnten und wollten: mit Ironie und einem Schuß Utopie. Beispiele dafür waren die damals neugegründete Berliner Zeitschrift ›Tango feminista‹ und der ›Aufruf zur Erfindung des Glücks‹ eines Frankfurter Autorinnenkollektivs (s. S. 186).

Wobei die drei Kategorien natürlich nicht in dieser Starrheit anwendbar und die Übergänge fließend sind. Auch kristallisierte sich zunehmend eine bemerkenswerte Überschneidung heraus, und das nicht nur in der Frauenbewegung der Bundesrepublik, sondern in allen westlichen Ländern mit einer ähnlichen Entwicklung.

Und zwar verfiel ein Teil der Frauen, die direkt aus der männerdominierenden Linken kamen und zahlreiche linke Begriffe und Einschätzungen bruchlos weiterpropagierten, gleichzeitig in eine für das Verständnis der frühen Feministinnen ganz und gar unreflektierte Auffassung von »Weiblichkeit«, nämlich in die »neue Weiblichkeit«, die sich sehr rasch als die alte entpuppte . . .

Es stellte sich die Frage, ob gerade die linken Frauen, die über Jahre eine fremdbestimmte politische Arbeit in machistischen Strukturen geleistet hatten, aus der entstandenen Sehnsucht heraus in die »neue Weiblichkeit« kippten.

Es fing an mit der »neuen Mütterlichkeit«, einem Hauptpfeiler der Weiblichkeit. An der Diskussion um die Mutterschaft läßt sich die Verfassung der Frauenbewegung in diesen späten 70er Jahren aufzeigen.

Zu Beginn der 70er Jahre spiegelte sich auch in der Frauenbewegung die allgemeingesellschaftliche Ignoranz der Bedeutung von Mutterschaft heute, ebenso die heimliche Verachtung der Mütter. Schließlich waren Mütter auch in den ersten Feministinnengruppen zunächst mangels Zeit und Gelegenheit unterrepräsentiert, und die tonangebenden Nicht-Mütter hatten sich oft dermaßen gegen den allgemeinen Mutterschaftszwang abschotten müssen (»Eine Frau ist nur eine richtige Frau, wenn sie Mutter ist«), daß sie die ganze Problematik nicht selten weit weggeschoben hatten.

Doch die kam dann, theoretisch wie praktisch, sehr rasch auf den Tisch! Heftig wehrten sich die Mütter selbst gegen die Benachteiligung durch die eigenen Schwestern, und bald waren Einrichtungen wie Krippen zu Frauenkongressen und Müttergruppen in Zentren weit verbreitet. Schnell erkannten auch Nicht-Mütter die Bedeutung der Frage, und bereits zu Beginn der 70er Jahre lagen radikale feministische Analysen zum Stellenwert der Gratisarbeit von Frauen bei der Haus- und der Mutterarbeit vor.

Einen der entscheidendsten Texte veröffentlichte die Soziologin Christine Delphy 1971 in Paris unter dem Titel ›L'ennemi no 1‹ (Der Feind Nr. 1). Sie wandte darin die marxistische Analyse auch auf die Gratisarbeit von Frauen an und zog erstmals den frappierenden Vergleich zwischen der Stundenzahl der Lohnarbeit im Beruf und der Gratisarbeit im Haus: danach ist die Anzahl der zur gesellschaftlichen Reproduktion notwendigen Gratisarbeitsstunden sowohl in Frankreich wie auch in der Bundesrepublik genauso hoch, wie die der zur Produktion aufgewandten Lohnarbeitsstunden. Und wie kriegt man Frauen dazu, das alles gratis zu tun? Simone de Beauvoir 1973: »Man kann Frauen ja wohl kaum die Schönheit und Mystik des Geschirrspülens preisen, also preist man ihnen die Schönheit und Mystik der Mutterschaft.« Will heißen: die »Mütterlichkeit« spielt eine entscheidende Rolle bei der Konditionierung zur »Weiblichkeit«.

Die Feministinnen der frühen Stunde, vor allem die amerikanischen und französischen, stießen rasch auf die volle Bedeutung der »Mütterlichkeit« und kamen zu folgenden Erkenntnissen:

1. Die Definition von Frauen über die Mutterschaft muß entschieden zurückgewiesen werden. Eine Frau ist auch eine vollwertige Frau, wenn sie nicht Mutter ist. Nicht jede Frau ist »zur Mutter geboren«. Mutterschaft darf nicht länger als höchste Erfüllung eines jeden Frauenlebens propagiert werden.

2. Die reale Lage von Müttern heute ist ein Skandal, die Haltung der Gesellschaft dazu eine einzige Heuchelei. Während Mütter einerseits auf den Sockel gehoben werden, verachtet man sie andererseits und läßt sie Tag für Tag allein mit der Verantwortung für die Kinder (Muttertags-Mütter). Dagegen müssen wir kämpfen! Väter und Gesellschaft haben gleichteilig Verantwortung zu übernehmen (was leichter gesagt ist als getan). Die Gebärfähigkeit der Frau, die neunmonatige *biologische* Mutterschaft, darf nicht länger automatisch zur 20 und mehr Jahre währenden *sozialen* Mutterschaft gemacht werden.

3. Biologische und soziale Mutterschaft müssen auseinanderdividiert werden. Die uns im Namen der Gebärfähigkeit aufgepackte lebenslange Verpflichtung zur »Mütterlichkeit« ist nicht »natürlich«, sondern kulturell. Sie ist eine den Frauen eingepflanzte, aufgenötigte »Eigenschaft«, die oft auch eine Qualität ist, unter den heutigen Umständen aber in erster Linie eine Achillesferse für Frauen darstellt, da sie an diesem Punkte immer wieder gepackt und verletzt werden können. Wobei eines zu begreifen ist: Bei der »Mütterlichkeit« geht es der Männergesellschaft um weit mehr als um die Versorgung der Kinder. Im Namen der »Mütterlichkeit« bemuttern Frauen Kinder, Männer, ja, die ganze Gesellschaft! Es muß uns – so die Radikal-Feministinnen – um das Bewahren dieser Eigenschaften gehen, soweit wir sie als Qualität begreifen, gleichzeitig aber müssen wir uns vor Ausbeutung

schützen. Außerdem: auch Männern stünde »Mütterlichkeit« bestens zu Gesicht!

Soweit die Theorie. Die Praxis ist da natürlich noch eine andere Sache. Dennoch: das war die Perspektive. Auch Mütter, die erpreßbar waren, weil sonst (angeblich?) das Kind darunter leidet, auch diese Mütter konnten zumindest reflektieren, was vor sich ging (und geht). Wie auch immer die Praxis aussehen mochte: gegen die dumpfe Theorie vom »Wesen der Frau« und der ach so angeborenen »Mütterlichkeit« waren sie gefeit. Denn diese Lektion hatten die Feministinnen der frühen 70er Jahre als erste gelernt: Der »Unterschied« dient in einer patriarchalischen Welt allemal den Männern, das »Anderssein« meint in Wahrheit immer nur ein Minderwertigsein der Frauen.

All dieses schien bereits gesicherte feministische Erkenntnis in diesem »deutschen Herbst«, der das Land mit Frost und die Frauen mit Zuckerguß überzog. Denn siehe da, diese Phase nach dem Aufbruch der Frauen war auch die Zeit der nun plötzlich von Medien, Politikern und Wissenschaftlern kräftig verkündeten Weiblichkeit. Über die »Rückführung der Frau zu ihrer natürlichen Bestimmung« und die »Aufwertung der Mütter« philosophierte die CDU nun wieder öffentlich; die SPD gab, mit Schmidt voran, das gerade wieder freigelegte alte Bebel-Postulat des Rechtes aller Frauen auf Berufstätigkeit flugs wieder auf; der ›Stern‹ propagierte das Stillen als lebenswichtig fürs Baby und ›Brigitte‹ publizierte die »neuesten wissenschaftlichen Erkenntnisse« zur »natürlichen Weiblichkeit« (Stil: Mädchen kneten lieber Knetmasse, Jungen interessieren sich mehr für Autos).

Und ausgerechnet in diesem Chor ertönte nun eine überraschende Stimme: aus der Frauenbewegung selbst wurde das hohe Lied der »Weiblichkeit« geschmettert. Zunächst scheinbar noch differierend von den reaktionären Parolen und auf der verführerischen Suche nach sich selbst, stimmte eine breite Strömung der Frauenbewegung nun ebenfalls das Lied vom »Anderssein« der Frauen an.

Ja, wir sind anders. Das hatten wir Feministinnen von Anbeginn an gesagt. Nur für die Radikal-Feministinnen war dies selbstverständlich ein kulturelles und kein biologisches Anderssein. Ein Anderssein durch unterschiedliche Prägung und anderes Leben. Wir sind nicht »anders« geboren, wir sind anders geworden!

Eine ganze Strömung von Neu-Feministinnen jedoch schien sich nun wieder auf ein Von-Natur-aus-anders-Sein zu berufen. Da wurde »mit dem Körper geschrieben«, »aus dem Bauch gehandelt« und lieber gefühlt als gedacht – angeblich alles ganz besonders weiblich. Als allererstes manifestierte sich diese Rückkehr zur Weiblichkeit in der Mütterfrage.

Zwei Stimmen aus der Frauenbewegung seien hierzu zitiert, die in zahlreichen Publikationen aktiv dazu beitrugen, und zwar die Berliner Zeitschrift ›Courage‹ und der Münchener Verlag Frauenoffensive. Bei beiden stützten wir uns auf Texte aus dem »deutschen Herbst« und auf Texte aus jüngster Zeit (Sommer 1981). Sie zeigen, daß sich die Entwicklung eher verschärft hat und der Trend von einem ehemals diffusen Weiblichkeitsverständnis zum jetzt krassen Biologismus geht.

So erschien mitten im »deutschen Herbst« im von der Frauenoffensive herausgegebenen ›Frauenjahrbuch '77‹ ein Text von Eva-Maria Stark, in dem sie ihr viel diskutiertes Buch resümiert (s. S. 188). Die Autorin propagiert darin ein »neues Körpergefühl«; den »natürlichen Kinderwunsch« aller Frauen, der »tief aus dem Bauch hochkommen kann«; die von Natur aus »friedfertige Mutter-Kind-Beziehung«; die »Rhythmik der Geburt, die jede gebärende Frau als überwältigend in ihrer unaufhaltbaren Stärke erlebt« und – nicht zuletzt – eine »psychisch-physisch verankerte Opferbereitschaft der Mütter« (!).

Es ist damals nicht laut genug gesagt worden: Dies sprengt bei weitem den Rahmen der innerhalb der Frauenbewegung akzeptierten Heterogenität und Widersprüche! Eine solche Argumentation rekurriert auf ein total apolitisches Verständnis vom »Menschen an sich«, von der »Frau als Naturwesen«. Sie mystifiziert erneut die Mutterschaft und verschleiert damit die Realitäten des Mutterseins heute. Sie besorgt, bewußt oder unbewußt, bruchlos das Werk reaktionärer Kräfte, die mit der blechernen Münze des Geredes von der »Aufwertung der Mütter« die Milliarden Gratis-Arbeitsstunden und permanente mütterliche Verfügbarkeit von Frauen entlohnen wollen (CDU-Blüm im Juni 1981 in neuen Thesen zur »sanften Macht der Familie«: »Die Mutter muß aufgewertet werden. Wer diese Forderung mit Heimchen-am-Herd-Zynismus abzuwehren sucht, argumentiert aus der Befangenheit, die Erwerbsarbeit als sozialen Platzanweiser akzeptiert hat.«)

Darüber hinaus zeugt der unreflektierte Natur-Begriff von Eva-Maria Stark zumindest von Unbedarftheit in einer Zeit, in der schon die Muttermilch durch Schadstoffe so vergiftet ist, daß sie nicht mehr durch die Lebensmittelkontrolle käme ...

An diese Tradition knüpfte eine im Sommer 1981 in der Frauenoffensive publizierende Autorin nicht nur an, ja sie verschärfte sie noch: Monika Jaeckel in ihrer Streitschrift für Mütter ›Wer, wenn nicht wir‹. Die Autorin kämpft darin mit Eifer an nicht existierenden Fronten: sie setzt Mütter und Nicht-Mütter gleich mit Hausfrauen und Berufstätigen und beklagt die »Spaltung« dieser Gruppen in zwei Lager, verursacht ihrer Meinung nach durch einen »historischen Prozeß«.

Tatsache jedoch ist, daß ein Großteil der Mütter heute gleichzeitig berufstätig ist und für mehr als 90 Prozent die ausschließliche Mutterschaft ohne Berufstätigkeit nur ein Durchgangsstadium ist. Daß fast alle Hausfrauen wieder zurück in den Beruf wollen, dies bestätigen auch alle feministischen Untersuchungen und Erfahrungen. Erstaunlich ist auch, daß die Offensive-Autorin die tatsächlich existierenden Spannungen zwischen Müttern und Nicht-Müttern für das Ergebnis eines »historischen Prozesses« hält, sind sie doch ganz eindeutig das Produkt einer gezielten Spaltungspolitik der Männergesellschaft.

Weiter bedauert Monika Jaeckel, daß »das Selbstwertgefühl von Müttern angeknackst ist« und meint, es sei »Zeit, sie zu bestätigen (die Mütter) und in ihrem Stolz, der allen Frauen gehört, zu unterstützen«. Was die Autorin da »angeknackstes Selbstwertgefühl« nennt, ist in den Augen vieler Feministinnen, die nicht selten selbst Mütter sind!, wohl eher die längst fällige und in der Tat von der Frauenbewegung mit verursachte Verunsicherung in Sachen Mutterschaft als Lebensaufgabe und »höchste Erfüllung« eines Frauenlebens. Auch muß die Mutterschaft in die offene Krise geraten (in der heimlichen war sie ja immer) in dem Moment, wo man ihr diesen heuchlerischen Boden entzieht. Es gilt, sie neu zu definieren und zu leben.

Die Eskalation zum offenen Biologismus wird vollends klar in einer Aussage wie der: »Frauen sehnen sich danach, das, was sie selbst ausmacht und betrifft, zu bekennen und zu leben. Sie wollen nicht nach fremdem Gesetz und Maßstab funktionieren, sich nicht verraten, verlieren im Zwang unmenschlicher, unweiblicher Arbeitsbedingungen.« – Frauen sollen also »bekennen«, was »sie selbst ausmacht«? Ja, was denn?! Gibt es da in unserem tiefsten Inneren das Ewig-Weibliche, das, was uns ausmacht – egal, wie wir leben und denken? Oder sind weibliche wie männliche Menschen, im Guten wie im Bösen, Produkt einer Gesellschaft, in der es Geschlechter gibt und Klassen und Rassen? Und ist da nicht auch die »Weiblichkeit« kulturell geprägt, relativ zu sehen und durchaus nicht immer nur positiv?

Und was nur stellt sich die Autorin unter »weiblichen Arbeitsbedingungen« vor? Die Feministinnen der frühen Stunde traten an für menschliche Arbeitsbedingungen. Für alle. Für Frauen wie Männer. Sie traten an mit dem Nahziel: mehr Rechte für Frauen! und dem Fernziel: die Befreiung aller Menschen vom Rollen-, Klassen- und Rassendiktat. Sie wollten und wollen Bedingungen schaffen, in denen Individuen sich jeweils nach Interessen und Fähigkeiten entwickeln können. Sicher, ein großes Ziel, aber danach hat sich auch der kleinste Schritt zu richten.

Wie nun sehen die kleinen Schritte einer Monika Jaeckel heute aus? Im Schlußkapitel ihres Manifests berichtet sie über drei Modellprojekte von »Mütterzentren«, die der »vielleicht aussichtsreichste Weg zur Solidarisierung der Mütter« sein könnten. Und so sieht das aus im »Mütterzentrum«:

»Im Mütterzentrum können Mütter Gruppenerfahrungen machen, ihre Kompetenzen einbringen und Geld verdienen: z.B. durch Einrichtung einer Friseurecke, eines Blumenstandes, durch Kleidertausch, Kaffee-Kuchen-Stand, Kräuterapotheke, Stadtteilzeitung, Reparaturdienste, Kochlehrgänge, kosmetische Beratung, Tierpflege, Näh- und Babykurse. Sie können ihre Kinder mitbringen und sie zusammen mit anderen Kindern erleben. Jede Mutter, die ins Zentrum kommt, kann hier, wenn sie will, etwas dazuverdienen; eine attraktive Alternative zu den paar Stunden Putzen gehen oder an der Supermarktkasse auszuhelfen. Günstige Angebote (billige Frisur, gebrauchte Kleider, billiges Spielzeug) sowie Beratung oder Fortbildung unterschiedlichster Art entlasten ihren Alltag.«

Die Soziologin und aktive Feministin Monika Jaeckel würde sich sicherlich recht wenig wohl fühlen bei der Einrichtung einer solchen Kosmetikecke oder eines Blumenstandes ... Es hat die Frauenbewegung bisher ausgezeichnet, daß sie zwar – wenn auch nicht immer mit Erfolg – versucht hat, den unterschiedlichen Lebensformen und Einsichten der Frauen Rechnung zu tragen, sie nicht alle über einen Kamm zu scheren, aber daß sie dabei Frauen doch auch ernst genommen hat, statt sich, wie gehabt, sozialpflegerisch über sie zu beugen. Solche Mütterzentren hingegen sind die paternalistischen Rezepte einer menschen- und frauenverachtenden Gesellschaft, wie wir sie bisher aus den Garküchen von Parteien und Kirchen, nicht aber von Feministinnen gewohnt waren.

Noch vor wenigen Jahren hätte eine solche Schrift aus sich als feministisch deklarierender Feder innerhalb der Frauenbewegung Stürme des Protestes ausgelöst. Heute schüttelt zwar so manche den Kopf, aber zu regen scheint sich nichts. Noch nichts.

Eines ist sonnenklar: Ein solches Verständnis von Mutterschaft kann der Männergesellschaft nur recht sein – erst recht in Zeiten der emanzipatorischen Unruhe, die ja in der Tat nicht nur einen kleinen Kreis, sondern längst die Mehrheit der Frauen dieses Landes erfaßt hat.

Im Namen dieser naturwüchsigen »Mütterlichkeit« sind und bleiben Frauen vorrangig zuständig für Kinder, kleine und große, Emotionales, Gratisarbeit, niedere Dienste, »Dazuverdienen«. Dieses Verständnis von Mutterschaft kann der Männergesellschaft nur recht sein. Dafür braucht keine Frau laut die Stimme zu erheben: sie heult nur mit den Wölfen ... Diese Art »Mütterzentrum« lindert – bestenfalls! – für einen Moment das Leid (so wie all die karitativen Betätigungen dieser Art, die Kirchen und Gemeinden seit ewigen Zeiten betreiben), gibt aber nicht wirklich eine Chance zum Aufbruch, gibt keine Anstöße zur Veränderung des Bewußtseins, sondern führt noch tiefer in die Sackgasse des klassischen Frauenschicksals. Ein Schicksal, dem sich die solchermaßen einfühlsam über die Hausfrauen beugende Autorin selbst, deren eigenes Leben so ganz anders aussieht, sich alles andere als fügen würde. Aber für »die Basis« scheint's zu reichen ...

Mit Vehemenz setzten sich vor allem im Ausland Radikal-Feministinnen gegen diesen neuen Frauenbetrug zur Wehr. In der Bundesrepublik gab es bisher nur vereinzelte und relativ wenige Stimmen. Aber sie werden vermehrt laut in der letzten Zeit: die Strömung der Radikal-Feministinnen scheint sich auch hier zu gruppieren.

Ein zweites kontinuierliches Forum für die »neue Mütterlichkeit« ist ›Courage‹. Im ausklingenden »deutschen Herbst« titelte die Berliner Zeitschrift mit dem idyllischen Foto zweier Mütter, die, ganz alternativ, ihre lieben Kleinen auf dem Fahrrad stillten. Das eine Kind war mindestens drei Jahre alt, beide Mütter lächelten beglückt.

Im Heft selbst wurde dann das »Stillen als Waffe« gegen eine stillfeindliche Männerwelt propagiert. Und das zu einem Zeitpunkt, zu dem die Medien (z.B. ›Stern‹ und ›Brigitte‹) längst die neue Stillmode lanciert hatten! Und das zu einem Zeitpunkt, zu dem Frauen zunehmend in bisherige Männerdomänen eingebrochen waren und nun prompt mit steigender Frauenarbeitslosigkeit gestraft wurden!

Hatte nicht Betty Friedan bereits in den 60er Jahren im ›Weiblichkeitswahn‹ überzeugend analysiert, welche Funktion Still-Wochen haben (Stil: Wer nicht stillt, ist keine gute Mutter. Oder: Durch Geburt und Stillen ist die Mutter dem Kind ganz besonders verbunden)?! Denn auch in den USA nach dem Zweiten Weltkrieg hatte die Still-Ideologie ganz eindeutig die Funktion, die von Frauen okkupierten Arbeitsplätze wieder freizumachen für die heimkehrenden GIs und die gar zu selbständig gewordenen Frauen wieder zur Besinnung zu bringen auf ihre »Rolle als Frau«. Damals propagierte die Psychologie plötzlich das Stillen als alleinseligmachend ... (Womit, selbstredend, nichts gegen Stillen an sich gesagt werden soll, alles aber gegen einen Still-Zwang!)

Und dies waren in ›Courage‹ die »Forderungen« der Stillgruppe: »Mindestens ein Babyjahr, bei voller Bezahlung für berufstätige Frauen und Erhaltung des Arbeitsplatzes; mütterfreundliche Arbeitsplätze; Vermittlung von Arbeitsplätzen, an die Mütter ihre Kinder mitbringen können; mehr Geld für nicht-berufstätige Mütter (Erhöhung der Sozialhilfe, finanzielle Unterstützung durch Krankenkassen); mehr Publikationen über das Stillen ...«

Als hätte es an Publikationen über das Stillen gemangelt ... Als wäre es ein Zufall, daß gerade diese Strömung der Frauenbewegung so breit von den Männermedien aufgenommen und gefördert wurde und wird. Und als hätten nicht zu der Zeit Feministinnen längst hundertfach gesagt und geschrieben, warum es so ein Bumerang ist, ein Babyjahr nur für Frauen und »mütterfreundlichere Arbeitsplätze« zu fordern. Wenn, dann müssen im gleichen Atemzug Babyjahre für Väter und »väterfreundlichere« Arbeitsplätze gefordert werden! Denn sonst bleibt alles weiterhin allein an den Frauen hängen.

Inzwischen haben wir ein Mini-Babyjahr, den Mutterschaftsurlaub. Die Folgen kennen wir: Unternehmer stellen immer zögernder Frauen im gebärfähigen Alter ein. Es hat solche Formen angenommen, daß sogar die gemeinhin nicht gerade frauenfreundlichen Gewerkschaften sich zum Protest verpflichtet fühlten. Auch ein bißchen mehr Geld für nicht-berufstätige Mütter wurde von der CDU in einigen Bundesländern als Modellversuch eingeführt. Warum wohl? Weil es in diesen Zeiten der emanzipatorischen Unruhe verführerisch ist für Frauen (besser als nichts), gleichzeitig aber diese Frauen dadurch wieder fest angekettet werden an ihre althergebrachte Rolle.

Allerdings verstummten die kritischen und warnenden Stimmen aus der Frauenbewegung nie. So schrieb die Berliner Zeitschrift ›Frauen gegen den Strom‹ (Motto: »Denn wir gehen nicht unter in den Niederlagen, sondern in den Kämpfen, die wir nicht kämpfen!«) mitten im »deutschen Herbst«: »Vor dem politischen Hintergrund, daß seit einiger Zeit eine massive, ideologische Kampagne der Herrschenden auf die Frauen herunterdonnert, die sie wieder ›natürlichen‹ Bestimmungen zuführen soll, halten wir es für eine wesentliche Aufgabe der Frauenbewegung, Front gegen diese reaktionäre und biologistische Ausrichtungskampagne zu machen und nicht selbst diese Mythologisierung noch mit voranzutreiben.«

Die Frauen »gegen den Strom« warnen zu recht: in ›Courage‹ zum Beispiel wird inzwischen zur Mütterfrage offen biologistisch argumentiert. Für eine ihrer Hauptexponentinnen zum Thema, für Meo Hellriegel-Rentzel, zerfällt die Welt in zwei Hälften: auf der einen Seite sind die von Natur aus guten Frauen, die Opfer der bösen Männerwelt sind; auf der anderen sind die von Natur aus destruktiven Männer, die – so ist es anzunehmen – nur noch von den guten Frauen gerettet werden können (im Retten sind die Frauen ja immer schon groß gewesen). Im Juni 1981 sinnierte Meo Hellriegel-Rentzel in ›Courage‹ über die »All-Macht« der aufgerüsteten Männerwelt und gab ihrer Hoffnung auf die angeborene Friedensliebe von Frauen Ausdruck. Wörtlich: »Noch setze ich auf die Biologie. Gehe von unserem genetischen Programm aus.«

Wohlgemerkt, vom genetischen Friedens-Programm des weiblichen Geschlechts ist hier nicht im Kirchenblatt, im CDU-Programm oder in einer SPD-Wahlanzeige die Rede, sondern in einem sich als feministisch und »links« verstehenden Organ. Und das in einem Moment der erneuten Hochblüte des (Sozio-)Biologismus, der im Namen »genetischer Programme« weitere Klassen, mindere Rassen, Homosexuelle und das weibliche Geschlecht auf die untersten Stufen der bestehenden Hierarchien verweisen will!

Die Berufung auf die »Biologie« kommt auch in ›Courage‹ nicht überraschend. Bereits Anfang 1978 machte dieselbe Autorin in derselben Zeitschrift mit zwei Texten Furore, die diese Haltung unübersehbar durchscheinen ließen. In dem einen ging es um eine Kritik an dem linken Peter-Paul Zahl (der damals noch im Gefängnis saß) wegen seiner Rolle als Vater und Ehemann. Hier nahm Meo Hellriegel-Rentzel Partei für die Ex-Zahl-Frau Urte und beklagte fatalistisch deren Leid (»Es ist das Frauenlos, unter einem Leiden zusammenzubrechen, das offiziell keinen Ausdruck findet ... Es lohnt nicht mehr. Unsere Zeit ist um.«)

Die »neue Weinerlichkeit« nannten einige spöttische Zungen diese »neue Weiblichkeit«, die sich in der Glorifizierung weiblicher Schwäche und weiblichen Leidens ergeht. Die andere Seite der Medaille ist die Fratze Mann. Sie schilderte die Autorin wenige Monate darauf in einem nicht minder pauschalisierenden Text über ›Stammheim und Bonn‹. Sie beschreibt darin ihre Eindrücke von einer Pressekonferenz, die die einzige RAF-Überlebende von Stammheim, Irmgard Möller, gab, und setzt dabei ungeheuerlicherweise die Eingesperrten aus dem Untergrund absolut gleich mit den Machthabern in Bonn (»Die führen Krieg, wir kriegen alles ab«). Sie fordert eine Politik, die »Kinder zu ihrem Maßstab macht« und definiert nun ihr Frauenbild an Irmgard Möller, diesmal negativ: »Kein Zittern, kein Stammeln, gezügelt, diszipliniert, funktionierend. In Diensten einer Macht. Eindruck von Stärke, Sicherheit, so daß schwer Mitgefühl in mir hochkommt.«

Genau das sind die Klischees, in die man uns eingesperrt, in denen man uns erstickt hat! Hier die ohnmächtig leidende »weibliche« Frau, da die tüchtig funktionierende »männliche« Frau. Dazwischen nichts. Aber waren nicht gerade wir, die Feministinnen, aufgebrochen auf die Suche nach einem dritten Weg? Ein Weg, auf dem wir nicht länger reduziert, nicht länger gehälftet sein würden. Ein Weg, der uns Schwäche *und* Stärke erlauben würde, Emotionalität *und* Ratio, Verletzbarkeit *und* Kühnheit?! Das alles verhindert die »neue Weiblichkeit«. Sie ist Teil der Konterrevolte, von einigen aus unseren eigenen Reihen tragischerweise auch noch selbst mit exekutiert. Was kein Zufall ist, denn es ist ja eines unserer Hauptprobleme, daß man uns unsere »Minderwertigkeit« nicht nur von außen entgegenschlägt, sondern, daß sie auch in uns, daß sie durch unsere Haut, tief in unser Herz gedrungen ist.

Stellt sich die Frage, warum ausgerechnet in der links-feministischen Szene so auffallend viele Frauen der »neuen Weiblichkeit« frönen. Sicher spielt auch bei ihnen das Erschrecken aller Frauen vor den harten Widerständen und dem Preis, den man für die Emanzipation zu zahlen hat, eine Rolle. Aber wir müssen uns auch die Frage stellen, ob die Zelebrierung der »neuen Weiblichkeit« nicht auch ein Ritual der Unterwerfung, der Demut ist. Denn so haben sie uns gern, die Jungs, rechts wie links: ideologisch bei Fuß und dabei ach so mütterlich und friedlich.

Drohender Weiblichkeitswahn ab 1978

Diese Chronik der ersten zehn Jahre der neuen Frauenbewegung wurde im Laufe des Jahres 1981 geschrieben. Je näher wir nun dem Heute kommen, um so größer werden unsere Skrupel. Können einzelne überhaupt noch einen Überblick über die Vielfalt der Einschätzungen und Initiativen in Zentren und Projekten vermitteln? Über Taten, Texte und Träume all derer, die sich als Teil der Frauenbewegung begreifen? Sicherlich nicht umfassend. Doch Strömungen und Trends können erfaßt, symptomatische Aktionen und Analysen aufgezeigt werden. Genau das wollen wir in diesem letzten Kapitel versuchen.

Wie in dieser gesamten späten Nach-68er-Gesellschaft, die einerseits viele so hoffnungsvoll begonnene Reformen zurücknimmt, andererseits aber doch auch weiter voran drängt, gibt es auch innerhalb der Bewegung zur Befreiung der Frauen eine Vorwärts- und Rückwärts-Entwicklung gleichzeitig. Menschenwürde und Autonomie auch für Frauen! – diese Forderung wird immer selbstverständlicher, gleichzeitig findet ein Rückzug in das Ghetto der »Weiblichkeit« statt. Nicht selten sogar unter feministischem Etikett . . . Die Konterrevolte, die Gegenbewegung, ist in unsere eigenen Reihen eingebrochen, und wir Frauen selbst besorgen nur zu oft das Geschäft der Männergesellschaft!

Eine Erscheinung macht der Frauenbewegung dabei besonders zu schaffen: das ist die Theoriefeindlichkeit und die daraus resultierende Verflachung des Denkens sowie der mangelnde Realitätssinn und das gründlich gebrochene Verhältnis zur Macht. Das spiegelte sich auch auf der 4. Berliner Frauen-Sommeruniversität im Herbst 1979, die nicht zufällig das Motto hatte: »Autonomie oder Institution – über die Leidenschaft und Macht von Frauen«.

Diese Sommeruniversität war höchst unpolitisch und höchst politisch. Hier wurde erstmals und lange vor irgendeiner »Friedensbewegung« öffentlich an die SPD die Forderung gestellt, sich gegen die sogenannte »Nachrüstung« zu stellen (verbunden mit der Drohung eines Wahlboykottes!); diese Frauen-Uni war reflektiert und dumpf; passioniert und passiv zugleich. Deutlich schälte sich schon auf dieser Veranstaltung, die zu Recht für ein Spiegelbild der Aktivitäten der Frauenbewegung gehalten wird, im Herbst '79 heraus, daß die wichtigste Herausforderung an Feministinnen heute die Frage nach ihrem Verhältnis zur Macht ist – und die nach ihrem Mut zur Utopie.

»Der Mangel an sozialer Utopie in der Frauenbewegung liegt auch in der Tabuisierung weiblicher Lust, die schon gesellschaftlich ein Nichts oder eine Orgasmusfrequenz ist. Ohne eine neuerliche Reflexion der Rolle der Geliebten und Liebenden im Unterschied zu der der Ehefrau, Mutter, Hausfrau, Vergewaltigten, Gedemütigten usw. kann ein weiblicher Lebenszusammenhang als wirksame Bewegung nicht entwickelt werden, weil ein wesentliches Stück des Lebens verschleiert und ungenannt bleibt. Auch die Tatsache, daß Homosexualität in der Frauenbewegung zeitweise modern war, hat nicht an diesem Tabu gerüttelt, denn auch homosexuelle Frauen wagten nicht zu sagen, was sie eigentlich an Frauen sexuell begehren und daß sie es tun.«

So eine der Sommeruni-Referentinnen, die Juristin und Soziologin Vera Slupic, zur feministischen Leidenschaft im engeren Sinne. Und im gleichen Atemzug, in dem sie die fehlende Leidenschaft von Frauen zur Lust beklagte, beklagte sie die fehlende Lust von Frauen an der Politik:

»Der Geburtenrückgang und seine Vermarktung im Vorwahlkampf, diese ideologische Aufrüstung, war insbesondere keiner der beiden großen Feministinnenzeitschriften eine Kampagne oder auch nur einen größeren Artikel wert. Zwar wurden Wahlboykott/Frauenpartei und deren Gründe diskutiert, aber die viel wichtigere Veränderung des politischen Klimas in bezug auf Frauen blieb außen vor. Hier herrscht offenbar eine erschreckende Unkenntnis über restaurative Tendenzen, die für die Mehrzahl der Frauen von großer Bedeutung sind. Ursache dieser Ignoranz ist leider die Tatsache, daß es die Frauenbewegung nicht vermocht hat, in den letzten Jahren eine konkret lebbare soziale Utopie im Sinne eines weiblichen Lebenszusammenhangs zu entwickeln, der eine offensive Solidarität zwischen Frauen durch stabile soziale Beziehungen als Bewegung ermöglicht hätte.«

In der Tat. Die Frauenbewegung hatte zwar am Bestehenden gerüttelt, hatte viel zur Veränderung von Bewußtsein und Realität beigetragen, tat sich aber schwer im Schaffen von Alternativen. Aus der breiten Basisbewegung des Beginns der siebziger Jahre (Aktion 218) war nun eine alternative Projekte-Bewegung geworden (Häuser für geschlagene Frauen, Buchläden etc.), die teils effektiv, teils aber auch realitätsfern und insiderisch überwiegend von Jungakademikerinnen und Aussteigerinnen betrieben wurde, die die massive gesamtgesellschaftliche Restauration entweder schlicht nicht mitbekommen hatten oder aber bewußt ignorierten, sich raushielten, weil sie meinen, all das ginge sie nichts an.

Daß diese gefährliche Illusion möglich ist, liegt einerseits am Alter und Milieu der so matt Bewegten. Ebenso aber an dem traditionell ungeklärten Verhältnis von Frauen zur Macht. Statt sich zu stellen, flüchten so manche lieber in die schwammige Kollektiv-Identität ihres Milieus. Sie signalisieren ihre Zugehörigkeit zum Rudel durch eine bestimmte Kleidung, eine bestimmte Manier, einen bestimmten Jargon, der Codefunktion hat. Menschlich verständlich, aber politisch gefährlich. Denn sobald dieses Terrain dann verlassen wird, gerät das neu-feministische Bewußtsein ins Wanken, muß es sich schützen durch schnoddrige Ignoranz gegenüber anderen Lebens- und Denkmodellen und dogmatische Proklamation der eigenen engen Werte.

So entsteht dann, unter anderem, die bereits klassische, viel karikierte und kritisierte Situation der »Neuen« im Zentrum, die schon scheel oder gar nicht angeguckt wird, nur weil sie im Faltenrock statt in der Latzhose erscheint ...

Auf dieser Sommeruni 1979 nun war alles vertreten. Die Frauen aus der Szene, Feministinnen aus anderen Lebenszusammenhängen ebenso wie schlicht Interessierte. Rein visuell allerdings dominierte die Folklore der Szene. Neben Bücherständen säumten Verkaufsstände die Gänge, in denen Entsprechendes angeboten wurde: handgesponnene Schafwolle, selbstgezogener Bienenhonig, handgefärbte T-Shirts, Räucherstäbchen, Feministinnen-Anhänger und -Buttons, Tarotkarten und so weiter und so fort.

Inhaltlich allerdings war die Palette breiter, ging sie von kühner Ratio bis zu schwüler Emotion, von der bereits zitierten Vera Slupic (zum Beispiel) bis zu Alexandra von Grote (zum Beispiel), die auf dieser Veranstaltung eine vielbeachtete Vertreterin der nun auch die Frauenbewegung überschwemmenden Bekenntniswelle war.

Daß die »Geburtenrückgangsdiskussion sich als Hebel für eine ideologische Großoffensive zur Stärkung der Familie als Reproduktionsort (der von den besonderen Reproduktionsleistungen der Frauen zehrt) in bester Weise eignet« (Slupik), interessierte in diesem Herbst des Jahres 1979 bedeutend weniger Frauen als die »ungleichzeitigen Gefühle« und »verschobenen Schmerzen« (so der Titel der Veranstaltung) einer Alexandra von Grote. Grote-Original-Zitate:

»Mich bloßlegen, schwach sein. Das Herz zerstückeln zur Hilflosigkeit. Leiden. Ich gebe mich mir selbst preis und lasse dich zusehen. Es ist Leidenschaft ... Ich habe mein Leiden jetzt. Ich zeige es. Es schafft meinen Mund als Brandmal. Ich lebe dadurch jeden Tag. Und ich will keinen Ausweg, denn es gäbe ihn ja nur um den Preis meiner Leidenschaft.«

Um die Liebe geht es. Genauer: um das Leiden an der Liebe. Noch genauer: um das Leiden an der lesbischen Liebe.

Liebe, ein Thema, das Frauen traditionell und zu Recht beschäftigt – werden sie doch von anderen darüber definiert und stellen sie selbst meist danach die Weichen ihres Lebens. Seit Beginn der siebziger Jahre nahmen Feministinnen darum den Faden der ersten Frauenbewegung (und die umfassende Analyse Simone de Beauvoirs im ›Anderen Geschlecht‹ zur Funktion der »Liebe« bei Frauen!) wieder auf. Im Namen der Liebe ... Autorinnen wie Firestone und andere entrissen der Liebeslüge die Maske und nahmen bewußten Frauen damit endgültig nicht etwa die Probleme mit der »Liebe«, aber doch zumindest die Unschuld im Umgang damit. Die Erkenntnis schien uns auch hier der erste Schritt zur Überwindung zu sein: Liebe nicht länger als Selbstaufgabe und Inbesitznahme, Liebe nicht länger als Ersatz für das Leben, sondern Liebe als freie und bereichernde Erfahrung zwischen zwei selbständigen Menschen. Das war (und ist) das Ziel.

Daß es in diesem Herbst '79 auf der Sommeruniversität dennoch möglich war, inmitten von Tausenden von Feministinnen hinter all diese Erkenntnisse zurückzufallen und Liebe und Liebesleid so hemmungslos unbewußt zu mystifizieren, ist bemerkenswert.

Zum einen beweist es, wie wenig auch Feministinnen selbst im reinen sind mit dem Mythos der Liebe. Zum anderen dokumentiert es den ganz besonderen Nachholbedarf lesbischer Frauen, die ihre Gefühle jahrelang in Heimlichkeit und Scham leben mußten und ja noch nicht einmal bei der Liebeslüge offen mitmachen durften. Dieses genußvolle Nachholen des in Wahrheit kitschigen, entwürdigenden und anti-emanzipatorischen »Liebesleides« hat gerade in diesem Falle ohne Zweifel auch seine Gründe in den quälenden Bedingungen weiblicher Homosexualität innerhalb einer Männergesellschaft. Aber es wird auch genährt von der »ewigen Weiblichkeit«, die Frauen dazu verdammen will, Liebe und Leiden für Erfüllung und Schicksal, für *ihr* Schicksal zu halten. Und eben dies gilt es zu überwinden! Für homosexuell wie für heterosexuell liebende Frauen.

Ebenfalls zu überwinden ist die seichte Ebene der unhinterfragten, unanalysierten Darstellung des Phänomens. Das ist Teil der sogenannten Bekenntnisliteratur, Ausdruck der neuen Innerlichkeit, die so tut, als spreche Realität schon für sich. Der noch immer revolutionäre Slogan »Auch Privates ist politisch!« wird hier übel mißbraucht, indem man(frau) die Politik durchs Private ersetzt.

Gerade Frauen laufen Gefahr, bei dieser Art von bewegungsöffentlichen Geständnissen nur fortzusetzen, was ihre Mütter und Großmütter im kleinen Frauenkreis ja immer schon taten: Liebesleid ist schließlich traditionsreich ein Frauenthema. Und das Verharren im Privaten ist traditionell Frauensache. Nicht minder das Verharren in den Gefühlen. Doch so, wie es Gefühl und Verstand zu verbinden gilt, so gilt es, Privates und Politik zu vereinen! Und da wäre dann eben ein wenig mehr vorzutragen, als das Liebesleid vom letzten Sommer ...

Ähnlich fatal wie die Bekenntniswelle wirkt sich die Magiewelle aus, die seit einigen Jahren die Frauenbewegung überschwemmt. Am Anfang stand der Aufbruch in metaphysische Dimensionen und die Suche nach verschütteten spirituellen Kräften. Doch was einst als Erweiterung gedacht war, ist heute eher erneute Einengung: Da wird gependelt statt diskutiert, die Göttin beschworen statt politisch gehandelt, dem Pentagon mit Hexenschwüren statt mit Konsequenzen gedroht ...

»Es gibt bisher keine feministischen Analysen zur Stationierung der Mittelstreckenraketen in Europa, zum Putsch des CIA in Chile oder zum Einmarsch der Russen in Afghanistan. Während wir – neufeministisch – den Mond anheulen, ist er vielleicht schon eine Basis für die nächsten Killersatelliten. Während wir Vergißmeinnicht pflanzen in Mutter Erde, liegen vielleicht einige Meter tiefer schon die neuesten nuklearen Modelle.« (Helke Sander 1980). So unbedacht wird »gehext« und mit dem Tisch gerückt, daß selbst eine der Protagonistinnen der Magiewelle, Marge Piercy, sich jüngst verpflichtet sah, erschrocken zu warnen:

»Ich glaube, daß viele der irrationalen geistigen Fähigkeiten in einer besseren Gesellschaft wichtig sein könnten. Aber ich kriege Angst, wenn Frauen Hexenkräfte und Spiritualität für mögliche Werkzeuge oder Waffen gegen Regierungsgewalt halten. Die Hexen sind ausgerottet worden. Der Spiritualismus ist das Werkzeug der Unterdrückten. Er ist ein armseliges Werkzeug verglichen mit einem Maschinengewehr ...«

Feministinnen, die Magie inzwischen sogar für ein Mittel gegen Aufrüstung und Kernenergie halten, erinnern die Amerikanerinnen Naomi Weisstein und Heather Booth beschwörend an den »Geistertanz der Indianer, der den weißen Mann zerstören sollte und dessen furchtbares Ende das Massaker von Wounded Knee war ...« Und Marge Piercy schreibt all den pendelnden und kartenlegenden Frauen ins Tagebuch: »Ich selbst benutze Tarot oft, um zu meditieren und mein eigenes Leben zu verstehen. Ich glaube, Spiritualität kann eine Hilfe im eigenen Leben sein. Aber ich habe nie versucht, direkte politische Antworten dadurch zu bekommen. Karten können unser persönliches Leben bereichern, aber ansonsten lassen sie uns, wo wir schon immer waren ...«

Uns lassen, wo wir schon immer waren ... Diese Gefahr beinhalten viele der Sehnsüchte und Aktivitäten, die neuerdings selbst unter feministischer Flagge segeln.

Doch ist Frauenkampf seit Jahren nicht mehr nur in den Domänen der Frauenbewegung angesiedelt, sondern in allen gesellschaftlichen Bereichen: Überall kämpfen Frauen heute auf eine ihnen gemäße und mögliche Art um ein Stück mehr Autonomie, um das Recht auf Selbstbestimmung und Mitbestimmung. Und das außerhalb der Frauenbewegung nicht selten feministischer, als innerhalb ... mehr als zwei Drittel aller Scheidungen werden heute von Frauen eingereicht!

Darauf reagierte die Männergesellschaft! Im guten wie im bösen. Einiges hatte sie zugestehen müssen in dieser zweiten Hälfte der siebziger Jahre. Vor allem rechtlich. Es gilt heute das neue, frauenfreundlichere Ehescheidungsgesetz (trotz der geradezu hysterischen Reaktion der Männermedien darauf), das an die Stelle des demütigenden »Schuldprinzips« nun das »Zerrüttungsprinzip« treten ließ und sich – fast schon wieder seiner Zeit voraus – nicht mehr an der »Hausfrauenehe«, sondern an einer »partnerschaftlichen« Verbindung orientiert. Und das neue Namensrecht zum Beispiel macht es verheirateten Frauen endlich möglich, zumindest ihren eigenen Namen zu behalten!

Gleichzeitig aber stieg die Gewalt gegen Frauen. Es mehrten sich die Hetzartikel in den Männermedien über Frauenemanzipation. Immer mehr Fälle von Männern, die ihre Frauen mit Gewalt, manchmal sogar mit Mord, an der Trennung hinderten, wurden bekannt – wobei diese Männer allemal des öffentlichen Mitleids gewiß sein konnten (der Fall des Schauspielers Möller, der vor den Augen seiner Kinder seine Frau wie einen Hund erschlagen hatte, war in diesen Jahren ein Paradebeispiel dafür).

Der Wind der Konterrevolte, der Gegenwind verschärfte sich.

Es stieg unablässig und unverhältnismäßig die Zahl der weiblichen Arbeitslosen. Weiterhin ließen die Gewerkschaften berufstätige Frauen in den nun häufiger auftretenden Arbeitskämpfen überwiegend allein. Erneut wurden Frauen im Aufbruch verunsichert durch das Gefasel von der »Wahlfreiheit« (zwischen Hausfrausein und Beruf) und der billigen Lüge von der »Aufwertung der Frau als Mutter«.

Unter den Parteien ging die CDU als erstes auf offenen Restaurationskurs. In unbesonnenen Momenten sprach sie auch schon mal von der »widernatürlichen Frauenemanzipation« und den »hysterischen Feministinnen« (so die CDU-Bundestagsabgeordnete Geier), in besonnenen pries sie den »Hort der Familie« und das »Glück der Mutterschaft«.

Die CDU war es, die die »Wahlfreiheit« erfand, die SPD allerdings übernahm rasch das Schlagwort, und neuerdings findet sich diese Ideologie sogar in Feministinnen-Schriften (siehe Monika Jaeckel in ihrer »Streitschrift für Mütter«).

Diese »Wahlfreiheit«, angeblich die Wahl zwischen Hausfraudasein und Berufstätigkeit, geht nicht nur von falschen Fakten aus – weit über 90 Prozent aller »Nur-Hausfrauen« betrachten dieses Stadium als Durchgangsphase und wollen wieder berufstätig werden! – sondern verschleiert auch den unausweichlich bitteren Preis heutiger Emanzipation: die Doppelbelastung. Und sie leugnet die alte feministische Forderung eben nach *Aufhebung* dieser Doppelbelastung, nach *Teilung* der Haus- und Kinderarbeit der Frauen mit Männern und Gesellschaft!

Die Sozialdemokraten nun kritisierten nicht nur mit keinem Wort die frauenfeindliche Familienideologie der Christdemokraten, sondern hielten (und halten) bei diesem bigotten Heile-Welt-Gefasel auch noch kräftig mit! Just in der zweiten Hälfte der siebziger Jahre gaben sie offiziell die alte sozialdemokratische Forderung nach einem Recht für alle Frauen auf Berufstätigkeit auf und lancierten die Parole von der »Milderung der Doppelbelastung«!

Helmut Schmidt, wie immer in Frauenfragen, vorne weg. Auf dem Bundeskongreß der Arbeitsgemeinschaft sozialdemokratischer Frauen (AsF) belehrte der Kanzler die fassungslosen Genossinnen: »Die zentrale Aufgabe ist die Vereinbarkeit von Beruf und Familie herzustellen oder zu verbessern. Hauptaufgabe bleibt, in der Familie die Doppelbelastung der Frauen zu mildern.« – Zu mildern, wohlgemerkt. Von einer grundsätzlichen Bekämpfung, gar perspektivischen Aufhebung der Doppelbelastung wie sie auch von vielen Frauen in der SPD gefordert wird, ist nicht mehr die Rede.

Gleichzeitig säuberten die SPD-Männer die eigenen Reihen. Die massive Diskriminierung engagierter Sozialdemokratinnen, die in der ersten Hälfte der siebziger Jahre an Boden gewonnen hatten, begann (die Hatz auf die hessische SPD-Politikerin Dorothee Vorbeck, die als AsF-Bundesvorsitzende offen feministisch engagiert gewesen war und die dann auf Betreiben eigener Genossen nicht nur diesen Posten, sondern auch den als Landtagsabgeordnete verlor, ist ein Paradebeispiel dafür).

Doch frau muß nicht Feministin sein, um's schwer zu haben in der SPD. Es genügt schon die ein wenig eigenwillig-unangepaßte Art einer Marie Schlei, die sich erdreistet hatte, den Alibi-Posten der Familienministerin abzulehnen und engagiert den einer Entwicklungshilfeministerin auszufüllen. Von Presse und eigener Partei wurde sic prompt mit Kübeln von Hohn übergossen und davongejagt. Bonner Karriere machten in den letzten Jahren bei den Genossen vor allem die entweder Überhaupt-nicht-ernst-Genommenen (Exempel Antje Huber) oder die Deklariert-anti-Feministischen, die Überangepaßten (Exempel Antje Fuchs).

Wir Frauen, die wir der SPD seit 1972 zur Macht verholfen hatten (bei den Wahlen 1972 und 1976 waren die sogenannten »progressiven Frauen« das Zünglein an der Waage gewesen), waren nun für die SPD kein Thema mehr. Schon 1977 zeichnete sich die neue/alte Rolle ab, die die schlauen Genossen uns zudachten: nämlich die der gurrenden Friedenstaube, der das Emanzipationsgezeter fremd ist ... Kanzler Schmidt bereits damals: »Es kommt aber nicht darauf an, daß die Entspannungspolitik einzelnen Menschen zur Freiheit und zur Selbstbestimmung hilft, sondern vor allem darauf, daß der Frieden gewahrt bleibt.« Drei Jahre später, im Wahlkampf 80, redete der damalige SPD-Generalsekretär Egon Bahr Tacheles: »Eines ist wichtiger als das Bemühen, der Gleichberechtigung der Frauen näherzukommen: das ist die Erhaltung des Friedens« (so in einer SPD-Wahlanzeige an die »liebe Emma-Leserin«). – Wie ausgerechnet die Frauen, die ja nicht zuletzt auch die SPD in der Ohnmacht halten will, überhaupt auf die Frage von Krieg und Frieden – in die die höchsten Machtinteressen überhaupt hineinspielen! – einwirken sollen, das ließen Kanzler wie Generalsekretär wohlweislich offen ... Nun aber passierte Schreckliches: Frauen fielen tatsächlich auf diesen alten, schon mit der ersten Frauenbewegung durchgespielten Trick rein. Wieder einmal. Spektakulär begann es mit einer wohl gutgemeinten, aber hoffnungslos naiven und unpolitischen, auch hierzulande breit aufgenommenen Initiative von Skandinavierinnen, die innerhalb weniger Monate fünf Millionen Unterschriften für den folgenden Text sammelten: »Haben wir und unsere Kinder noch eine Zukunft? – Wir wollen, zusammen mit den Frauen in der ganzen Welt, unsere Ohnmacht in Stärke verwandeln. Wir wollen nicht länger den Machtkampf zwischen den Großmächten stillschweigend akzeptieren. Alle Aggressionshandlungen müssen unmittelbar eingestellt werden; die Abrüstungsverhandlungen müssen sofort wieder aufgenommen und Ergebnisse in die Tat umgesetzt werden. Wir fordern: Abrüsten für einen dauerhaften Weltfrieden! Nachrüstungsmilliarden für Nahrung aller auf der Welt! Nein zum Krieg!«

Gut und schön. Im *Was* sind wir uns wohl fast alle einig: die Mehrheit der Deutschen will keinen Krieg mehr! Weder Frauen noch Männer! Stellt sich also die Frage nach dem *Wie* – und das ist die entscheidende *politische* Frage: *Wie* können wir die Endkatastrophe verhindern?!

In diesem Sinne schrieb ›Emma‹ im Mai 1980: »Wenn wir etwas ändern wollen, genügt es nicht, anderer Meinung zu sein – das sollten wir spätestens seit dem § 218 und seit der trotz Bürgerprotest unaufhaltsamen Zerstörung unserer Städte wissen. Wenn wir etwas ändern wollen, müssen wir wissen, *wie* wir das durchsetzen können. Und um etwas durchsetzen zu können, müssen wir stark sein. Erster Schritt zu einer wahren Friedenspolitik ist darum unsere eigene Emanzipation.« Und fragte weiter: »Wie lange noch können SPD-Politiker es sich erlauben, Frieden gegen Frauenemanzipation auszuspielen?!«

Während der Wahlkampagne '80 ließ die SPD dann konsequent in Wahlkampfanzeigen die für dumm verkaufte Wählerin zittern. Um wen wohl? Um sich selbst in einer partiarchalischen Welt mit dem alltäglichen Kleinkrieg gegen Frauen? Mitnichten. Um die »Brüder«, »Söhne«, »Ehemänner«! Denn um ihre eigene Haut oder die ihrer Schwestern haben Frauen nicht zu zittern, und zu kämpfen haben sie schon gar nicht. Das zeigte sich in der zur gleichen Zeit stark emotionalisiert laufenden Debatte um die Frage »Frauen in die Armee?« (Flintenweiber), in der das Argument von der »natürlichen Friedfertigkeit der Frau« nur scheinbar für den Frieden der Menschheit ins Feld geführt wurde, in Wahrheit aber zur Friedhofsruhe zwischen den Geschlechtern beitragen soll! Denn Opfer dürfen wir allemal sein, an der Heimatfront wie im Ehebett oder auf der Straße. Aber wehren sollen wir uns nicht ...

Inzwischen ist der Kampf um den Frieden noch existentieller und die Friedensbewegung eine breite Bürgerinitiative geworden. Die Frauen allerdings, die diese Bewegung ursprünglich initiiert hatten, sind der Presse heute noch nicht einmal mehr eine Erwähnung wert, es sei denn, von einem offen biologischen Standpunkt aus (als »von Natur aus friedfertiger« und »natürliche Bewahrerinnen des Lebens«).

Damit passierte den Frauen in der Friedensbewegung genau dasselbe wie denen in der Ökologiebewegung (und zum Teil sind diese Frauen ja auch identisch). Auch in Wyhl, Brokdorf, Seveso spielten Frauen eine tragende Rolle, nur – eine entscheidende spielen sie heute deswegen noch lange nicht. Auch für die grüne Sache gab so manche Frau ihren Kampf auf oder führte ihn gar nicht erst. Im Kampf gegen die Kernkraft riskieren manche Frauen viel, im Kampf gegen Vergewaltiger auf der Straße und im Ehebett hingegen nichts. Sie stellten weder Forderungen als Frauen an ihre männlichen Kampfgefährten, noch organisierten sie sich als Frauen eigenständig – so war es leider nur vorauszusehen, daß sie in den männerbeherrschten Bewegungen und Organisationen aufgesaugt und auf die Seite gedrückt würden.

Schlimmer noch: viele Frauen in den Friedensbewegungen lassen nicht nur die Frauensache links liegen, sondern trampeln für die »Hauptsache« ungehemmt auf der »Nebensache« rum, vertreten offen frauendiskriminierende Inhalte. So ist der Kampf für den Frieden mehr als berechtigt und notwendig, ihn aber im Namen einer »natürlichen Friedfertigkeit der Frau« und der »besonderen Beziehung von Frauen zum Leben« zu führen, ist nicht nur naiv und dumm, es ist schlicht reaktionär. Denn:

1. sind Frauen nicht von »Natur« aus friedfertiger, sondern bestenfalls aufgrund ihrer Prägungen und Lebensumstände menschlicher und schlimmstenfalls nur gut, weil sie eben nicht die Macht zum Bösen haben. 2. ist die Friedensfrage mehr noch als alles andere eine Frage der Macht – gerade wir, die Feministinnen, müßten das wissen! Denn auch unsere Bewegung ist daraus entstanden, daß wir endlich eines Tages gelernt haben, die Macht-Frage zu stellen: Selten wollen Privilegierte ihre Privilegien freiwillig hergeben – sie müssen also dazu gezwungen werden können. So ist es doppelt erstaunlich und, im besten Falle, eine (gefährliche) Naivität, wenn zum Beispiel Sibylle Plogstedt im Namen aller ›Courage‹-Frauen im Juni ’81 auf den höchst taktischen und ohne jeden Zweifel vom Kreml initiierten Friedensappell der Sowjet-Frauen mit dem Vorschlag antwortet, »wir Frauen ›müß-

ten‹ in allen Ländern unsere Macht als Frauen wahrnehmen und darum kämpfen, daß Frauen allein die Entscheidung über Krieg und Frieden zusteht. Wir sollten deshalb internationale Frauenfriedensräte gründen.«

Dazu drei Fragen: 1. *Warum* sollten »Frauen allein« über Krieg und Frieden entscheiden können – ist etwa bei uns genetisch garantiert, daß wir eine solche Macht nicht mißbrauchen würden? 2. *Wie* sollten Frauen über Krieg und Frieden entscheiden – ist der Autorin nicht klar, daß diese Entscheidung in der Macht der Herrschenden liegt und daß der weltweite Umsturz des Patriarchats nötig wäre, damit Frauen dies überhaupt entscheiden könnten? 3. Wer soll wohl auf diese netten »Frauenfriedensräte« hören – das Pentagon? der Kreml? Kanzler Schmidt? Ein künftiger Kanzler Kohl?

Für wie dumm also hält die klassen- und frauenkampfgeschulte Autorin solcher Zeilen eigentlich ihre Leserinnen? Und für wie unpolitisch sollen die Sowjet-Genossinnen uns halten, wenn westliche Feministinnen sich so bodenlos naiv zu derartig brisanten Fragen äußern?

Wenn wir die Frage Krieg oder Frieden wirklich mit beeinflussen wollen – und daß dies bitter nötig wäre, zeigen die jüngsten wahnwitzigen Entwicklungen! –, dann müssen wir klug sein und mächtig. Wir müssen die politischen, ökonomischen und technologischen Zusammenhänge begreifen, die die Fragen von Krieg und Frieden beeinflussen! Wir müssen diese vom Männlichkeitswahn geschüttelten Staaten zum Frieden *zwingen* können! Und das geht weder mit Petitionen noch mit »Friedensräten«. Da muß schon Handfesteres passieren.

Auch dürfen gerade wir Frauen trotz des real drohenden Atomkrieges nicht den Kampf im alltäglichen Geschlechterkrieg vergessen. Daß wir Erniedrigung und Gewalt von Männern oft so resigniert hinnehmen, hat ja nicht nur äußere Gründe, sondern auch längst verinnerlichte. Von klein an und seit Generationen werden wir zur Demut und Unterwerfung erzogen. Außerdem: Unser Feind ist meist nicht, wie im großen Krieg, der klar bestimmbare Fremde, sondern häufiger der eigene Mann: der Vater, Bruder, Geliebte, Sohn.

Die Auswirkungen des Dilemmas, daß wir Tisch und (oft genug auch) Bett mit dem Unterdrücker teilen, analysierte Karin Schrader-Klebert schon 1968 in ›Die kulturelle Revolution der Frau‹. Zwölf Jahre später spann eine ihrer damaligen Weggefährtinnen, Helke Sander, den Faden weiter. »Beziehungen zwischen Liebesverhältnissen und Mittelstreckenraketen« nannte die Berlinerin den Vortrag vor dem Kunstverein (veröffentlicht in ›Courage‹), in dem sie in selten gewordener, schmerzlicher Ehrlichkeit und Differenziertheit Überlegungen zur Gewalt der *eigenen* Männer anstellte. Gibt es, so fragt sich heute verzweifelt diese Frau der ersten Stunde, die mit Männern lebt, einen Ausweg? Gibt es eine Alternative zwischen Unterwerfung und Trennung ...?

Am Beispiel eines sie seit Jahren verfolgenden Bildes einer Vietnamesin vor dem Russell-Tribunal legt die Filmerin ihr Verständnis von Feminismus dar. Die Vietnamesin hatte vor dem Tribunal ausschließlich die amerikanischen GIs angeklagt. Damit habe sie sich erneut zum Subjekt degradiert, sich funktionalisieren lassen in einer Männergesellschaft, befindet Sander und sinniert: Hätte sie »Zeit gehabt und Selbstvertrauen«, so hätte diese Vietnamesin statt dessen folgendes sagen können: »Zuerst wurde ich gegen meinen Willen von meinem Vater verheiratet an einen Mann, den ich nicht liebte und der mich schlug. Dann wurde ich von den Feinden vergewaltigt und gefoltert. Dafür, daß ich vergewaltigt worden bin, hat mein Mann mich später aus dem Haus geschmissen.« Und, so setzt sie ihre Vision einer feministischen Kämpferin gegen Imperialismus und Patriarchat fort: »Heute würde sie wahrscheinlich fortfahren mit der Frage, woher es denn komme, daß diejenigen, die ihre Folter dem politischen Gegner als Wesensmerkmal zugeschrieben hatten, nun selber vergewaltigen und foltern, wie sie gehört habe. Und sie würde wissen wollen, was denn diese wahnsinnige Gewalt gegen Frauen bei Freunden und Feinden gleichermaßen immer wieder und massenhaft auslöst.«

Genau das ist die Dimension, die feministisches Bewußtsein und Handeln heute haben müßte und oft genug ja auch hat. An einer solchen umfassenden Kritik von Macht und Gewalt, an diesem Verständnis von Menschenwürde und Befreiungskampf ist jeder Schritt von uns zu messen, auch der kleinste.

Das allerdings geschieht nicht immer. Neben (radikal-feministischer) Bewegung und (patriarchalischer) Gegenbewegung gibt es die (neofeministische) Verwirrung, die »neue Weiblichkeit«. Welche Auswirkungen das konkret hat, läßt sich neben dem Thema Frieden wohl am deutlichsten am Thema Sexualität aufzeigen. Und es ist alles andere als ein Zufall, daß wir es gerade in diesem Bereich mit einer massiven Konterrevolte zu tun haben.

Wie tiefgreifend im Psychischen und Sexuellen die Methoden

der Entmenschlichung von Frauen sind, machte in den letzten Jahren auch die Kampagne gegen die sexistischen Darstellungen von Frauen auf Titelblättern konkret klar. So fand im Laufe des von ›Emma‹ initiierten, exemplarischen Prozesses gegen die frauenerniedrigenden Titelbilder des ›Stern‹ ein breiter Bewußtwerdungsprozeß statt. Was vielen zunächst noch eine belächelnswerte Marotte schien, wurde nun als Politikum deutlich:

In einer Männergesellschaft ist die Darstellung von Frauen ideologische Waffe, ist sie die Vorbereitung für ihre Behandlung. So wie im Dritten Reich der physischen Vernichtung von Millionen Juden eine Propaganda vorausging, die jüdische Menschen als »Untermenschen« zeigte, so geht der Ausbeutung und Schändung von Frauen in einer patriarchalischen Gesellschaft ihre Darstellung als Objekt voraus: das allzeit benutzbare, verfügbare, mißbrauchbare Geschlecht. Darum besteht zwischen sexistischen Titelblättern einerseits und Vergewaltigung oder Unterbezahlung von Frauen andererseits ein Zusammenhang.

So argumentierten in diesem Sommer '78 Feministinnen öffentlich, und dem ›Stern‹-Prozeß folgten sehr rasch ähnliche Proteste (so unter anderem im September '78 eine Frauenklage gegen eine sexistische Serie der Münchener ›Abendzeitung‹ sowie zahllose Beschwerden gegen frauendiskriminierende Werbung). Und dieser Protest kam nun nicht nur von Feministinnen, sondern von den Millionen Frauen, die schon lange ein Unbehagen gehabt hatten und nun mit Vehemenz mitfochten um mehr Menschenwürde für Frauen. So schloß sich zum Beispiel dem ›Stern‹-Protest der gemeinhin eher schwerfällige und durch Proporzstrukturen gelähmte Frauenrat an, in dem 12 Millionen Frauen aus Frauenverbänden aller Art organisiert sind (Parteien, Kirchen, Hausfrauen etc.)!

Diese Anti-Seximus-Kampagnen gegen Medien und Werbung zeigten, wieder einmal, die Möglichkeit der Breite des Spektrums von Frauenkampf. Gerade hier erwies sich, wieder einmal, daß man, will man gehört werden, nicht etwa weniger radikal argumentieren muß: im Gegenteil, wie wir es ja schon beim Kampf gegen den § 218 erfahren hatten.

Um so erstaunlicher, daß manche Feministinnen glauben, den Millionen Frauen, die sie angeblich ansprechen wollen, entweder mit Halbheiten nach dem Munde reden oder aber sich gänzlich jedwede Anders-Denkende und -Lebende mit dogmatischen Parolen panisch vom Leib halten zu müssen. Beides ist ein Zeichen von Schwäche. Und beides steht meist weniger im Dienste des

Bewußtseins der »Massen« als in dem der eigenen verqueren Bedürfnisse und – der Männer.

In der Sexualitäts-Diskussion ist das am auffälligsten. Bei der zur Zeit von ›Playboy‹ bis TAZ grassierenden sexuellen Konterrevolte mischen vor allem in den (linken und feministischen) Szene-Blättern die Frauen selbst kräftig mit. Da wird gewettert gegen eine angeblich feministische »Prüderie« und plädiert für eine angeblich neue »Liberalität«. Sado-Masochismus ist ganz offiziell in in linken Kreisen, Pädophilie sowieso, Peep-Show ist chic, und wenn die Frau aus der WG ihr Bafög neuerdings auf dem Strich aufrundet, so ist das noch chicer.

Prostitution emanzipiert! Dies verkündeten allen Ernstes auch Frauen, die für sich in Anspruch nehmen, Feministinnen zu sein ... Und sie taten das genau mit der Seichtheit und Verfälschung des Denkens, die heute alle feministischen Inhalte ins Gegenteil verkehren könnten. Als sei die Forderung nach Solidarität und konkreter Unterstützung der als Prostituierte arbeitenden Frauen nicht eine feministische Selbstverständlichkeit! Und als sei Prostitution nicht erniedrigend – so wie viele Frauenarbeiten! Und als sei der Kampf für und der Traum von Verhältnissen, wo Menschen Menschen nicht mehr kaufen können, wo Prostitution nicht mehr existiert, nicht eine ebensolche feministische Selbstverständlichkeit!

Da werden seit einiger Zeit unter dem chicen Etikett »Feminismus« Ansichten verkauft, deren krasse frauen- und menschenfeindliche Töne nur dank der kräftigen Begleitmusik der von einem solchen Unsinn natürlich begeisterten Männergesellschaft überhört werden können. Das gilt es jetzt zu benennen, wenn wir nicht untergehen wollen in diesem Brei der »neuen Weiblichkeit«, sprich: der neuen Verdummung. Und genau darum will dieser Text nicht nur stolze Bilanz feministischer Erfolge sein, sondern auch Aufforderung zur Selbstbesinnung.

Dokumente

Karin Schrader-Klebert
Die kulturelle Revolution der Frau

Ein Meilenstein war 1969 dieser Text von Karin Schrader-Klebert für alle sich erstmals wieder zaghaft rührenden Vorläuferinnen der neuen Frauenbewegung in der Bundesrepublik. Er erschien damals in dem inzwischen historischen ›Kursbuch 17‹, das ganz den Frauen gewidmet war, und ging in seiner feministischen Radikalität weit über alles andere damals Geschriebene hinaus. Seine Sprache ist die der 68er Studentinnen, seine Analyse ist die der Frauen von heute und morgen. Die Autorin, die damals als Philosophiedozentin an der Universität Münster unterrichtete, ist Österreicherin, geschieden und Mutter eines Sohnes. Sie lebt jetzt wieder in Wien.

Die Frauen sind die Neger aller Völker und der kollektiven Geschichte. Für die Neger wie für die Frauen geht es jetzt darum, die Geschichte der Gewaltanwendung zu erkennen und die Gewalt, deren Produkt sie sind, gegen die Unterdrücker selbst zurückzuwenden, sich vom Status des Opfers und Objekts in den des Subjekts und Handelnden zu versetzen.

Doch ein entscheidender Unterschied zwischen anderen sich emanzipierenden Gruppen und den Frauen fällt sofort ins Auge: Die Frau hat sich noch nie mit der Frau solidarisiert. Die weiße Frau solidarisiert sich mit dem weißen Mann gegen die Neger, die bourgeoise Frau solidarisiert sich mit dem bourgeoisen Mann gegen die Proletarierfrau usw. »Das Ineinssetzen von Arbeitern, Frauen und Juden (oder Negern) – als jener Minoritäten, an deren Schicksal sich die Repressivität eines gesellschaftlichen Systems überhaupt ablesen läßt – ist grundsätzlich legitim. Nur die Verwirklichung von Alternativen, die auf die Humanisierung des Menschen abzielen, wird diese diskriminierten Gruppen ... aus ihrer inferioren Situation entlassen. Anpassung an die Mächtigeren perpetuiert ihre Diskriminierung.« (U. Schmiederer) Für die Frauen war bisher Anpassung immer das einzige Resultat jeder Auflehnung.

Selbst die Zerrissenheit, in die sich die Frau begibt, wenn sie berufstätig ist, ist noch eine Erfindung des Mannes. Und nur der Jahrtausende alte Entfremdungsprozeß von männlicher Herrschaftsrationalität kann der Frau die wahnsinnige Einbildung eingegeben haben, daß sie durch Demonstration ihrer produktiven und organisatorischen Intelligenz bereits dem Manne ihre

Menschlichkeit beweisen könne, deren Konsequenz ihre Anerkennung als Individuum sein würde. Jeder Mann an ihrer Stelle hätte sofort durchschaut, daß er mit einer solchen Demonstration nur um so mehr Herrschaft und Gewalt gegen sich mobilisiert. Nur die Ahnungslosigkeit des geborenen Opfers oder die Heuchelei des Henkers kann die Vorstellung produzieren, daß Menschwerden eine Sache des guten Willens und Könnens sei.

Nur eine Chance kann ich der Pseudoemanzipation der Frau zubilligen: daß durch die in der Konkurrenz mit dem Manne abstrakt entwickelten Eigenschaften des Denkens und Handelns das bewußtlose Unglück der Frau zum unglücklichen Bewußtsein werde, das letztlich als Angelpunkt der Selbstagitation und Solidarisierung zum Vehikel revolutionärer Veränderung wird, die die Identität des Begriffes vom Menschen mit dem Begriff Mann endlich zerstört. Das Gewaltmonopol des Mannes gegenüber der Frau als Mensch an sich und Geschlechtswesen ist von Simone de Beauvoir ausführlich erarbeitet und phänomenologisch analysiert worden. Wir können hinter dieses Buch nicht mehr zurückfallen und die Beschreibung von neuem beginnen, die unsere historische Motivation ausmacht. Was uns Frauen jetzt interessieren muß, ist die Analyse der Methode, die der Frau bis heute ihr Menschsein vorenthalten hat, ihr Subjektsein – ob sie es will oder nicht – zerrissen hat und es als Anmaßung hinstellt, wenn Frauen den Anspruch stellen, aktiv ihr Selbstsein verwirklichen zu wollen. Denn nur das Wissen von der Methode der Unterdrückung, die die menschliche Geschichte konstituiert, kann zum Motor einer radikalen gesellschaftlichen Veränderung werden, die erst die notwendige Voraussetzung für eine Befreiung des Menschen von der Herr-Knecht-Dialektik ist. Erst wenn Befreiung der Frau zur Handlungsnotwendigkeit wird, ist Wissenschaft für sie eine Waffe – und nicht nur Mittel im Kampf um den Mann und gegen die Langeweile der Ehe.

Wir müssen von der Erkenntnis ausgehen, daß die Frauen sich erst einmal als bewußte Klasse organisieren müssen – und diese Organisation ist die Totenglocke für den Kapitalismus –, um nicht immer wieder auf den abstrakten Begriff von Politik hereinzufallen, den selbst der fortgeschrittenste, revolutionärste Mann in unserer Welt noch nicht hinterfragt hat und der zwangsläufig die Politisierung der Frau immer wieder als Schein entlarvt. Abstrakt ist dieser Begriff deshalb, weil er den Begriff Öffentlichkeit als etwas Gegebenes hinnimmt, als das Wesentliche in der Geschichte – deshalb war das Handeln des SDS bisher trotz aller Erfolge reaktiv –, anstatt ihn neu zu konstituieren. Man will die Verhältnisse verändern, aber die Sphäre, die die Brutstätte der Anpassung ist, nämlich die private, entzieht man der Rebellion und dem Anarchismus. Man denkt, die Veränderung des Allgemeinen, des Öffentlichen, werde die Veränderung des Privaten, soweit sie notwendig ist (doch unter dieser Notwendigkeit hat der Mann noch nie die Emanzipation der Frau verstanden), schon nach sich ziehen. Dieser Wahn wird durch die Realität der sozialistischen Länder widerlegt. Zum Teil haben sie eine ungebrochene patriarchalische Struktur der Ehe und Familie durchgehalten (z. B. Jugoslawien), zum Teil sind eindeutig regressive Tendenzen in Richtung auf eine Rehabilitierung der privaten Innerlichkeit gegenüber einer öffentlichen Autorität festzustellen (z. B. DDR, UdSSR). Zu meinen, den Mangel der Frau, der ein Produkt der Jahrtausende ist, durch einen ökonomischen Mangel kompensieren zu können, ist naiv oder zynisch. Die Unterdrückung der Frau ist schon lange nicht mehr Sache des äußerlichen Zwanges durch den Mann oder des Druckes gesellschaftlicher Institutionen, sondern ebenso des der Frau eigenen Kulturcharakters. Die Sklavenmentalität ist durch die Abschaffung der Institution der Sklaverei noch keineswegs abgeschafft.

Sie wird als Hexe verbrannt, als Heilige in ein Kloster gesperrt, als Jungfrau besungen und verehrt – aber ein Piedestal, von dem man nicht herunter darf, ist die ärgste Erniedrigung. Die Mythologisierung, der die Frau bis heute unterliegt, ist der beste Beweis für ihren Objektstatus: Denn »zu jedem Mythos gehört ein Subjekt, das seine Hoffnungen und Ängste in einen überweltlichen Himmel projiziert. Da die Frauen sich nicht als Subjekte gesetzt haben, haben sie auch keinen männlichen Mythos geschaffen, in dem sich ihre Entwürfe spiegeln; sie haben keine Religion und keine Poesie, die ihnen eigen ist: selbst wenn sie träumen, tun sie es durch die Träume der Männer.« (Simone de Beauvoir, in: ›Das andere Geschlecht‹)

Auch die Säkularisierung der magischen Fruchtbarkeitskräfte zu einer ontologischen Wesensbestimmung der Frau oder ihre Reduzierung auf die biologischen Funktionen der Gebärmutter ist nur die Anpassung des Mythos vom schlechthin Anderen an das kulturelle Selbstverständnis des Mannes. Ob der Frau ihre Selbstdarstellung durch die Priester der Fruchtbarkeitsreligion, durch die autoritäre Anbetung der Jungfrau Maria oder durch die Werbemanager der Konsumindustrie aufgezwungen wird, bleibt prinzipiell dasselbe. »In dem Maße, wie man die Frau als das absolut Andere, d.h. – ungeachtet ihrer magischen Kräfte – das Unwesentliche betrachtet, ist es ganz unmöglich, sie als ein anderes Subjekt anzusehen.« (Simone de Beauvoir) Die Frauen haben niemals eine getrennte Gruppe dargestellt, die für sich den Männergruppen gegenübergestanden hätte; sie haben niemals eine unmittelbare und autonome Beziehung zu den Männern gehabt. Heute sind wir so weit gekommen, daß der Kulturcharakter der Frau durch die Begriffe definiert ist, die das männliche Bewußtsein von ihr geschaffen hat; daß ihr eigener Kulturcharakter darin besteht, den Mann als Subjekt zu setzen und sich selbst als das Andere; daß sie die Gewalt verinnerlicht hat, die auf sie ausgeübt worden ist. Die einzelne Frau müßte über ihren eigenen Schatten springen, um dieses Verhältnis zu überwinden.

Die Frau ist der Spiegel, der des Mannes Verhalten nicht ändert, der aber das Bild seiner Herrlichkeit auf ihn zurückwirft. Der objektive Widerspruch, den der Mann mit seinem Verhalten der Frau aufzwingt, schlägt letzten Endes auf ihn selbst zurück. Der Mann kann sich nicht durch ein Besitzverhältnis an ein Wesen fesseln, das nur an sich Mensch ist, dessen Selbstbewußtsein aber durch die gesellschaftlichen Verhältnisse zerstört und deformiert ist, ohne daß diese Passivität und Versklavung auf ihn selbst zurückwirkt. Konsequenterweise wird die Ehe, die der Mann zu seinem Nutzen und Besten erfunden hat, zur Fessel für ihn, zum Joch, das sich gegenüber seinem Erfinder verselbständigt und in dieser Verselbständigung auch dem einzelnen männlichen Individuum die Perversion der gesellschaftlichen Beziehung aufzwingt.

Der Herr, der den Sklaven als gesellschaftliches Produktionsinstrument institutionalisiert hat, ist an sein Instrument, an sein Objekt ebenso gebunden wie dieses Objekt an ihn. So hat sich die Ehe unversehens in der Geschichte in ein Stabilisierungsinstrument der Herrschaft verwandelt: Die Stellung der Frau als privates Objekt des Mannes ist die Basis für die gesellschaftliche Unterdrückung des Mannes selbst. Denn jeder unterdrückte und ausgebeutete Produzent hat so lange noch ein Ventil für seine Aggressionen gegen die Herrschaft, solange er noch als Mann über ein ganzes Geschlecht herrschen kann. Die Unterdrückung der Frau gibt ihm das Selbstbewußtsein, das er aus seiner gesellschaftlichen Arbeit schon lange nicht mehr beziehen konnte. Und Sanftheit der Frau gegenüber dem Manne ist – ähnlich der berühmten Sanftmütigkeit des Negers einem weißen Herrn gegenüber – ein Produkt erzwungener Gewaltlosigkeit.

»Nun, warum erheben sich die zwei Geschlechter nicht gegen eine häusliche Ordnung, die sie so vielen Widerwärtigkeiten unterwirft? Könnte man nicht angesichts dieses inneren Krieges bei allen Klassen erkennen, daß die Ehe nicht Bestimmung des Menschen ist? Und statt nach Notbehelfen gegen diese innere Uneinigkeit zu greifen, müßte man nach einem Mittel suchen, sich von diesem Leben im Haushalt zu befreien, das alle Keime der Zwietracht und Langeweile enthält und entwickelt, ohne etwas Gutes hervorzubringen, das man im Zustand der Freiheit nicht ebenfalls finden kann.« (Charles Fourier)

Man muß sich endlich einmal die Frage stellen, warum sich die männlichen Klagen über die Ehe, verbunden mit einer Verhöhnung und Verspottung des weiblichen Geschlechts, durch die Jahrhunderte hinziehen, von Aristoteles bis Weininger und zum Universitätsprofessor 1968, ohne daß der Mann je seine politische und ökonomische Macht dazu ausgenutzt hätte, diese Institution abzuschaffen.

Die Arbeitsteilung von Mann und Frau ist nicht mit der vergleichbar, wie sie etwa zwischen Handwerkern, Händlern und Bauern, oder zwischen Rechtssprechung und Medizin entstanden ist. Die Arbeitsteilung zwischen Mann und Frau ist eine Arbeitsteilung zwischen Mensch und Natur. Sie ist der Arbeitsteilung zwischen dem Bauern und dem Pferd, das den Pflug zieht, vergleichbar, oder zwischen dem Menschen, der das Kraftwerk baut, und dem Fluß, dem er die Kraft entnimmt. Die Frau ist domestizierte Natur. Es ist die Arbeitsteilung zwischen der Natur und dem sich von ihr emanzipierenden Menschen.

Zur Natur hat der Mann ein aus Sentimentalität und Grausamkeit gemischtes Verhältnis. Zur Frau ebenfalls. Wie die Natur benutzt er auch die Frau als Arbeitsinstrument, oder er findet sie schön wie ein Stück Natur – eine Blume, einen Edelstein etc. Die erhabenen, sentimentalen Naturgefühle des Mannes äußern sich verbal genauso wie die gefühlvolle Anbetung der Frau. Der Dichter, der Verliebte, der Träumer ist aber immer das alleinige Subjekt seiner Poesie, seiner Liebe, seines Traums; denn indem er die Objekte verherrlicht, die nur in bezug auf ihn selbst das sind, was sie sind, verherrlicht er im Grunde nur sich selbst.

Aber noch die romantischste Anbetung ist ein Knechtungsinstrument; je mehr der Mann der Frau einredet, daß es Liebe sei, was sie verbindet, desto mehr bezieht er sie auf sich als auf ihr Zentrum, ihre einzige Existenzberechtigung und macht aus ihr jenes gefügige und opferbereite Wesen, das sich dann willig seinem Zweck unterordnet. Er verspricht ihr den Himmel, wenn sie die Hölle der Ehe als ihre einzige Bestimmung annimmt.

Die Kehrseite der Ehe ist die Prostitution. Sie ist der Ausweg, den der Mann für sich geschaffen hat, um sich die Hölle der Ehe erträglicher zu machen und die Zwänge, denen er sich um eines ökonomischen Vorteils willen unterwirft, kompensieren zu können. Die gesellschaftliche Entwicklung, die die Ehe als einzige legitime Existenzweise der Frau geschaffen hat, hat auch die Prostitution als notwendige Ergänzung dieser ökonomischen Zwangsverpflichtung sanktioniert – selbstverständlich ohne daß die Frau dabei etwas zu sagen gehabt hätte.

In Griechenland z.B. war die Prostitution eine staatliche Einrichtung; und es wurden eigens asiatische Sklavinnen gekauft und in entsprechende Etablissements gesperrt. Die griechische Hetäre, die Kurtisane, die Mätresse, der Star bezahlen ihre größere Freiheit und Bildung mit größerer sozialer Unsicherheit und Isolierung. Ihr Wert hat nichts Individuelles, er hängt von dem Begehren des Mannes ab. Unabhängig von diesem Begehren sind sie nichts. Sie sind durch die Funktion versklavt, die sie für den Mann haben, versklavt durch ihre Sorge, sich ihre Schönheit, ihre Raffinesse, ihre Einzigartigkeit zu erhalten. Von ihrem Ruhm, ihrem Ruf hängt ihr Handelswert ab, von diesem wiederum ihr Leben.

Die Situation der Prostituierten und der Ehefrau entsprechen sich aufs Haar. Beide sind Objekte des Mannes: die Ehefrau ist – monogamietheoretisch – ein unveräußerliches Eigentum, dessen Nutzung allein einem einzigen zusteht; die Prostituierte ist potentieller Besitz aller Männer, insofern sich viele ihre Benutzung durch Kauf für kurze Zeit sichern können. Bei beiden ist die Enteignung des Körpers geknüpft an die Dissoziation von Selbstverfügung und Lust. Die Funktion des einen Körpers ist es, Kinder zu gebären, die Funktion des anderen Körpers, Lust zu gewähren, aber an beiden Produkten hat das Objekt keinen Anteil. Die eine bezahlt ihre soziale Beachtung und Legitimität mit der Erniedrigung als Gebärmaschine und als Prestigeobjekt; während die andere ihre Möglichkeit, sich der Versklavung durch einen einzigen Mann zu entziehen, indem sie sich allen verkauft, noch mit sozialer Diffamierung bezahlt.

Die Aggressionen des unterdrückten und ausgebeuteten Mannes könnten gefährlich werden, wenn sie nicht erfolgreich abgelenkt und abgeleitet würden; während die Aggressionen der Frau bereits durch ihren Sozialisierungsprozeß, dessen Prinzip die Fesselung an den Mann ist, unterdrückt und neutralisiert werden.

Der Mann kann sich immer noch in Ehe und Familie als Autorität und Entscheidungsmacht selbst bestätigen und somit sein Selbstbewußtsein durch autoritäre Machtausübung im privaten Bereich kompensieren. Der Mann verschleiert seinen Ichverlust durch die Trennung von beruflicher und privater Sphäre, während die gesellschaftliche und private Instrumentalisierung der Frau darauf basiert, daß die Entwicklung eines Ich von vornherein durch ihre Erziehung verhindert wird.

Sollte die Frau aber wirklich so vermessen sein, Ehe und Beruf vereinbaren zu wollen, und schamlos ihre Mutter- und Hausfrauenrolle vernachlässigen, dann wird sie, wenn sie nicht nur aus ökonomischen Zwangsmotiven in einer untergeordneten Position »mit«-verdient, durch ihre (selbstverständlich vorausgesetzte) Doppelbelastung zermürbt und verbraucht oder, wenn das alles nichts nützt, systematisch aus ihrem Beruf hinausgeekelt. Schon das Wort »Doppelbelastung« drückt die volle Negation aller Gleichberechtigung aus.

Gesellschaftlich wirkt sich das so aus, daß 1. für den Mann keinerlei Verpflichtung besteht, an Haushalt und Kindererziehung mitzuwirken, 2. der Staat keinerlei Hilfsinstitutionen zur Verfügung stellt, um die Durchführung dieser Aufgaben zu erleichtern. Im Gegenteil wird alles dazu getan, die berufstätige Frau als verantwortungslos hinzustellen. Der durch den Druck der Gesellschaft erzeugten Unmündigkeit kann die Frau nicht entrinnen – die Wünsche des Mannes treten nur mehr als strafverschärfend hinzu.

Die Frau ist also ein gesellschaftlich anerkanntes, nützliches Ding, das sich nur über die gesellschaftliche Position des Mannes und deren Inhalte bestimmt. Der Warenwert muß seinen Konsumbedürfnissen entsprechen und muß sich bei entsprechender Investition steigern. Ihr Gebrauchswert ist ihre Fähigkeit, den Haushalt zu führen, Kinder zu gebären, dem Mann Entspannung nach den Mühen des Tages zu gewähren, durch dekorativen Anblick und die Zurückhaltung und Anpassungsfähigkeit eines bequemen Sessels, durch Aussehen, Vorführbarkeit und Konsumdemonstration sein Prestige zu mehren. Der Gebrauchswert besteht also darin, die privaten Bedürfnisse des Mannes zu befriedigen: als Arbeitsinstrument und Luxusgegenstand.

Die Bezahlung der Frau, die sie für ihre ökonomische Sicherheit, ihre gesellschaftliche Stellung und ihre psychische Erhaltung leistet, ist das Opfer, das sie Mann und Kindern bringt, wenn sie auf ein eigenes Leben verzichtet und nur über die Vermittlung des

Inhalts lebt, den Mann und Kinder realisieren. Damit gibt sie zugleich einen Kredit: Sie will sich durch ihr Opfer der Liebe und Anhänglichkeit ihres Mannes und ihrer Kinder versichern – diese zur Not durch Betonung und Herausstellung ihres Opfers (Hysterie, Szenen, Neurosen) erzwingen. So schafft sie die Basis, um die Familie zusammenzuhalten: Sie hat die Macht, über das schlechte Gewissen derjenigen zu verfügen, die sich ihrer privaten Opferherrschaft entziehen wollen. Sie herrscht mittels der Liebesideologie, mit der man ihr die notwendige Unterwerfung als echte Aufgabe und Lebenszweck schmackhaft gemacht hat. Liebes- und Partnerschaftsideologie sind in der modernen Ehe an die Stelle der patriarchalischen Gewalt der bürgerlichen Kaufehe des 19. Jahrhunderts getreten. Diese neuen Ideologien sind keine Negationen der patriarchalischen Gewalt, sondern ihre völlige Verinnerlichung. Diese Verinnerlichung hat die Emanzipation der Frau nicht erleichtert, sondern noch wesentlich erschwert.

Die Institution der Ehe schließt aus: die Selbstbestimmung des Menschen; die Selbstverfügung der Frau über den eigenen Körper; die freie Weiterentwicklung zu anderen angemessenen Formen der sozialen Beziehung. Sie schließt Liebe aus, weil sie Liebesfreiheit und Verlangensfreiheit ausschließt. Die Institution der Ehe stabilisiert die Atomisierung des Menschen, insofern sie die Fixierung des Menschen auf nur einen anderen Menschen vorschreibt, damit die Beziehung zu allen anderen Menschen zweitrangig und gegen Gewalt und Grausamkeit gegenüber anderen Menschen gleichgültig macht. Sie fördert die Destruktion der psychischen Ichkräfte, insofern sie die Ichidentität auf die Erhaltung eines Status quo, der nur die isolierte Privatsphäre einschließt, beschränkt, ihre Weiterentwicklung zu anderen Möglichkeiten und damit ihre Lebendigkeit auslöscht. Sie schafft ein einseitiges Ventil, das die Aggressionen, die aus der gesellschaftlichen Unterdrückung des einzelnen entstehen, konkret immer nur gegen einen anderen einzelnen zu richten gestattet; dadurch wird verhindert, daß die Kräfte gegen eine Gesellschaft konzentriert werden können, die alle Humanität destruiert. Die Zwänge, die man sich selbst antun muß, schlagen zurück auf den anderen, auf den man sich bezieht, wenn die Institution verhindert, daß man gemeinsam gegen diese Zwänge rebelliert.

Indem die Frau die untergeordneten Mittel der Versorgung zu einem Lebenszweck erhebt, unterwirft sie ihr Bewußtsein auf die Ideologie des Habens: Sie hat einen Mann und Kinder genauso wie sie Blumentöpfe und Silberbesteck, Perserteppiche und Modellhüte hat. Die Ideologie des Habens bedeutet eine Verewigung der Gegenwart, sie erfüllt sich nur in der ungetrübten Anwesenheit der Dinge. Daraus erklärt sich der Kampf der Frau: Ihre Feinde sind Schmutz, Staub, Flecken, Kratzer etc. Ihr wichtigstes Anliegen ist die Ordnung der Dinge. Sie stellt nichts Neues her, sondern definiert sich durch die Negativität des abstrakten Erhaltens.

Daß die Produkte dieser negativen Tätigkeit von vornherein zur Zerstörung verurteilt sind, ist gerade ihr großer Schmerz. Es ist der Schmerz dessen, der ewig nur die Voraussetzung für das Funktionieren liefert, dem aber gerade das Funktionieren die Voraussetzung selbst zerstört. Wäsche ist zum Benutzen da, Geschirr wird nur abgewaschen, um wieder schmutzig gemacht zu werden etc. Wenn die Frau diesen Schmerz nicht mehr aushalten kann, verfällt sie dem Ordnungswahn.

Der Ordnungswahn ist genauso ein Laster, eine Manie wie Alkoholismus oder Rauschgiftsucht. Enttäuschte und Gescheiterte ergeben sich einem Wahn – die Hausfrau ist von vornherein nur dazu bestimmt, zwischen Ordnungswahn und tödlicher Langeweile hin und her zu schwanken: Der Geordnetheit der Dinge entspricht die Langeweile und Schalheit des Anschauens der reinen Faktizität. Die Ordnung regiert letzten Endes das Leben. Denn das Leben bringt dauernd Verletzungen dieser Ordnung mit sich, und die Hausfrau lernt diejenigen hassen, die nur dazu da sind, ihre Ordnung immer wieder zu verletzen. Deshalb fallen Frauen so leicht auf den Ruf nach Ordnung und Sauberkeit herein, den konservative Politiker als Hauptargument benützen – denn sie erkennen nur die formale Ungestörtheit des Gegebenen, aber nicht dessen chaotischen Inhalt.

Ebenso wie Ordnung ist Kochen eine Tätigkeit, deren Funktionalität zum Selbstzweck erhoben wird, wenn sie als Beruf ausgeübt wird, weil sich das Bewußtsein weigert, sich an der unmittelbaren Zerstörung der Produkte zu orientieren: Die Hausfrau weiß letzten Endes nicht mehr recht, »ob die pommes frites für den Mann oder ob der Mann für die pommes frites da ist.« (Simone de Beauvoir)

Die Verdummung der Frau durch Erziehung und Ehe ist deshalb so notwendig, weil sich die Frau sonst nicht mehr im Haushalt festhalten ließe. Heute ist dieser Vorgang der Verdummung nicht mehr so einfach wie zu früheren Zeiten, denn das Mädchen hat heute mehr Möglichkeiten, sich zu bilden und auszubilden. Es sind deshalb auch massive gesellschaftliche Sanktionen nötig, um sie an den Bereich von Ehe und Familie zu ketten. Es ist notwendig, ihr Hausarbeit und Kindererziehung als etwas Herrliches und Erstrebenswertes erscheinen und sie unter der Last und dem Druck dieser Herrlichkeit fast zusammenbrechen zu lassen, damit sie sich kein Bewußtsein ihrer Erniedrigung vermittelt, damit sie nicht merkt, mit welchem Lustverzicht sie sich das einzige Glück erkauft, das ihr erlaubt ist. Sie darf auch nicht merken, welch armes und unterdrücktes Wesen der von ihr so hoch verehrte, ihr so himmelhoch überlegene Mann ist, weil sie sonst womöglich gegen ihre Fesselung rebellieren würde und damit auch die Fesselung des Mannes infragestellen würde. Andererseits macht die bessere Ausbildung der Frau dem Mann den Sieg über die Frau heute noch schmackhafter: »Schließlich verschafft auch geistige Überlegenheit dann mehr Selbstbefriedigung, wenn man – scheinbar fair – bei seiner Frau später einem gewissen akademischen Ausbildungsstand obsiegen kann, wenn dieser auch längst zwischen Kochtopf, Windeln und Service am Mann verloren ging oder zur bloßen Allgemeinbildung wurde.« (R. Dörner: ›Zum Frauenbild der Illustrierten‹) Das erklärt auch, warum ein Teil der Männer gerne pseudoemanzipierte Frauen heiratet, denn der Sieg über eine solche ist viel kostbarer als der über ein Weibchen, da sie zumindest soviel versteht, um seine bewährte Überlegenheit einzusehen und sich durch ihre Frustrationen noch fester an ihn und seine Herrschaftsposition zu ketten.

Die Lustfähigkeit der Frau wurde, kaum entdeckt, sofort gegen sie selbst gewandt. Wenn sie früher gar nicht gewußt hat, daß sie lustfähig sei, und deshalb frigide und hysterisch war, so ist sie jetzt frigide und hysterisch, weil sie Angst hat, nicht genug Lust zu haben und vor allem zeigen zu können und dadurch den Mann zu beleidigen. Die Möglichkeit, sich über das Bewußtsein der Lust den eigenen Körper anzueignen, wurde erfolgreich dadurch verhindert, daß man der Frau die Selbstverfügung über den eigenen Körper sozial und rechtlich vorenthielt. Der Abtreibungsparagraph und die staatliche Verfügung über die Möglichkeiten der Geburtenkontrolle bestätigen der Frau bis heute ihre Rolle als privates und öffentliches Objekt. Staat und Kirche haben ein Bündnis gegen die Frau geschlossen. Die Heuchelei der öffentlichen Moral in diesem Punkt schreit zum Himmel. Man schickt Millionen von Menschen aus edlen Zwecken in den Tod, aber dem Foetus gegenüber erweist man sich als unnachgiebig menschenfreundlich. Da es unmoralisch ist, zwischen zwei Leben zu wählen, opfert man lieber die Mutter.

Die Langeweile der inhaltslosen Intimität und die Negation der Autonomie durch die Gewöhnung aneinander erzeugen eine private Herrschsucht der Frau und eine Unterwerfung des Mannes unter den Despotismus der Faktizität. Die private und beliebige Herrschsucht der Frau ist das Äquivalent der männlichen Herrschaft über die Welt. Die weibliche Irrationalität ist die folgenlose Opposition gegen die Rationalität des Mannes, die dieser immer nur als Herrschaftsinstrument einsetzt.

Das ärmste und hilfloseste Opfer dieses circulus vitiosus der Gewalt ist im Grunde das Kind. Das Kind ist das einzige Objekt, das die Frau beherrschen kann. Die Herrschaft über das Kind, die bei den meisten Nur-Müttern neurotisch ist, ist die einzige Kompensation der Frau für alles das, was ihr genommen wird.

Es ist noch keinem Mann eingefallen, daß es gefährlich sein könnte, ein Kind, einen werdenden Menschen, dem völlig unemanzipierten und unwesentlichen Wesen Frau auszuliefern. Im Gegenteil: Der Mann hat noch den Mythos des Mutterinstinkts geschaffen, um das Kind dieser besitzergreifenden Herrschaft mit gutem Gewissen ausliefern zu können. Damit steht das Kind von vornherein unter dem absoluten Zwang, der Frau alles ersetzen zu müssen, was ihr von anderer Seite genommen wurde. Das Kind, vor allem der Sohn, soll ihr geben, was ihr Subjektsein erstrebt hat, was ihr aber immer verweigert wurde: Erfüllung, Besitz, Inhalt, Liebe, Vollkommenheit, Prestige etc. Da ihr das Kind als einziger Inhalt zugestanden wird, muß dieses Kind ihr auch allen Inhalt ersetzen.

Diese existentielle Fesselung der Mutter an das Kind erzeugt den Zwang, allen Druck, alle Gewalt in Form der Erziehung an das Kind weiterzugeben. Daraus entstehen dann alle jene verkorksten, ichschwachen, komplexbeladenen, unsicheren, gehemmten, neurotischen Kinder, aus denen die Gesellschaft ihren Bedarf an autoritären Charakteren deckt. Der herrschende Mutterinstinkt ist Negation der Liebe, weil er das Kind als Unterdrückungsobjekt mißbraucht. Die Erziehung der Kinder wird für die Frau selbst zu einem Ritus ihrer Unmündigkeit. Sie quält es mit Ansprüchen, Anforderungen und Normen, deren Rationalität für sie selbst undurchschaubar ist, nur magische Qualität hat. Ihre Tochter wird zum bloßen Double, während ihr Sohn Ziel und Inhalt ihrer magischen Phantasie von Größe ist.

Man läßt uns zwar auf Schulen und Universitäten, aber selbst wenn wir dreimal so viel leisten, können wir unsere Position eher verschlimmern als verbessern; weil wir ja keinen Verstand haben und nur zum Heiraten da sind, d.h. man läßt uns unseren Verstand nicht anwenden, weil wir keinen haben dürfen und die Arbeits- und Studienplätze nur den Männern wegnehmen. Wenn wir hübsch und intelligent sind, kriegen wir keine Stelle, weil wir die Männer verwirren; verwirren wir sie nicht, kriegen wir auch keine Stelle, weil wir sie dann nicht interessieren. Andererseits müssen wir weiblich bleiben, weil wir ja sonst geschlechtslose Arbeitsbienen sind und an sozialer Isolierung psychisch zugrundegehen. Wir müssen Kinder gebären und werden diffamiert, wenn wir das ohne Oberaufsicht des Mannes tun. Wir sollen die Kinder erziehen und sie dann den Schulen überlassen, die genauso unmündige und unglückliche Menschen aus ihnen machen, wie wir es sind. Wir sollen den doppelten Streß wie der Mann aushalten, aber trotzdem hübsch, fröhlich und immer bereit sein, der Entspannung des Mannes zu dienen.

Sollten wir nicht endlich unsere feste Überzeugung, daß es an uns liegt, an unserer geistigen oder physischen Schwäche, unserem Wesen, unserem schlechten Charakter etc. hinterfragen? Sollten wir uns nicht fragen, wie die Frau in diese grauenhafte Situation hineingekommen ist und wer ein Interesse daran hat, daß sie auch darin bleibt?

Der opponierende Mann reflektiert die abgetrennte Privatsphäre nicht, weil er meint, er hätte es nicht nötig; aber er zieht sich, wenn sein öffentlicher Protest stockt und scheitert, auf seine private Innerlichkeit zurück, auf die heile Welt der Ehe, des ehelichen Verhältnisses und der Familie, um neue Kräfte zu sammeln und sein Scheitern zu verschleiern, weil seine eigene Unterdrükkung ihm durch den Zustand von Frau und Kind kompensierbar wird. Er argumentiert sogar damit, daß sein Verhältnis zu Frau und Kind ihn in seinem Kampf nicht alles wagen lasse, weil er seine Fessel für eine notwendige Verantwortung hält.

Mit dem Privatleben als Absicherung im Rücken bleibt der Protest im Grunde theoretisch: Er will nicht alle Voraussetzungen ändern, sondern nur die, die ihn stören, die Universität, die Betriebe etc., aber nicht die Trennung von Privatheit und Öffentlichkeit aufheben, denn damit würde er sich jede Absicherung nehmen, sein Protest wäre radikal und rückhaltlos. Für den Mann ist diese Trennung kein Problem, weil Vater- und Ehemannsein ihn nie an seinen Unternehmungen gehindert hat. Er stimmt damit einem Tabu zu, das seine Radikalisierung letztlich verhindert. Für die Frau aber ist diese Reflexionslosigkeit verhängnisvoll.

Sobald das private Unglück als allgemeines Leiden erkannt ist,

ist die Quelle der privaten Resignation zerstört: Das allgemeine Leiden wird für die unglückliche Subjektivität produktiv. Wir müssen es bewußt zum Motor unserer Verweigerung, unseres Ungehorsams, unserer Aufsässigkeit machen. Die Frau kann die Geschichte erst im Kampf gegen deren Produkt als ihre Geschichte begreifen, weil sie erst dann handeln kann, wenn sie Geschichte begreift bzw. umgekehrt. Erst wenn die Frau in diese Dialektik von Geschichte und Handeln eintritt, kann sie sich das Problem der Gegengewalt als Problem ihrer Selbsterhaltung stellen.

Wenn wir diese Situation der Frau als revolutionäre antizipieren, weil die Lösung ihrer Probleme den Aufbau eines neuen Kulturcharakters für Frau und Mann notwendig macht, was bedeutet das dann konkret für den Zustand vor der Revolution?

Die tendenzielle Auflösung aller isolierten Beziehungen zwischen Menschen – wie sie die Institution der Ehe und der Familie erzwingt – bedeutet auch eine bewußte Zerstörung der Normen, die heute das Verhalten zwischen Mann und Frau regeln. Gegen diesen Auflösungsprozeß werden allgemeine wie individuelle Sanktionen verhängt werden; Maßnahmen werden einsetzen, die die Frau isolieren, sie psychisch und physisch aushungern, sie zu Anpassung und Unterwerfung zwingen wollen. Dagegen können wir nur folgendes setzen:

1. Eine bedingungslose Solidarität zwischen den beteiligten Frauen, die sich erst aus ihrer bewußten Selbstorganisation und Selbstagitation ergeben wird.

2. Die Umfunktionalisierung von Ehe (alle ehelichen und tendenziell ehelichen Verhältnisse mit eingeschlossen), dort wo es irgend möglich erscheint. Die konkrete Solidarisierung von Mann und Frau aufgrund einer antizipierten Beziehung von zwei freien Menschen bedeutet selbst die tendenzielle Aufhebung der ehelichen Isolation in Richtung auf eine society of friends hin.

Wie sich diese beiden Möglichkeiten konkret entwickeln werden, darüber kann nur der praktische Widerstand selbst entscheiden. Jedenfalls sind die beiden Möglichkeiten die einzigen Ansatzpunkte, ein »Gegenmilieu« zu schaffen, das die Menschen die Maßnahmen der Gesellschaft überstehen läßt und zugleich die notwendige Bedingung bereitstellt, mit neuen Formen von sozialen Beziehungen zu experimentieren: aus der Gegenwelt gegen den Ichverlust und die Atomisierung der Menschen in dieser Gesellschaft muß sich eine inhaltliche Praxis entwickeln, die uns erlaubt, den Kampf überhaupt als den langen Marsch durch die Institutionen zu führen.

A P P E L L

Jährlich treiben in der Bundesrepublik rund 1 Million Frauen ab. Hunderte sterben, zehntausende bleiben krank und steril, weil der Eingriff von Laien vorgenommen wird. Von Fachärzten gemacht, ist die Schwangerschaftsunterbrechung ein einfacher Eingriff.
Frauen mit Geld können gefahrlos im In- und Ausland abtreiben. Frauen ohne Geld zwingt der Paragraph 218 auf die Küchentische der Kurpfuscher. Er stempelt sie zu Verbrecherinnen und droht ihnen mit Gefängnis bis zu 5 Jahren.
Trotzdem treiben Millionen Frauen ab - unter erniedrigenden und lebensgefährlichen Umständen.
Ich gehöre dazu. - Ich habe abgetrieben.
Ich bin gegen den Paragraphen 218 und für Wunschkinder.
Wir Frauen wollen keine Almosen vom Gesetzgeber und keine Reform auf Raten!
Wir fordern die ersatzlose Streichung des Paragraphen 218
Wir fordern umfassende sexuelle Aufklärung für alle und freien Zugang zu Verhütungsmitteln!
Wir fordern das Recht auf die von den Krankenkassen getragene Schwangerschaftsunterbrechung!

Appell: Ich habe abgetrieben, 1971

Frauen gemeinsam sind stark!

In der Werbung Puppen, Arbeit in Leichlohngruppen
wir sind stets nur Objekt:
Schlank sei die Hüfte, groß dafür die Brüste
auch wenn die Psyche verreckt.
Frauen, Frauen zerreißt eure Ketten,
Schluß mit Objektsein in Betten,
Frauen gemeinsam sind stark!

Frauen schuften, putzen, Bosse ziehn den Nutzen
als sei's Naturgesetz:
Schlechte Bezahlung, teure Kriegsbemalung
und Isolierung zuletzt.
Frauen, Frauen, nicht länger konkurrieren,
sondern gemeinsam marschieren,
Frauen gemeinsam sind stark!

Wir sollen dienen als Gebärmaschinen
aber wir wolln das nicht mehr.
Ob Lohn oder Beischlaf, wir solln unten liegen,
passiv uns in alles fügen.
Umsturz, Umsturz ist mehr als Enteignung:
Umgang von Freien mit Freien,
Frauen gemeinsam sind stark!

Frauen stehn am Fließband, Männer sind im Vorstand,
Männer meist Herrn, Fraun Knecht.
Frauen kriegen Kinder, Männer sind Erfinder
und dem System ist es recht.
Frauen, Frauen, zerschlagt die Ideologien,
die uns nur wollen auf Knien,
Frauen gemeinsam sind stark!

Laßt euch nicht betrügen: gemeinsam können wir siegen
und nicht getrennt nach Geschlecht.
Kämpfen wir nicht einsam, Frau und Mann gemeinsam,
dann gehts dem Kapital schlecht.
Frauen, Frauen, kämpft in der Masse
mit der Arbeiterklasse,
Frauen und Männer sind stark!

Wenn Männer klagen und verbal vortragen:
wir kämpfen auch für euch,
ihre Privilegien wolln sie dennoch hegen,
dann sagen wir: mit uns nicht!
Frauen, Frauen, wir werden beschissen
und wolln unsere Freiheit nicht missen,
kämpfen wir selber dafür!

Das erste Lied der neuen deutschen Frauenbewegung (1971)

Zum Muttertag Moncherie...

Zum Muttertag bekommen wir einen Blumen- und Kochtopf und eine Schachtel Moncherie...

- damit wir Kinder in eine kinderfeindliche Welt setzen und nicht die Abschaffung des § 218 fordern;
- damit wir uns als einzige für die Kindererziehung abrackern, und nicht fragen, warum es so wenige und schlechte Kindergärten und Spielplätze gibt;
- damit wir uns für die schulischen Mißerfolge unserer Kinder verantwortlich fühlen und nicht fragen, was für ein Schulsystem das ist, welches den Kindern die Freude am Lernen und Leben austreibt;
- damit wir nachmittags die Hausaufgaben beaufsichtigen und nicht fragen, wozu die nötig sind, und was mit den Kindern passiert, deren Mütter das nicht können;
- damit wir uns der Doppelbelastung von Beruf und Haushalt unterwerfen, und nicht fragen, warum wir 2o-3o % weniger Geld für unsere Arbeit bekommen als die Männer;
- damit wir ein schlechtes Gewissen haben wenn wir arbeiten gehen, aus Angst, unsere Familie zu vernachlässigen, und nicht verlangen, daß der Mann seinen Teil bei der Hausarbeit leistet;
- damit wir Vati fit machen für den Betrieb und nicht fragen, warum er da kaputtgemacht wird;
- damit wir Unsummen für Schönheitsmittel ausgeben und nicht fragen, warum wir zum Konsumobjekt herabgewürdigt werden;
- damit wir Klosterfraumelissengeist löffeln und nicht fragen,wer und was uns körperlich und seelisch kaputtmacht;
- damit wir unmögliche Verhältnisse möglich machen und nicht fragen, nicht denken, nichts verändern!!!

Wir haben es satt, einen Tag im Jahr zu einer billigen Mutterideologie und Konsumsteigerung herzuhalten!
Wir haben es satt, uns unter dem.Deckmantel der Muttervehrehrung ausbeuten zu lassen!
Wir haben es satt, uns Schönheitsideale von kommerziellen Interessen aufzwingen zu lassen und den weiblichen Körper als Reklamegag verwertet zu sehen!

WIR FORDERN ein Ende der Doppelbelastung der Frau im Haushalt und Beruf, und daher fordern wir Bedingungen, die es der Frau ermöglichen, einem Beruf nachzugehen, ohne, daß sie sich noch im Haushalt zusätzlich abrackern muß!

WIR FORDERN:

- Volle Mitverantwortung der Männer bei Haushalt und Kindererziehung!
- Ausreichende und gute Kindergartenplätze!
- Für alle Frauen Löhne, die es ihnen ermöglichen, eine Familie zu ernähren!
- Sofortige Abschaffung des § 218!
- Eine menschliche medizinische Versorgung, Schwangerschaftsabbruch und Verhütungsmittel auf Krankenschein!

Frauengruppe Heidelberg, 69oo Heidelberg, Politische Buchhandlung Marstallstraße 11 a.

Muttertagspamphlet, 1971

Keine Fraueninsel!

12. März 1972. Mit ein paar Jahren Verspätung gegenüber den meisten Nachbarinnen veranstalten nun auch deutsche Frauen in Frankfurt ihr erster überregionales Treffen. Die Diskussionen waren bewegt, das Resümee war unzweideutig feministisch. Hier ein Auszug:

1. Frauen müssen sich selbst organisieren, weil sie ihre ureigensten Probleme erkennen müssen und lernen müssen, ihre Interessen zu vertreten. Auf Grund ihrer mangelnden Bildung und Ausbildung sind sie zu wenig motiviert worden, ihre Sache selbst in die Hand zu nehmen.
2. Es ist unumgänglich, daß wir unsere eigenen Taktiken und Strategien im Kampf um mehr ökonomische und demokratische Rechte lernen und nicht die der Männer imitieren.
3. Wir beabsichtigen mit einer selbständigen Frauenorganisation nicht, eine »Fraueninsel« zu schaffen, die nur realitätsferne Isolation bedeuten kann, sondern wir beabsichtigen, als selbständiger Machtfaktor nur mit politisch entsprechenden Organisationen gegen das bestehende System zu kämpfen.
4. Wir schließen Männer aus unseren Gruppen aus, weil wir die Erfahrung gemacht haben, daß sich Bevormundung und Unterdrückung, die wir in allen Lebensbereichen erfahren, in gemischten Gruppen reproduzieren. Wir wollen in unseren Gruppen die auch von uns Frauen verinnerlichten Autoritätsstrukturen und Herrschaftsmechanismen in Frage stellen und solidarisch abbauen.
5. Wir betrachten die Männer, auch wenn sie selbst der unterdrückten Klasse angehören, uns gegenüber als Privilegierte. Privilegierte haben ihre Rechte noch nie freiwillig preisgegeben. Deshalb fordern wir: Frauen müssen zu einem Machtfaktor innerhalb der anstehenden Auseinandersetzungen werden.
6. Ein Hinderungsgrund, sich selbst zu organisieren, ist immer wieder der Legitimationsdruck der Frauen gegenüber den Männern. Wir bekämpfen den Anspruch der Männer, den Schwerpunkt der politischen Arbeit weiterhin allein zu bestimmen.
7. Wir lehnen es nicht ab, mit den Männern in anderen Organisationen und bei notwendigen Anlässen zusammen zu arbeiten. Allerdings sehen wir die Arbeit in den Frauengruppen nicht als Durchgangsphase an.

Simone de Beauvoir
Wende zum Feminismus

Interview von Alice Schwarzer

Dieses Interview machte Frauengeschichte. 23 Jahre nach Erscheinen von ›Das andere Geschlecht‹, in dem Simone de Beauvoir ausdrücklich geschrieben hatte, sie sei Anti-Feministin und hoffe auf die Befreiung der Frauen durch den Sozialismus, machte diese bedeutendste Theoretikerin der Frauenfrage eine Kehrtwendung: Seite an Seite mit der neuen Frauenbewegung ging sie auf die Straße, bezichtigte sich selbst der Abtreibung und forderte die Frauen auf zur autonomen Organisation. Gerade auch in der Bundesrepublik, wo viele der Frauen schwer am Legitimationsdruck der Linken gegenüber trugen, war dieses Interview ein Durchbruch: es wurde mit Eifer gelesen, vervielfältigt, propagiert. Das Gespräch führte 1971 Alice Schwarzer. Hier die wesentlichsten Auszüge.

Frage: Ihre Analyse der Situation der Frau ist immer noch die radikalste. Seit Erscheinen Ihres Buches ›Das andere Geschlecht‹ im Jahre 1949 ist kein Autor weiter gegangen als Sie, und Sie vor allem haben die neuen Frauenbewegungen inspiriert. Aber erst jetzt – nach 23 Jahren – haben Sie sich erstmals aktiv in dem konkreten und kollektiven Kampf der Frauen engagiert. Sie sind in Paris mit den Französinnen auf die Straße gegangen und beim internationalen Frauenmarsch mitmarschiert. Warum?
Simone de Beauvoir: Weil sich in den letzten 20 Jahren die Situation der Frau nicht wirklich geändert hat. Und als mich die Frauen von der französischen Frauenbewegung fragten, ob ich nicht mit ihnen zusammen an dem Abtreibungs-Manifest, in dem wir uns selbst der Abtreibung beschuldigt haben, arbeiten wolle, da habe ich gedacht: Das ist der richtige Weg, um die Aufmerksamkeit auf diesen größten Skandal, den es heute überhaupt gibt, auf das Abtreibungs-Verbot, zu lenken! So hat das angefangen.
Frage: Über den Begriff »Feminismus« gibt es viele Mißverständnisse. Wie ist Ihre Definition?
Simone de Beauvoir: Ich erinnere mich, daß ich am Ende des ›Anderen Geschlechts‹ sagte, ich sei Anti-Feministin, denn ich dachte, daß die Probleme der Frauen sich in einer Entwicklung zum Sozialismus von selbst lösen würden. – Feministen sind Frauen – oder auch sogar Männer –, die (vielleicht in Verbindung mit dem Klassenkampf, aber doch außerhalb) für die Frau kämpfen, ohne

die erstrebte Veränderung unbedingt von der Gesamtgesellschaft abhängig zu machen. In diesem Sinne bin ich heute Feministin. Denn ich habe eingesehen, daß der Kampf auf der politischen Ebene nicht so schnell zum Ziel führt. Wir müssen also für die konkrete Situation der Frau kämpfen, bevor der erträumte Sozialismus kommt. Außerdem habe ich eingesehen, daß selbst in den sozialistischen Ländern die Gleichberechtigung zwischen Mann und Frau nicht eingetreten ist.

Hinzu kommt – und das ist, glaube ich, für viele Frauen einer der Gründe, warum sie die Frauenbewegungen geschaffen haben –, daß selbst in den linken, ja sogar in den revolutionären Gruppen und Organisationen eine tiefe Ungleichheit zwischen Mann und Frau besteht. Die niedrigsten, langweiligsten und bescheidensten Arbeiten wurden immer noch von Frauen gemacht, und die Männer führten immer noch das Wort, sie schrieben die Artikel, sie machten alle interessanten Dinge und übernahmen die größte Verantwortung. Selbst innerhalb dieser Gruppen also, die im Prinzip dazu da sind, alle zu befreien – auch die Frauen und die Jugend –, selbst da blieb die Frau minderwertig. Es ist also unbedingt notwendig, daß die Frauen selbst ihr Schicksal in die Hand nehmen.

Frage: Was halten Sie – im augenblicklichen Stadium der Auseinandersetzung – von der Ausschließung der Männer aus der kollektiven Frauenarbeit, wie es ja bei der Mehrheit der Frauenbewegungen und auch in Frankreich der Fall ist?

Simone de Beauvoir: Ja, ich bin dafür. Ich bin für die Ausschließung der Männer, bis zu einem gewissen Punkt. Das ist eine Frage des Stadiums. Es gibt dafür mehrere Gründe: Zunächst einmal muß man damit rechnen, daß die Männer auch in diesen Gruppen sich die männlichen Reflexe nicht verkneifen könnten, daß sie sprechen und kommandieren würden. Andererseits haben viele Frauen – was immer sie auch sagen, und oft wissen sie es auch – ein gewisses Gefühl der Minderwertigkeit, eine gewisse Schüchternheit. Wenn Männer da sind, würden viele es nicht wagen, so frei zu sprechen, wie sie es tun, wenn sie unter sich sind. Besonders wichtig ist es, daß die Frauen innerhalb ihrer Gruppen nicht auf ihren Mann oder Freund stoßen, auf niemanden, an den sie zu sehr gebunden sind, weil sie sich ja gerade auch von ihm befreien müssen.

Im Augenblick erlaubt weder die Mentalität der Männer noch die der Frauen eine wirklich ehrliche Diskussion in einer gemischten Gruppe.

Frage: Ist die Ausschließung der Männer für Sie nur eine praktische Frage, weil die Frauen gehemmter wären usw.? Oder ist sie auch eine politische Frage? Weil – so argumentieren die Feministinnen – der Mann nicht nur das die Frau ausbeutende System geschaffen hat und es repräsentiert, sondern weil er von der Unterdrückung der Frau auch individuell profitiert und darum, in einer ersten Etappe, Feind Nummer eins ist.
Simone de Beauvoir: Ja, sicher, aber das ist nicht so einfach. Da trifft zu, was Marx über die Kapitalisten sagte: Auch sie sind Opfer. Selbstverständlich ist es zu abstrakt, zu sagen, wie ich es eine Zeitlang getan habe, daß man nur gegen das System angehen müsse. Man muß als Frau selbstverständlich gegen die Männer angehen. Schließlich ist man nicht ungestraft Komplize und Profiteur eines Systems, selbst wenn man es nicht geschaffen hat, selbst wenn es nicht heute gemacht worden ist. Ein Mann von dreißig, zum Beispiel, hat diese patriarchalische Welt nicht eingerichtet, aber er profitiert in einer gewissen Weise, selbst wenn er zu denen gehört, die nicht profitieren wollen. Er tut es trotzdem, denn er hat sicherlich eine Menge Dinge verinnerlicht. Folglich muß man einmal gegen das System angehen und zum zweiten den Männern, wenn schon nicht feindlich, so doch mindestens mißtrauisch gegenüberstehen. Die Frauen müssen also gleich das System und die Männer angreifen.
Frage: Nach Erscheinen des ›Anderen Geschlechts‹ hat man Ihnen oft vorgeworfen, bei der Analyse stehengeblieben zu sein und keine Taktik für die Befreiung der Frauen entwickelt zu haben.
Simone de Beauvoir: Das stimmt. Ich gebe zu, daß das in meinem Buch zu kurz kommt. Ich höre mit einem vagen Vertrauen in die Zukunft, in die Revolution und in die Sozialisten auf.
Frage: Welche konkreten Möglichkeiten sehen Sie zur Befreiung der Frauen? Individuell und kollektiv?
Simone de Beauvoir: Als allererstes müssen die Frauen außer Haus arbeiten. Als zweites, wenn möglich, die Heirat verweigern. Ich hätte ja auch Sartre heiraten können, aber ich glaube, daß wir klug waren, es nicht getan zu haben. Denn wenn man verheiratet ist, dann behandeln die Leute einen auch als verheiratet, und zum Schluß hält man sich selbst für verheiratet. Man hat als Verheiratete durchaus nicht dieselben Beziehungen zur Gesellschaft wie eine Nicht-Verheiratete. Die Heirat ist gefährlich für die Frau. Was aber vor allem zählt, wenn man wirklich unabhängig sein will, das ist ein Beruf, das ist die Arbeit. Den Rat gebe ich allen Frauen, die mich fragen. Das ist die notwendige Voraussetzung,

die ihnen erlaubt, sich scheiden zu lassen, wenn sie wollen. So können sie sich selbst und ihre Kinder ernähren, sie sind nicht abhängig und können ihr Leben realisieren.

Das heißt, die Arbeit ist auch kein Wunderheilmittel. Ich weiß sehr gut, daß die 4 Mark Stundenlohn einer Arbeiterin oder Putzfrau nicht gerade wirklich unabhängig machen. Ich weiß, daß heute die Arbeit nicht nur befreiend, sondern auch entfremdend ist. Folglich müssen Frauen oft zwischen zwei Entfremdungen wählen: die der Hausfrau und die der Berufstätigen. Trotzdem ist die Lohnarbeit die erste Voraussetzung zur Unabhängigkeit.

Frage: Haben Sie die Vision einer Welt, in der die Frauen befreit sein werden?

Simone de Beauvoir: Ich glaube nicht, daß etwas Besonderes von der Weiblichkeit zu erwarten ist. Trotz allem ist es doch eine Assimilierung, die wir anstreben und nicht die Entwicklung spezifisch weiblicher Qualitäten. Ich glaube nicht, daß die Frauen, wenn sie die Gleichberechtigung erreicht haben, etwas ganz besonders Interessantes, Poetisches, eben weibliche Werte entwikkeln. Es ist eine Tatsache, daß die universale Kultur, die Zivilisation und die Werte alle von Männern geschaffen wurden. Doch genau wie das Proletariat ablehnt, daß die Bourgeoisie die universale Klasse sei, ohne aber alle bourgeoisen Werte abzulehnen, sondern sie sich aneignet, genauso sollten die Frauen in Gleichheit mit den Männern sich die von Männern geschaffenen Werte aneignen, statt sie abzulehnen. Beim Schaffen der universalen Werte haben ihnen die Männer sehr oft ihre eigene, virile Note gegeben. Sie haben beides – Universalität und Männlichkeit – auf eine sehr tückische und subtile Art und Weise vermischt. Es handelt sich also darum, das eine vom anderen zu trennen, die Trübung zu entfernen. Das ist möglich, und das ist eine der Aufgaben, die die Frauen haben. Aber was heißt das denn letzten Endes: das männliche Modell ablehnen? Wenn eine Frau Karate lernt, dann ist das doch männlich. Und ich finde gut, daß sie es tut. Man darf die Welt der Männer nicht ablehnen, denn sie ist gleichzeitig die Welt überhaupt. Und schließlich auch unsere Welt. Die Frau wird ebenso wie der Mann etwas schaffen, das so anders und so neu ist wie das der anderen Männer. Aber ich denke nicht, daß sie neue Werte schaffen wird. Wenn man das glaubt, dann glaubt man an eine weibliche Natur – wogegen ich mich immer gewehrt habe.

Valerie Solanas
SCUM

Valerie Solanas war die Frau, die 1968 auf Andy Warhol schoß (und daneben traf). Auf die Frage nach dem Grund antwortete sie: »Ich habe eine Menge schwerwiegender Gründe. Lesen Sie mein Manifest und Sie wissen, wer ich bin.« Ihr ›Manifest der Gesellschaft zur Vernichtung der Männer, SCUM‹ (ein Wortspiel: Scum bedeutet gleichzeitig Dreck) wurde tatsächlich überhaupt erst nach diesem in die Tat umgesetzten Wahnsinnsakt gedruckt. Dieser Text bezeugt, was Erniedrigung und Unterdrückung in einem Menschen anrichten können. Seine Stärke ist, daß er dies gegen die Täter richtet – mit einer wütenden bis wahnhaften Konsequenz.

Das Leben in dieser Gesellschaft ist ein einziger Stumpfsinn, kein Aspekt der Gesellschaft vermag die Frau zu interessieren, daher bleibt den aufgeklärten, verantwortungsbewußten und sensationsgierigen Frauen nichts anderes übrig, als die Regierung zu stürzen, das Geldsystem abzuschaffen, die umfassende Automation einzuführen und das männliche Geschlecht zu vernichten.

Unsere Gesellschaft ist keine Gemeinschaft, sondern ein bloßer Haufen isolierter Familieneinheiten. In seiner verzweifelten Unsicherheit, in seiner Angst, daß seine Frau ihn verläßt, sobald sie unter den Einfluß von anderen Männern oder von etwas, das entfernt nach Leben aussieht, gerät, versucht der Mann, sie von anderen Männern und von dem bestehenden bißchen Zivilisation zu isolieren und schleppt sie daher hinaus in die Vorstadt, in diese Ansammlung selbstvergessener Paare und ihrer Kinder. Die Isolierung ermöglicht es ihm, seinen Anspruch, ein Individuum zu sein, dadurch aufrechtzuerhalten, daß er ein Individualist, ein krasser Einzelgänger wird, der Kooperationsfeindschaft und Einsamkeit mit Individualität verwechselt.

Der Mann hat noch einen weiteren Grund, sich zu isolieren: Jeder Mann gleicht einer Insel. In sich selbst eingesperrt, emotional isoliert, unfähig, mit anderen zu kommunizieren, hat der Mann einen Horror vor der Zivilisation, vor Menschen, vor der Stadt, vor Situationen, die die Fähigkeit verlangen, Menschen zu verstehen und mit ihnen in Beziehung zu treten. Wie ein verängstigtes Häschen jagt er schnell davon und schleppt Daddys kleines Arschloch hinaus in die Wildnis, in die Vorstadt, oder, falls er ein Hippie ist – Mann, sind die fortschrittlich! –, hinaus auf die Kuhweiden, wo er ungestört ficken und Kinder ausbrüten und seine Flöten- und Perlenkettenschweinereien abziehen kann.

Der Hippie, der weniger als der Durchschnittsmann zu krassem Individualismus neigt und den auch noch der Gedanke aufgeilt, daß ihm massenhaft Frauen zur Verfügung stehen, rebelliert gegen das harte Leben eines Brotverdieners und gegen die Einehenmonotonie. Im Namen von Gruppenleben und Kooperation bildet er die Kommune oder Horde, die trotz allem Kollektivgetue und vielleicht gerade deswegen (die Kommune als überdimensionierte Familie ist ein überdimensionaler Angriff auf die Rechte der Frau, auf ihre Intimität und Gesundheit) kaum mehr ist als die normale »Gesellschaft«.

Die Männer verachten sich selbst, alle anderen Männer und alle Frauen, die vor ihnen Respekt haben und ihnen schöntun. Die unsicheren, Anerkennung suchenden, schöntuerischen, maskulinen Frauen verachten sich selbst und alle ihnen ähnlichen Frauen, die selbstbewußte, »swingende«, sensationshungrige, feminine Frau verachtet die Männer und die Frauen, die ihnen schöntun. Mit einem Wort, Verachtung ist die Devise des Tages. Liebe dagegen ist nicht Abhängigkeit oder Sex, sondern Freundschaft. Und deshalb kann es keine Liebe geben zwischen zwei Männern, zwischen einem Mann und einer Frau oder zwischen zwei Frauen, von denen eine oder beide gedankenlose, unsichere, den Männern schöntuende, maskuline Geschöpfe sind. Wie beim Gespräch kann es Liebe nur zwischen selbstsicheren, frei beweglichen, unabhängigen, »groovy« femininen Frauen geben, da Freundschaft auf Achtung, nicht auf Verachtung beruht.

Männer können nicht für ein gemeinsames Ziel zusammenarbeiten, das Ziel jeden Mannes heißt: Alle Fotzen für mich! Die Kommune ist daher zum Scheitern verurteilt; jeder Hippie wird sich in panischer Eile auf das erstbeste dumme Huhn stürzen und es in die Vorstadt verschleppen. Der Mann kennt keinen sozialen Fortschritt, er schwankt nur zwischen Isolation und »gangbangig« hin und her.

Die Männer können keine grundlegende Revolution herbeiführen, denn der Mann an der Spitze will stets den Status quo, und die unten Sitzenden wollen nichts anderes als – selber der Mann an der Spitze sein. Der männliche Rebell ist eine Farce, denn wir leben in der »Gesellschaft« des Mannes, die er sich schuf, um seine Bedürfnisse zu befriedigen. Befriedigung findet er allerdings nie, denn für ihn gibt es keine Befriedigung. Nur wenn die Technologie ihn dazu zwingt, ändert sich der Mann, wenn er keine andere Wahl hat, wenn die Gesellschaft einen Zustand erreicht, bei dem er sich entweder ändern oder sterben muß. Heute sind wir in diesem Stadium. Wenn die Frauen ihren Arsch nicht sehr schnell in Trab setzen, dann ist's gut möglich, daß wir alle draufgehen.

SCUM wird nicht nur sabotieren, plündern und Paare auseinanderjagen, sondern gleichzeitig Rekruten werben. SCUM wird sich dann formieren aus dem Elitekorps der Rekrutiererinnen, den Aktivistinnen vom harten Kern (Saboteure, Plünderer und Zerstörer) und der Elite der Elite: den Killern. »Dropout« ist keine Lösung – Kaputtmachen ist's. Die meisten Frauen sind schon »Dropouts«, sie waren niemals »in«. Wer »outdropt«, überläßt denen die Herrschaft, die nicht »outdroppen«. »Dropout« ist genau das, was die Anführer des Establishments wollen, damit spielen wir dem Feind genau in die Hand und stärken das System, statt es zu unterminieren. Denn es beruht ganz auf der Passivität, Nichtbeteiligung, Apathie und Gleichgültigkeit der Masse der Frauen. »Dropout« ist jedoch eine ausgezeichnete Politik für Männer, und SCUM wird dies mit Freuden unterstützen.

SCUM wird mit Zerstörung, Plünderei, Sabotage und Mord weitermachen, bis das Geld-Arbeit-System nicht mehr existiert und die vollkommene Automation eingeführt ist, oder bis so viele Frauen mit SCUM zusammenarbeiten, daß es unnötig sein wird, unsere Ziele mit Gewalt zu verfolgen, d.h. bis genügend Frauen entweder nicht arbeiten oder ihre Jobs aufgeben, bis sie anfangen zu klauen und zu plündern, bis sie ihre Männer verlassen und sich weigern, all den Gesetzen, die einer zivilisierten Gesellschaft unwürdig sind, zu gehorchen.

Betty Friedan
Der Weiblichkeitswahn

Dies war Betty Friedans erstes Buch. Sein Titel ist auch für die, die es nie gelesen haben, ein Begriff: der Weiblichkeitswahn. Vor Augen die nach dem Krieg ins Haus zurückgejagten, frustrierten, von Ehemännern, Werbefachleuten und Politikern manipulierten amerikanischen Hausfrauen der 50er und 60er Jahre führte Betty Friedan als erste eine so heftige Attacke gegen die Lüge von der »glücklichen Hausfrau«. Die Autorin wurde später aktiv in NOW und ist inzwischen dem eher konservativen Flügel der Frauenbewegung zuzurechnen. Ihr ›Weiblichkeitswahn‹ bleibt ein Meilenstein der neufeministischen Theorie.

Das Problem ohne Namen brach plötzlich im Jahre 1960 wie eine Sturmflut los und überspülte das Bild der glücklichen amerikanischen Hausfrau. In den Werbesendungen des Fernsehens strahlte die liebreizende Hausfrau noch immer über ihren dampfenden Kochtöpfen, und in der Titelgeschichte von ›Time‹ über ›Die Vorort-Hausfrau, ein amerikanisches Phänomen‹ wurde lautstark verkündet: »Es geht ihnen einfach zu gut, als daß sie sich für unglücklich halten könnten.« Aber mit einemmal war in Presse und Rundfunk die Rede davon, daß die amerikanische Hausfrau tatsächlich unglücklich war, wenn auch fast jeder, der davon sprach, die Sache mit oberflächlichen Erklärungen abtat.

Kann das Problem ohne Namen irgendwie mit der häuslichen Routine der Hausfrau zusammenhängen? Wenn eine Frau versucht, das Problem in Worte zu kleiden, dann beschreibt sie oft lediglich ihren Tagesablauf. Welche von den aufgezählten häuslichen Pflichten könnte möglicherweise ein Gefühl der Verzweiflung hervorrufen? Ist sie einfach überfordert durch ihre Rolle als moderne Hausfrau: Ehefrau, Geliebte, Mutter, Krankenschwester, Kundin, Köchin, Chauffeur, Expertin für Innendekoration, Babypflege, Gerätereparatur, Möbellackierung, Ernährung und Erziehung? Ihr Tag ist zerrissen, denn sie stürzt vom Geschirrspülautomaten zur Waschmaschine, vom Telefon zur Wäscheschleuder, vom Auto zum Supermarkt, liefert Johnny bei den Pfadfindern und Janey in der Tanzstunde ab, läßt den Rasenmäher reparieren und holt ihren Mann um 6 Uhr 45 vom Vorortzug ab. Niemals kann sie länger als 15 Minuten bei einer Sache bleiben, sie hat keine Zeit, Bücher zu lesen, höchstens Zeitschriften, selbst wenn sie Zeit hätte, so könnte sie sich auf Bücher nicht konzentrieren. Hausarbeit läßt sich wie Gummi dehnen, um die Zeit auszufüllen, die für sie zur Verfügung steht, oder Muttersein läßt sich wie Gummi dehnen, um die Zeit auszufüllen, die dafür zur Verfügung steht. Das ist zweifellos die wahre Erklärung für die Tatsache, daß die moderne amerikanische Hausfrau trotz all der neuen arbeitssparenden Geräte wahrscheinlich mehr Zeit mit Hausarbeit verbringt als ihre Großmutter. Zum Teil ist es auch die Erklärung dafür, warum sich die Amerikaner soviel mit Sex und Liebe beschäftigen, und es erklärt auch den anhaltenden Baby-Boom.

Lassen wir für den Augenblick die sexuellen Implikationen des Gesetzes, die gewaltig sind, beiseite und betrachten wir einige seiner treibenden Kräfte, denn sie sind eine Erklärung für die Ausschaltung der weiblichen Energie in Amerika. Um das zu verstehen, muß man einige Generationen zurückgehen: meiner Ansicht nach war der wahre Anlaß der Frauenbewegung wie auch die Frustration der Frauen die Unausgefülltheit ihres Daseins. Außerhalb des Hauses wurde die Hauptarbeit der Gesellschaft geleistet und die meisten Entscheidungen getroffen, und die Frauen sehnten sich danach – oder kämpften sogar dafür –, an dieser Arbeit teilzuhaben. Hätten die Frauen ihre neuerrungene Bildung dafür eingesetzt, eine neue Identität außerhalb des Hauses zu finden, würden die rein praktischen Aspekte der Haushaltsführung dieselbe untergeordnete Rolle in ihrem Leben gespielt haben wie Auto, Garten oder Hobelbank im Leben des Mannes. Mutterschaft, geschlechtliche Liebe, Familienpflichten hätten lediglich – wie auch für den Mann – eine neue emotionelle Bedeutung gewonnen.

Als aber der Wahn von der weiblichen Erfüllung die Frauen wieder ins Haus trieb, mußte die Hausarbeit zu einem Ganztagsberuf ausgedehnt werden. Geschlechtliche Liebe und Mutterschaft mußten zum Lebensinhalt werden und die schöpferische Energie absorbieren. Und die Pflichten gegenüber der Familie mußten sich so ausdehnen, daß sie an die Stelle der Pflichten gegenüber der Gesellschaft traten. Als diese Entwicklung einsetzte, brachte sie arbeitssparende Vervollkommnung der Haushaltsführung mit sich. Jeder wissenschaftliche Fortschritt, der die Frauen von der Plackerei des Kochens, Saubermachens und Waschens hätte erlösen und ihnen mehr Zeit für andere Dinge hätte bescheren können, erzwang statt dessen neue Plackerei, bis die Hausarbeit nicht nur die Zeit ausfüllte, die dafür zur Verfügung stand, sondern in der vorhandenen Zeit kaum bewältigt werden konnte.

Die automatische Wäscheschleuder erspart der Frau nicht die vier oder fünf Stunden wöchentlich, die sie früher mit dem Aufhängen der Wäsche verbrachte, wenn sie zum Beispiel Waschmaschine und Schleuder tagtäglich in Betrieb hat. Schließlich muß sie ja die Maschine füllen und leeren, die Wäsche sortieren und wieder wegräumen. Die moderne amerikanische Hausfrau verbringt viel mehr Zeit mit Waschen und Bügeln als ihre Mutter. Hat sie eine Tiefkühltruhe oder einen elektrischen Mixer, dann braucht sie mehr Zeit zum Kochen als eine Frau, die keine derartigen Geräte besitzt, weil ihr bloßes Dasein ihren Einsatz erfordert: in der Tiefkühltruhe müssen grüne Bohnen eingefroren werden, und die raffinierten Mixer-Rezepte mit Kastanienpüree, Kresse und Mandeln kosten mehr Zeit, als bloß ein Kotelett in die Pfanne zu hauen.

Die Klagen so vieler Hausfrauen über ihr unausgefülltes Dasein haben also eine reale Grundlage. Aber gerade dieses Gefühl von Leere, dieses verbissene Verleugnen der Außenwelt treibt die Frauen oft dazu, sich noch mehr anzustrengen, sich noch hektischer in die Hausarbeit zu stürzen, um ja nicht in die Zukunft schauen zu müssen. Und das, was sich die Hausfrau aussucht, um die Leere zu füllen, so logisch und notwendig ihre Gründe auch zu sein scheinen, macht sie noch mehr zur Gefangenen ihrer trivialen häuslichen Routine.

Kate Millett
Sexus und Herrschaft

Fast ein wenig untergegangen ist Kate Milletts ›Sexus und Herrschaft‹ damals – eines der Bücher, das zwar in allen Bücherregalen steht, aber noch längst nicht wirklich von allen gelesen wurde. Erstmals in deutsch erschien es 1969 – zu früh. In diesem ersten Buch (das ursprünglich eine Doktorarbeit war) beginnt Kate Millett ihre Analyse, die sie seither mit Rigorosität und Brillanz weitertreibt. Zwei Aspekte interessieren sie dabei vor allem: Erstens die Frage nach der Funktion der Sexualpolitik, zweitens die nach unseren inneren Fesseln.

»Ich bat sie, das Bad für mich einlaufen zu lassen. Sie tat so, als könne sie sich nicht dazu entschließen, tat es aber dann doch. Eines Tages, als ich in der Wanne saß und mich abscifte, bemerkte ich, daß sie die Handtücher vergessen hatte. ›Ida‹, rief ich, ›bring mir ein paar Handtücher!‹ Sie kam ins Badezimmer herein und brachte sie mit. Sie hatte einen seidenen Morgenmantel und Seidenstrümpfe an. Als sie sich über die Wanne beugte, um die Handtücher auf das Gestell zu hängen, öffnete sich ihr Morgenmantel eine Handbreit. Ich kniete mich hin und vergrub meinen Kopf in ihrem Vlies. Es ging so schnell, daß sie nicht Zeit hatte, sich dagegen zu wehren oder auch nur so zu tun, als wehrte sie sich dagegen. Im nächsten Augenblick hatte ich sie samt Strümpfen und allem in die Wanne gezogen. Ich streifte ihr den Morgenmantel ab und warf ihn auf den Boden. Die Strümpfe durfte sie anbehalten – das ließ sie lüsterner, mehr nach dem Cranach-Typ aussehen. Ich legte mich zurück und zog sie auf mich. Sie war wie eine läufige Hündin, biß mich überall, schnappte nach Luft und wand sich wie ein Wurm am Angelhaken. Als wir uns abtrockneten, beugte sie sich herunter und fing an, an meinem Schwanz zu lecken. Ich saß auf dem Rand der Wanne, und sie kniete, ihn gierig verschlingend, zu meinen Füßen. Nach einer Weile ließ ich sie aufstehen und sich bücken. Dann besorgte ich es ihr von hinten. Sie hatte ein kleines, saftiges Loch, das mir wie ein Handschuh paßte. Ich biß ihr in den Nacken, ihre Ohrläppchen, die empfindliche Stelle ihrer Schulter, und als ich mich von ihr löste, hinterließ ich das Mal meiner Zähne auf ihrem schönen weißen Hintern. Nicht ein Wort wurde zwischen uns gesprochen.« Diese farbenreiche Beschreibung stammt aus Henry Millers berühmtem Roman ›Sexus‹, der in den vierziger Jahren in Paris veröffentlicht wurde, aber von den hygienischen Küsten Amerikas bis zur Herausgabe durch die Grove Press 1965 verbannt war. Miller, alias Val, erzählt, wie er Ida Verlaine, die Frau seines Freundes Bill Woodruff, verführt. Als Sexualbericht enthält der Auszug jedoch wesentlich mehr als die Beschreibung der rein biologischen Handlung, die der Erzähler mit »Ficken« bezeichnet. Ja, es ist gerade dieser andere Inhalt, der dem Vorfall seinen Wert und Charakter gibt.

Was der Leser hier aus zweiter Hand erlebt, ist ein beinahe übernatürliches Machtgefühl – falls der Leser ein Mann ist. Der Auszug bezeugt ein lebhaftes und einfallsreiches Ausnutzen von Umständen, Detail und Zusammenhang, dazu bestimmt, die Erregungen des Geschlechtsaktes zu provozieren. Gleichzeitig bedeutet er eine männliche Machtbestätigung durch eine schwache, gefügige und ziemlich unintelligente Frau. Es handelt sich um einen Fall von Sexualpolitik auf der untersten Ebene.

Zweifellos ist der letzte Satz unseres Zitats der beredteste: »Nicht ein Wort wurde zwischen uns gesprochen.« Wie ein Cowboy, der sich niemals herabläßt, seinen Hut abzunehmen, hat auch Val den ganzen Schlachtplan, einschließlich des coup de grace, ausgeführt, ohne sich auf ein einziges menschliches Wort einzulassen.

Da Frauen in einem Patriarchat meist nur »Randbürger« sind, wenn sie überhaupt Bürgerrechte genießen, gleicht ihre Situation der anderer Minoritäten, wobei unter einer Minorität hier nicht die zahlenmäßige Unterlegenheit einer Gruppe verstanden wird, sondern deren niedrige Rangordnung. »Eine Minorität ist eine Gruppe von Menschen, die aufgrund ihrer körperlichen oder kulturellen Eigenschaften aus der Gesellschaft, in der sie leben, für eine andersartige und ungleiche Behandlungsweise ausgesondert sind.«

Selbst das wenige, was die Sozialwissenschaften in diesem Zusammenhang in Erfahrung gebracht haben, bestätigt, daß die Frauen die bei einer Minorität zu erwartenden Charakteristiken aufweisen: Gruppenselbsthaß und Selbstablehnung, Verachtung sowohl ihrer selbst als anderer Frauen.

Doch ist die Erziehung zur Passivität in einem Patriarchat meist so wirkungsvoll, daß Frauen selten extrovertiert genug sind, um aus ihrem Mißverhältnis zur Gesellschaft heraus den Weg ins Verbrechen einzuschlagen. So wie jedes Mitglied einer Minorität die Exzesse eines anderen Mitgliedes entweder entschuldigen oder mit lautem Enthusiasmus verdammen muß, so sind auch Frauen in der Kritik ihrer Artgenossinnen typisch hart, rücksichtslos und ängstlich. Der nagende Zweifel, der viele Mitglieder einer Minorität quält, daß nämlich der über ihre Unterlegenheit verbreitete Mythos letzten Endes doch stimmen könnte, hat in der persönlichen Unsicherheit der Frauen phantastische Proportionen angenommen. Manche finden ihre untergeordnete Position so schwer zu ertragen, daß sie deren Existenz überhaupt nicht anerkennen und glattweg leugnen. Eine große Anzahl jedoch erkennt die Umstände klar und gibt sie auch zu, wenn sie mit den richtigen Worten beschrieben werden. Bei zwei Rundfragen, in denen Frauen gefragt wurden, ob sie lieber als Männer geboren wären, wurde diese Frage in der einen Studie von einem Viertel der Frauen, in der anderen von der Hälfte bejaht.

Vergleiche, die Myrdal, Hacker und Dixon zwischen den Attributen von Schwarzen und von Frauen angestellt haben, zeigen, daß beiden Gruppen dieselben Merkmale zugeschrieben werden: niedrigere Intelligenz, Befriedigung der Instinkte oder Sinne; eine emotionelle Natur, die zugleich primitiv und kindlich ist; eine vorgespielte Begabung oder Affinität für das Sexuelle; eine Zufriedenheit mit dem Schicksal, was zugleich der Beweis für seine Angemessenheit ist; eine listige Angewohnheit zu täuschen und die Gefühle zu verbergen. Beide Gruppen sind zu denselben Besänftigungstaktiken gezwungen: zu einem sich anbiedernden Benehmen, das dazu erfunden ist, zu gefallen; sie zeigen eine Tendenz, die schwachen Punkte zu studieren, in denen die dominierende Klasse dem Einfluß oder der Korruption erliegen könnte; und sie spielen eine Hilflosigkeit vor, die sich trügerischer Bitten um einen Rat unter Demonstration der eigenen Unkenntnis bedient. Es ist eine Ironie, wie die frauenfeindliche Literatur sich jahrhundertelang gerade auf diese Charakterzüge konzentrierte und ihre Attacken auf die femininen Täuschungsmanöver und ihre Verderbtheit gerichtet hat, dabei vor allem aber auf den Aspekt, der mit dem Sexuellen oder, wie solche Quellen es ausdrücken, mit der »Geilheit« zu tun hat.

Olympe de Gouges
Erklärung der Rechte der Frau und Bürgerin

Ein Gerücht ging um in der deutschen Frauenbewegung: eine Französin hatte 1791 ein Manifest für die Rechte der Frauen verfaßt, das in seiner Radikalität an alles heranreichte, was heute geschrieben wurde. Noch vor der großen »Herstory«-Welle, in der Feministinnen ihre Schwestern von gestern wiederentdeckten, geisterte Olympe de Gouges' Erklärung der Menschenrechte, die sie 1791 der revolutionären Nationalversammlung vorgelegt hatte, durch bundesdeutsche Feministinnen-Broschüren und -Zeitschriften.

Präambel: Die Mütter, die Töchter, die Schwestern, Vertreterinnen der Nation, verlangen als Nationalversammlung konstituiert zu werden. In Anbetracht dessen, daß Unkenntnis, Vernachlässigung oder Mißachtung der Rechte der Frau die alleinigen Ursachen öffentlichen Unbills und der Verderbtheit der Regierenden sind, haben sie beschlossen, in einer feierlichen Erklärung die natürlichen, unveräußerlichen und heiligen Rechte der Frau darzulegen.

Diese Erklärung möge allen Gliedern der Gesellschaft stets erinnerlich sein und sie beständig an ihre Rechte und Pflichten gemahnen; auf daß die Ausübung von Macht bei Frauen wie bei Männern jederzeit am Zweck der politischen Institutionen gemessen und demnach eher geachtet werden kann; auf daß Beschwerden und Forderungen von Bürgerinnen hinfort sich auf einfache und unanfechtbare Grundsätze stützen und jederzeit zum Schutz der Verfassung, der guten Sitten und zum Glück aller beitragen mögen.
Artikel I: Die Frau wird frei geboren und bleibt dem Manne ebenbürtig in allen Rechten. Unterschiede im Bereiche der Gesellschaft können nur im Gemeinwohl begründet sein.
Artikel II: Ziel und Zweck jedes politischen Zusammenschlusses ist die Wahrung der natürlichen und unverjährbaren Rechte von Frau und Mann, als da sind: Freiheit, Eigentum, Sicherheit und insbesondere das Recht auf Widerstand gegen Unterdrückung.
Artikel III: Jede Staatsgewalt wurzelt ihrem Wesen nach in der Nation, welche ihrerseits nichts anderes ist, als eine Verbindung von Frau und Mann. Keine Körperschaft, kein einzelner kann

einen Machtanspruch geltend machen, der nicht ausdrücklich daraus hervorginge.

Artikel IV: Freiheit und Gerechtigkeit beruhen darauf, daß dem anderen abgegolten wird, was ihm zusteht. So stößt die Frau bei der Wahrnehmung ihrer natürlichen Rechte nur an die ihr von der Tyrannei des Mannes gesetzten Grenzen; diese müssen durch die von Natur und Vernunft diktierten Gesetze neu gezogen werden.

Artikel V: Die Gesetze der Natur und der Vernunft verbieten alle Handlungen, welche sich auf die Gesellschaft nachteilig auswirken könnten. Was von diesen weisen und göttlichen Geboten nicht untersagt ist, kann auch nicht verhindert werden. Niemand darf zu etwas gezwungen werden, was jene nicht vorschreiben.

Artikel VI: Das Gesetz soll Ausdruck des Willens aller sein; alle Bürgerinnen und Bürger sollen persönlich oder über ihre Vertreter zu seiner Entstehung beitragen, für alle sollen die gleichen Bedingungen Geltung haben.

Artikel VII: Keine Frau wird ausgenommen: sie kann angeklagt, verhaftet und gefangengehalten werden in den vom Gesetz bestimmten Fällen. Frauen wie Männer sind diesem unerbittlichen Gesetz unterworfen.

Artikel VIII: Das Gesetz darf nur Strafen verhängen, die absolut und offensichtlich notwendig sind. Niemand darf bestraft werden, es sei denn vermöge eines rechtskräftigen Gesetzes, das bereits vor dem Delikt wirksam war und ordnungsgemäß auch bei Frauen zur Anwendung kam.

Artikel IX: Jede für schuldig befundene Frau unterliegt der uneingeschränkten Strenge des Gesetzes.

Artikel X: Niemand darf wegen seiner Meinung, selbst in Fragen grundsätzlicher Natur, Nachteile erleiden. Die Frau hat das Recht, das Schafott zu besteigen, gleichermaßen muß ihr das Recht zugestanden werden, eine Rednertribüne zu besteigen, sofern sie nicht in Wort und Tat die vom Gesetz garantierte öffentliche Ordnung stört.

Artikel XI: Die freie Gedanken- und Meinungsäußerung ist eines der kostbarsten Rechte der Frau, gewährleistet diese Freiheit doch auch die gesetzliche Vaterschaft. Jede Bürgerin kann demnach ohne Einschränkung sagen: »Ich bin die Mutter eines Kindes, das von Euch stammt«, ohne daß ein barbarisches Vorurteil sie dazu zwänge, die wahren Umstände geheimzuhalten. Stets jedoch mit dem Vorbehalte der Haftung im Falle eines Mißbrauches dieser Freiheit in den vom Gesetz festgelegten Fällen.

Artikel XII: Die Gewährleistung der Rechte der Frau und Bürgerin soll einem umfassenderen Zwecke dienen und zum Wohle aller gereichen, nicht bloß zum persönlichen Nutzen jener, denen sie obliegt.
Artikel XIII: Zum Unterhalt der öffentlichen Kräfte und Einrichtungen tragen Frau und Mann im gleichen Umfange bei. Zu Fron und lästigen Pflichten wird die Frau ohne Unterschied beigezogen und muß deshalb bei der Zuteilung von Stellungen und Würden, in niedern wie in höheren Ämtern sowie im Gewerbe, ebenso berücksichtigt werden.
Artikel XIV: Die Bürgerinnen und Bürger haben das Recht, sich persönlich oder durch ihre Vertreter über die Notwendigkeit öffentlicher Abgaben ein Bild zu machen. Die Bürgerinnen können allerdings nur ihre Zustimmung geben, wenn sie in gleichem Maße nicht nur an Vermögenswerten, sondern auch an der öffentlichen Verwaltung beteiligt werden sowie an der Festsetzung von Höhe, Veranlagung, Entrichtung und Dauer der Steuer mitwirken.
Artikel XV: Jene Frauen, die gleich den Männern Steuern entrichten, besitzen das Recht, von jedem Beamten Rechenschaft über seine Tätigkeit zu verlangen.
Artikel XVI: Eine Gesellschaft, die weder Rechtsschutz noch Gewaltentrennung kennt, ist ohne Verfassung. Eine Verfassung aber, an deren Ausarbeitung nicht die Mehrheit der Bevölkerung mitgewirkt hat, die die Nation darstellt, wird null und nichtig.
Artikel XVII: Das Eigentum gehört beiden Geschlechtern, gemeinsam oder einzeln. Jeder Mensch verfügt über ein unverletzliches und heiliges Anrecht darauf. Als ein von der Natur geschaffenes Erbgut darf es niemandem vorenthalten werden, es sei denn, die Allgemeinheit erbringe einen rechtmäßigen Nachweis über dessen Bedarf, vorausgesetzt, es erfolge vorgängig eine gerechte Entschädigung.

Hedwig Dohm
Die Eigenschaften der Frau

Als die neue Frauenbewegung ihre »Schwestern von gestern« entdeckte, verschlug es auch Radikalfeministinnen die Sprache, als sie die Texte ihrer militanten Vorgängerin Hedwig Dohm lasen. Der Eindruck »die hat ja alles schon gesagt« machte sich breit, die Suche nach den Feministinnen der letzten Jahrhunderte wurde intensiviert. Der erste Frauenkalender (1975) präsentierte Hedwig Dohm stolz als eine unserer radikalsten – damals wie heute. In ›Die Eigenschaften der Frau‹ nimmt Hedwig Dohm schon 1876 wichtige Argumente gegen die »Natürlichkeit« sogenannter Weiblichkeit vorweg. Welche Eigenschaften haben Frauen wirklich?

Offenbar diejenigen, die eine nothwendige Folge ihrer socialen Stellung, ihrer Lebensweise, ihrer Erziehung sein werden, alle diejenigen Eigenschaften, welche die natürliche Vertheidigung ihrer socialen Stellung sind. Welches ist ihre sociale Stellung? Absolute, das ganze Leben währende Abhängigkeit.

Welche Eigenschaften erzeugt in der Regel absolute Abhängigkeit? Heuchelei, List, Verstellung, Lüge, Intrigue, Mangel an Thatkraft. Manche dieser Eigenschaften sind für denjenigen, der in sklavischer Abhängigkeit lebt, was die Hörner für den Büffel sind, was der Stachel für die Biene ist, das nothwendige Mittel zu einer erträglichen Lebensgestaltung. Eine Frau, die nicht zu heucheln gelernt hat, und die das Geschick nicht in eine Umgebung ungewöhnlich edler Menschen versetzt hat, wird fast immer in ihrem Leben kläglich scheitern.

Ja, Lüge ist das Erbtheil der Frauen. Wahrhaftigkeit wohnt nur in den Seelen freier Menschen. Die Sitte zwängt die Frauen in ein geistiges Modecostüm. Sie muß die einmal acceptirten Attribute ihres Geschlechts zur Schau stellen, ob die Natur sie damit ausgerüstet hat oder nicht. »Scheine«, ruft die Gesellschaft ihr zu, »wie du bist, ist gleichgültig.« Und so krümmt und verzerrt die Frau, dieser arme moralische Clown, ihre Seele nach Möglichkeit.

Und dieses chronische Heuchlerthum, zu dem die Frauen verdammt sind, das ist die Hieroglyphenschrift des weiblichen Herzens, über die so viel gefabelt worden ist, darauf lassen sich zurückführen alle die dichterischen Anspielungen auf die Sphynxnatur des Weibes. Nein, die Frau ist keine Sphynx, kein Mysterium, keine Hieroglyphe, kein Chamäleon – (wenngleich nicht mehr, als der Mensch es im allgemeinen ist) sie lügt blos und heuchelt, und sie lügt, weil sie lügen muß. Man könnte es auch höflicher ausdrücken und sagen: sie paßt sich den Verhältnissen an, sie arrangirt sich; es arrangirt sich aber niemand, es sei denn auf Kosten der Wahrheit und Menschenwürde.

Und das schlimmste bei diesen landläufigen Lügen ist, daß es nur zu oft in Verlogenheit ausartet. Verlogenheit aber ist ein Seelenzustand, in dem Wahrheit und Dichtung, Kunst und Natur, Aufrichtigkeit und Falschheit so ineinander verwoben sind, daß selbst die Inhaber dieses Zustandes diese Elemente nicht mehr von einander unterscheiden können. Verlogenheit ist ein moralischer Weichselzopf.

Wenn in dem Kampf der Frau zwischen Natur und Convenienz die Natur zu Grunde geht, wie es nur allzuhäufig geschieht, so ist das Resultat: die Salonpuppe oder die sentimentale Pagode, die Nachtwandlerin, die schlafend lebt und nur mitunter von einem großen Schicksal geweckt wird, die Marionette, die an Drähten gezogen wird, oder das Weib, als eine Abstraktion von Regeln und Sitten, eine Automatenexistenz. Die Folge der Abhängigkeit und Erziehung der Frauen wird ferner sein bei den Temperamentlosen: Passivität, Liebe zum dolce far niente, Verkümmerung der Verstandesfunktionen. Bei vollblütigen, sanguinischen Naturen aber Intrigue, Leichtfertigkeit, Liebesabenteuer.

Wo Verstand und Phantasie der Frauen keinen genügenden Spielraum, ihre edleren Kräfte keine Anwendung finden, da degradiren sie diese Kräfte, schrauben sie um einige Grad tiefer und Thorheit, Sinnlichkeit und Bosheit nehmen sie in ihre Dienste. Ferner: Die Frauen werden bestrebt sein, diejenigen Eigenschaften zu erwerben (soweit ihre individuelle Natur es zuläßt), die den Männern gefallen, denn von den Männern sind sie abhängig, von ihnen müssen sie geheiratet werden, um ihren Beruf zu erfüllen. Die Männer meinen, wenn man den Frauen weitere Berufskreise eröffnete, so würde ihnen der Besitz der weiblichen Eigenschaften abhanden kommen, sie würden aufhören, Weiber zu sein. Geben die Herren damit nicht zu, wenn meine Logik mich nicht täuscht, daß die sogenannten weiblichen Eigenschaften keineswegs ihnen ursprüngliche, angeborene Geschlechtsattribute seien, sondern lediglich eine von ihrer Lebensweise und Stellung bedingte und abhängige Eigenart? In der Londoner Pall Mall Gazette vom 4. März 1874 heißt es, gelegentlich einer Polemik gegen das Frauen-Stimmrecht: »Turn women into politicians and they become at once violent and passionate.« (Macht Frauen zu Politikerinnen, und sofort werden sie einen heftigen und leidenschaftlichen Charakter annehmen.) Wohl kann man die Entwicklung von Fähigkeiten und Eigenschaften durch den Mangel geeigneter Thätigkeit unterdrücken. Wie aber ist es möglich, daß sich die Natur eines Menschen dadurch, daß man seinen Kräften freien Spielraum läßt, in Unnatur verkehre?

Der Einfluß der Erziehung und Lebenslage auf jeden Einzelnen wie auf ganze Gesellschaftsgruppen ist von unermeßlicher Wichtigkeit. Was kann der Mensch nicht aus den Menschen machen – im Guten und im Schlimmen!

Ebenso wie Energie, Freude an der Arbeit, Ehrgeiz, Rohheit und Genußsucht Resultate der männlichen Erziehung sind, so sind Sentimentalität, Furchtsamkeit, Mangel an Denk- und Körperkraft Resultate der weiblichen Lage und Erziehung.

Die Frauen sind nicht oberflächlich und trivial von Natur, sondern die Erziehung behaftet sie mit diesem Makel, indem sie ihnen diejenigen Beschäftigungen, diejenigen Studien und Gebiete der Thätigkeit vorenthält, an denen selbständiges Denken sich entwickelt. Wenn sie Vorurtheile den Gründen der Vernunft vorziehen, so geschieht das in Folge ihrer Erziehung.

Dieses innere Drängen des Weibes nach Entwickelung ihrer Kräfte ist nicht eine Corruption der Natur, sondern die inbrünstige Sehnsucht, zu ihr zurückzukehren.

Wir suchen noch heut das Ideal des Weibes in einer Richtung, die dem Fortschritt feindlich entgegensteht, und streben darnach, die Dressur zu vervollkommnen.

Idealität aber hat nichts zu schaffen mit einer solchen sittlichen Galvanisierung, sondern sie geht Hand in Hand mit der *Natur*. Und das ist der Kampf, der sich in der Seele des Weibes vollzieht – der Kampf zwischen *Natur* und *Dressur*.

Wer in diesem Kampfe siegen wird? Nicht die Dressur; denn sie ist das Werk abgestorbener Generationen.

Aus der Zukunft aber, einer fernen vielleicht, wenn der freien Entwickelung des Weibes keine Schranke mehr gesetzt ist, wird ein Geschlecht emporblühen, dessen Herrlichkeit wir heute kaum ahnen, ein Geschlecht voll Schönheit und Grazie, voll Kraft und Intelligenz, denn schließlich bleibt die Natur immer Siegerin, weil sie eins ist mit der Wahrheit und unzerstörbar.

Warum kommen die bürgerlichen Parteien plötzlich auf die Idee, für etwas Bezahlung zu fordern, das bisher im Rahmen ihrer Ideologie als selbstverständlich gegolten hat? Warum wollen die, die alles tun, damit die Frau aus ihrer Rolle nicht ausbricht, nun in den Bereich der Hausarbeit, diesen geheiligten Bereich weiblicher Hingabe und Liebe, so etwas Schmutziges, Materielles wie Geld einbringen? Weil eben der Bereich nicht mehr so heilig ist, weil die Frauen sich ihren edelsten Aufgaben nicht mehr ganz so hemmungslos hingeben. Immer mehr Frauen haben es satt, allein zu Hause zu schuften, immer mehr gehen arbeiten. Wenn sie auch nicht so viel verdienen, so kriegen sie doch Kontakte. Informationen und ein bißchen Anerkennung, wenigstens mehr als zu Hause. Frauen sind ja so bescheiden! Nur deshalb können es sich die Unternehmer leisten, Frauen weniger zu zahlen als Männern, nur deshalb konnte der Teilzeitmarkt zu so einem Erfolg werden, nur deshalb gibt es kaum Frauenstreiks.

Und da jede Frau als Hausfrau gezählt werden kann, braucht sie nicht als arbeitslos zu gelten – eine bequeme Art, die Statistiken zu frisieren.

Bequem allerdings nur, wenn die Frauen sich das gefallen lassen. Und das funktioniert nicht mehr ganz so gut wie früher, immer mehr werden aufmüpfig.

Also, was tun? Man muß diese industrielle Reservearmee, die man sich in besseren Zeiten aufgebaut hat, nun schleunigst wieder los werden, mit schönen Worten ist es diesmal nicht getan – dann muß man es eben mit Geld versuchen. Viel muß es nicht sein, die sind ja an wenig gewöhnt, es wird zwar trotzdem eine Unsumme, aber letztlich ist das profitabler, als wenn die in ihrer Empörung auf abwegige Ideen kommen und womöglich den Haushalt gar nicht mehr machen wollen. Von dieser Seite ist also die Forderung nach Hausarbeitslohn sehr logisch und völlig legitim.

Warum aber sollen wir von der Frauenbewegung mit derselben Forderung auftreten? Worauf lassen wir uns da ein: Wir fordern Lohn für Hausarbeit, aber wirklich LOHN, das heißt, eine Summe, die der kapitalistische Staat nicht aufbringen kann. Irgendwann im Laufe unseres Kampfes wird dann ein »Hausfrauengehalt« eingeführt, ein lächerliches Taschengeld, so wie die bürgerlichen Parteien sich das vorstellen. Und das in absehbarer Zeit, bevor die Frauen sich so richtig radikalisiert haben. Die meisten von uns, gewöhnt daran, gar nichts zu kriegen, werden für das bißchen dankbar sein, und nicht mehr weiter aufmotzen. Und wie sieht dann unsere Situation aus?: Wir müssen sagen, das wollten wir nicht, damit sind wir nicht zufrieden, wir wollen zwar, daß die Hausarbeit bezahlt wird, aber eigentlich wollen wir uns von unserem Rollenverhalten befreien, wir wollen, daß die Hausfrau anerkannt und entlohnt wird, wie jede berufstätige Frau, aber jedes Mädchen soll einen Beruf erlernen, wir fordern die Aufhebung der geschlechtsspezifischen Erziehung, aber Hausarbeit soll als Beruf gelten. Wir manövrieren uns da in ziemlich schlimme Widersprüche hinein! Widersprüche, die wir auch kaum vermitteln können, mit denen wir uns unglaubwürdig machen.

Aber nun abgesehen von der Theorie, wie sieht denn die Praxis aus, die Realität der Hausfrau, und wie würde sie sich ändern in Folge des Hausarbeitslohns? Nach jüngsten Untersuchungen in der BRD finden 82% der Mütter von Kindern unter 15 Jahren, »daß erwerbstätige Frauen ein anregenderes und interessanteres Leben führen als Nur-Hausfrauen«. Demgegenüber steht die inzwischen viel zitierte Untersuchung von Helge Pross für die Zeitschrift ›Brigitte‹, die ergab, »Die Hausfrauen sind zufrieden«: Auf die Frage, ob die Frauen, wenn sie wählen könnten, jetzt Beruf oder Haushalt vorziehen, entschieden sich 40% für den Beruf, 41% dagegen. Der Unterschied zwischen den beiden Untersuchungen liegt an der Feststellung: Es ist doch was anderes, ob eine Frau sich wünscht, sie könnte wieder in den Beruf zurück, oder ob sie sagen muß, ob sie jetzt, sofort, unter den gegebenen Bedingungen arbeiten gehen würde. Sämtliche Untersuchungen und Analysen, Wünsche und Hoffnungen scheitern an der Doppelbelastung der Frau. Sie KANN jetzt nicht arbeiten gehen, weil die Kinder noch zu klein sind, sie SOLL jetzt nicht arbeiten gehen, weil die 80-Stunden-Woche der berufstätigen Hausfrau und Mutter sicher keine echte Befreiung bringt.

Aber warum wünschen sich so viele Frauen und Mütter zurück in den Beruf, trotz Doppelbelastung und Unterbezahlung? Weil sich in ihnen etwas rührt, kleine, nagende Zweifel an der unbedingten Verpflichtung der Frau, kochen, putzen, waschen, spülen, den ganzen Dreck machen zu müssen – aus Liebe, ohne jede Form von Anerkennung, weder gesellschaftlich noch privat. Weil sich in ihnen etwas regt, das Bedürfnis, ein selbständiger Mensch zu sein. Weil sie die Abhängigkeit satt haben, von Geld, Prestige, Launen, Gnade des Ehemannes. Weil sich in ihnen etwas breit macht, das flüstert, stupst, schreit, ich will selber was machen, ich will selber über mich entscheiden können, ich will mein eigener Mensch sein!

Oft bleibt es dabei, es rührt, regt, bewegt sich und wird runtergeschluckt, bis die Mundwinkel sich bitter verziehen. Es bleibt beim Wunsch, besser Bedürfnis, weil die Realität so hart ist, weil sie nur durch Kampf veränderbar ist, weil wir nicht zum Kämpfen erzogen werden. Wir werden nur weiter kommen, wenn wir kämpfen. Doch wofür kämpfen, wofür etwas erlernen, das uns bislang fremd war, wofür all unsere Kräfte einsetzen? Damit die alten Rollen verfestigt werden, die Situation der Frau sich auch in Zukunft nicht ändert, die Torte aus täglichem Dreck mit Zuckerglasur überzogen wird? Wollen wir denn in alle Zukunft Hausfrauen bleiben, wollen wir weiterhin in unserem kleinen Gefängnis Dienstleistung betreiben?

Frage an wie üblich wohlinformierte Quellen: Wer wird sich am meisten über den Hausarbeitslohn freuen? Antwort: Die Firma Hoffmann la Roche, denn der Konsum von Valium und Librium wird enorm steigen. Warum ist denn eine Million englischer Hausfrauen valiumsüchtig, warum erleben jährlich 60000 Frauen in der BRD einen Zusammenbruch, warum gibt es eigentlich das sogenannte »Hausfrauensyndrom«? Weil die Hausfrauen so zufrieden sind, weil sie ihre Arbeit so gerne tun, weil sie sich so ausgefüllt fühlen?

Die Qualität der Hausarbeit wird sich nicht wesentlich ändern, wenn sie bezahlt wird. Und was heißt hier überhaupt bezahlt! Die Gesellschaft der Hauswirtschaft errechnete für eine Durchschnittshausfrau ein Gehalt von 1800 DM monatlich (=ca. 12000 ÖS). Es ist ganz klar, daß der Staat unfähig ist, diese Summe auszubezahlen. Im Gespräch sind derzeit 300 DM (= ca. 2000 ÖS). In einem konkreten Stadium der Auseinandersetzungen wird sich auch diese Summe als illusorisch erweisen. Aber angenommen, die Hausfrau kriegt nun wirklich ihre 2000 ÖS monatlich, was hat sich dadurch für sie verändert? Der Käfig hat goldene Gitter bekommen.

Wie ideal für alle, die ein Interesse daran haben, daß sich nichts ändert! Die Rolle der Frau wird voll erhalten, kriegt sogar Prestige durch das bißchen Geld, die Mädchen werden wieder von Kindheit an auf ihre Rolle hin erzogen wie jeder andere. In Kindergärten und Schulen werden uns wieder hemmungslos junge Mathematiker und Installateure, und strick-, schreib- und waschmaschinenfeste Köchinnen herangezüchtet.

Die Hausfrau ist wieder in. Nostalgie, Nostalgie! Mit Hitler werden auch wieder die alten Normen verklärt, ach damals! Und für diese Idylle kriegen die Frauen auch noch bezahlt, werden die Männer klagen, warum bloß geben sie dann nicht ihren Beruf auf zugunsten der Idylle, lasten ihrer Frau die Hetzerei, Hektik, Arbeit im Brüo auf, um sich behaglich in die warme Küche zurückzuziehen? Warum wohl? Weil die Idylle für sie der Horror wäre. Weil für sie Beruf nicht Doppelbelastung heißt.

Also eins fällt doch spätestens jetzt auf: immer und überall stoßen wir auf diese Doppelbelastung. Die scheint ein wesentliches Hindernis für die Befreiung der Frau zu sein. Und woher kommt sie: Aus dem Rollenverständnis der Frau. Die Frau ist ihrer Rolle nach automatisch Hausfrau, alles andere ist sie zusätzlich. So wird sie gesehen, erzogen, behandelt.

Eine unserer wichtigsten, revolutionärsten Aufgaben ist die Aufhebung der Rollen. Wenn erst das Rollenbild der Frau zerbröckelt, zerstört wird, wird die Unterdrückung klar, eindeutig, sie steht nackt da, ohne Feigenblatt, selbst zerstörbar. Um die Unterdrückung aufzuheben, müssen wir die Rollen zerstören. Lohn für Hausarbeit würde die Rollen verfestigen. Anstatt Lohn für Hausarbeit zu fordern, sollten wir lieber dafür kämpfen, daß die Frauen sich ihrer Rollen bewußt werden und sie ablegen, und die Männer zwingen, dasselbe zu tun.

Shulamith Firestone
Frauenbefreiung und sexuelle Revolution

Als sie noch nicht in deutsch vorlag, kursierte schon die englischsprachige Originalfassung in hiesigen Feministinnenkreisen. Neben dem pointierten Resümee radikalfeministischer Positionen und einem kühnen Exkurs über die Befreiung der Mütter von den Kindern (und der Kinder von den Müttern) waren vor allem Firestones Überlegungen zur Funktion der Liebe neu. Die Autorin analysiert, wie unterschiedlich das ist, was Männer und Frauen »Liebe« nennen, und daß »Liebe« eigentlich heute zwischen den Geschlechtern nicht möglich ist, weil sie (noch) zu ungleich sind. Radikale Schlußfolgerung: die feministische Revolution dürfe nicht nur auf die Beseitigung männlicher Privilegien, sondern müsse auf die »der Geschlechtsunterschiede selbst zielen: genitale Unterschiede zwischen den Geschlechtern hätten dann keine gesellschaftliche Bedeutung mehr«.

Ein feministisches Buch, das sich nicht mit der Liebe auseinandersetzt, wäre ein politischer Fehlschlag. Denn die Liebe ist – wahrscheinlich mehr noch als das Kinderkriegen – der Schlüssel zur Unterdrückung der Frauen heute. Ich weiß, daß dies eine erschreckende Frage beinhaltet: Wollen wir die Liebe abschaffen?

Das Gefühl der Panik, das uns ergreift, sobald die Liebe bedroht wird, ist ein klarer Hinweis auf ihre politische Bedeutung. Ein weiterer Hinweis, daß die Liebe der zentrale Punkt jeder Analyse der Frauen oder der Sexualpsychologie ist, besteht darin, daß sie aus dem kulturellen Leben ausgeschlossen ist und in den »persönlichen Bereich« abgeschoben wird. (Wer hat jemals von Logik im Schlafzimmer gehört?)

Für diesen Mangel an Analyse gibt es gute Gründe: Frauen und Liebe sind der Unterbau; werden sie analysiert, dann wird dadurch schon die gesamte Struktur der Kultur bedroht. Die herablassende Frage: »Was haben denn die Frauen gemacht, während die Männer ihre Meisterwerke schufen?« verdient mehr als die naheliegende Entgegnung: Frauen waren von der Kultur ausgeschlossen und wurden in ihrer Rolle als Mutter ausgebeutet. Liebe und Kultur sind aber noch sehr viel tiefer miteinander verwoben. Die Männer konnten denken, schreiben und kreativ sein, weil die Frauen all ihre Energie an diese Männer weitergaben. Frauen können keine Kultur schaffen, weil sie ganz von der Liebe in Anspruch genommen sind.

Daß Frauen für die Liebe und Männer für die Arbeit leben, ist eine Binsenweisheit. Viel Wahrheit steckt auch in den Klischees, daß »hinter jedem Mann eine Frau steht«, und »Frauen die Herrscher (lies: Energiespender) hinter dem Thron sind«. Die (männliche) Kultur ist auf der Liebe der Frauen aufgebaut worden – und auf ihre Kosten. Die Frauen lieferten den Nährboden für diese männlichen Meisterwerke, jahrtausendelang haben sie die Arbeit gemacht und die Nachteile einer einseitigen emotionalen Beziehung auf sich genommen, deren Vorteile den Männern und der Arbeit von Männern zugute kamen. Wenn es stimmt, daß Frauen eine parasitäre Klasse sind, die am Rande und auf Kosten der männlichen Ökonomie leben, so ist auch die Umkehrung wahr: die (männliche) Kultur ist parasitär, denn sie bezieht ihre Kraft aus der emotionalen Stärke der Frauen, ohne etwas dafür zu geben.

Ein Mann ist darauf angewiesen, eine Frau zu idealisieren und sie über die anderen zu erheben, um seinen Abstieg zu einer niederen Kaste zu rechtfertigen. Für Frauen besteht keine Veranlassung, einen Mann zu idealisieren (wenn das eigene Leben von der Fähigkeit abhängt, Männer psychisch auszuloten, kann eine derartige Idealisierung sogar gefährlich sein), obwohl die Furcht vor männlicher Macht im allgemeinen auch auf die Beziehung zu einzelnen Männern übertragen werden kann, und es so aussieht, als handele es sich um ein und dasselbe Phänomen.

Dieser Idealisierungsprozeß bewirkt für beide Parteien ein künstliches Gleichgewicht und schafft damit die minimale Voraussetzung für die Entwicklung unkorrumpierter Liebe – wir wissen, daß Liebe gegenseitiger Verletzlichkeit bedarf, die sich in einer ungleichen Machtsituation nicht erreichen läßt. So gesehen, ist »Verlieben« nichts anderes als der Prozeß der Veränderung der männlichen Sichtweise – durch Idealisierung, Mystifizierung und Verherrlichung –, die die weibliche Klassenminderwertigkeit aufhebt.

Aber jede Frau weiß, daß diese Idealisierung, für die sie so schwer schuftet, eine Lüge ist und daß es nur eine Frage der Zeit ist, bis er sie »durchschaut«. Ihr Leben ist die Hölle, es schwankt zwischen dem alles verdrängenden Bedürfnis nach männlicher Liebe und Anerkennung, die sie aus ihrer untergeordneten Klassenlage erheben soll, und dem ständigen Gefühl der Unechtheit, wenn sie seine Liebe errungen hat. So hängt ihre gesamte Identität von der Ausgewogenheit ihres Liebeslebens ab. Sie darf sich selbst nur dann anerkennen, wenn ein Mann sie der Liebe wert findet.

Über Jahrhunderte hin sind Strategien entworfen, geprüft und von Mutter zu Tochter weitergegeben worden, in heimlichen Zwiegesprächen, beim Kaffeeklatsch (»Ich kann mir einfach nicht vorstellen, worüber Frauen so lange zu reden haben!«) oder, seit neuestem, am Telefon. Es handelt sich dabei durchaus nicht um triviales Geschwätz (wie Frauen den Männern gern weismachen wollen), sondern um verzweifelte Überlebensstrategien. In einem einstündigen Telefongespräch zwischen zwei Studentinnen sind weitaus mehr richtige Erkenntnisse über Männer enthalten als in der gesamten vierjährigen Studienzeit der Mädchen oder als in den meisten diesbezüglichen politischen Manövern von Männern.

Es ist deshalb auch nicht weiter verwunderlich, daß selbst die wenigen Frauen, die keine »familiären Verpflichtungen« haben, immer bereits ausgepumpt am Start zu irgendeiner ernsthaften Aufgabe ankommen. Man braucht die meiste Energie und den größten Teil der eigenen kreativen Jahre, um einen »guten Fang« zu machen, und ein gut Teil der verbleibenden Jahre wird darauf verwendet, diesen Fang »zu halten«. (»Die Liebe kann eine Ganztagsbeschäftigung für eine Frau sein, so wie der Beruf es für einen Mann ist.«) Frauen, die sich dazu entschließen, bei diesem Rennen nicht mitzulaufen, wählen ein Leben ohne Liebe, und das ist eine Entscheidung, zu der die meisten Männer keinen Mut aufbringen.

Unglücklicherweise wird jedoch diese Männerjagd durch eine emotionale Zwanghaftigkeit gekennzeichnet, die weit über das einfache Bedürfnis nach gegenseitiger Verpflichtung hinausgeht. Sie wird durch eben die Realität eines Klassengegensatzes verstärkt, der in erster Linie die Ursache für die männliche Unfähigkeit zu lieben ist. In einer Männergesellschaft, die die Frauen als eine minderwertige und parasitäre Klasse definiert, ist eine Frau verloren, wenn sie nicht in irgendeiner Form männliche Bestätigung erringen kann. Um ihre Existenz zu rechtfertigen, muß jede Frau mehr als eine Frau sein, sie muß ständig nach einem Ausweg aus ihrer minderwertigen Definition suchen, und allein die Männer sind in der Lage, ihr diesen Gnadenzustand zu gewähren. Aber da es einer Frau selten gestattet wird, sich durch Aktivität in der (männlichen) Gesamtgesellschaft selbst zu verwirklichen – und wenn sie es tut, wird ihr selten die Anerkennung zuteil, die sie verdient –, ist es leichter zu versuchen, von einem Mann anerkannt zu werden als von vielen; und so fällt die Entscheidung der meisten Frauen ja auch aus.

PHYLLIS CHESLER

Frauen – das verrückte Geschlecht

»Warum erzählen uns unsere Mütter und Großmütter nicht, welche Schlacht das war, die wir verloren oder nie geschlagen haben? Dann hätten wir begriffen, wie vollkommen unsere Niederlage ist, und daß Religiosität und Wahnsinn und Frigidität die Antwort unserer Trauer ist.« (Phyllis Chesler). – Wahnsinn als Verweigerung der Frauenrolle. Psychotherapie und Psychiatrie als letzte und infernale Stationen zur Versklavung ausbrechender Frauen. Mehr noch: Schon die sogenannten »wissenschaftlichen Kriterien« für Wahnsinn sind geschlechtsspezifisch. Lebten wir in einem Matriarchat, würde vielleicht eine matriachalisch geprägte Psychologie Vaginaneid und Vaterinstinkt propagieren, ehrgeizige Männer wären verrückt und passive Frauen reif für den Psychotherapeuten. Phyllis Cheslers Buch war und ist für engagierte Psychologinnen, Analytikerinnen und Psychiaterinnen in der Bundesrepublik ein entscheidender Anstoß.

Warum sind Frauen seelisch »gestört«, und warum werden sie in Anstalten eingewiesen? Warum begeben sich Frauen in psychotherapeutische Behandlung? Wie äußern sich »Schizophrenie« oder andere Geisteskrankheiten bei den heutigen Frauen, und welche Ursachen haben sie?

Zwei Wissenschaftler haben vor kurzem erklärt, daß Männer in gleichem Maß »psychisch gestört« seien wie Frauen: »Da nun Männer ein Übermaß an Persönlichkeitsstörung aufweisen, wohingegen Frauen relativ hohe Neuroseraten haben und keines der beiden Geschlechter eine allgemein höhere psychologische Störungsrate zeigt, bedeuten diese Unterschiede bei den Geschlechtern nicht, daß auf das eine oder andere Geschlecht ein höheres Maß an sozialem Druck einwirkt. Eher besagen sie, daß jedes Geschlecht dazu neigt, eine andere Art zu erlernen, mit der es auf die möglichen Faktoren reagiert, die psychologische Störungen hervorrufen.« (Bruce und Barbara Dohrenwend).

Ich will dieser Feststellung nicht direkt widersprechen, sondern sie vielmehr nur weitgehend relativieren. Viele Männer sind tatsächlich schwer »gestört« – aber die Art, wie sich ihre »Störung« äußert, wird weder als »neurotisch« angesehen noch durch psychiatrische Internierung behandelt. Theoretisch haben alle Männer, besonders aber die weißen, reichen und älteren Männer, mehr

Möglichkeiten, viele ihrer »gestörten« (und nicht »gestörten«) Triebe auszuleben als die Frauen.

Männern wird ganz allgemein eine größere Skala »akzeptabler« Verhaltensweisen zugestanden als Frauen. Psychiatrische Hospitalisierung, Etikettierung umfassen alle jene Verhaltensweisen, die von der Gesellschaft als »inakzeptabel« angesehen werden. Da Frauen weniger akzeptable Verhaltensweisen zugebilligt bekommen und sie durch das weibliche Rollenstereotyp stärker eingeengt sind, ist es klar, daß sie mehr Verhaltensweisen zeigen, die als »krank« oder »inakzeptabel« gelten.

Die größere gesellschaftliche Toleranz für »hilfesuchendes« Verhalten der Frau oder für öffentliche Gefühlsausbrüche bedeutet nicht, daß ein solches Verhalten geschätzt ist oder mit Güte darauf reagiert wird. Im Gegenteil. Sowohl Ehemänner als auch Ärzte empfinden und beurteilen solches Verhalten als ärgerlich, lästig, borniert, kindisch und tyrannisch. Überschreitet es einen gewissen Punkt, so wird es nicht mehr anerkannt, sondern nur noch »geregelt«: teils mit Unglauben und Mitleid, teils mit emotioneller Distanz, physischer Brutalität, ökonomischer und sexueller Deprivation, mit Medikamenten, Schocktherapie und langfristigen Anstaltsaufenthalten.

Untersuchungen über Verhaltensstörungen im Kindesalter haben ergeben, daß Jungen am häufigsten wegen aggressiven, destruktiven (antisozialen) und rivalisierenden Verhaltens zu Erziehungsberatungsstellen gebracht werden, Mädchen aber (falls überhaupt) wegen Persönlichkeitsstörungen wie übermäßige Angst und Unruhe, Scheu, Schüternheit, Mangel an Selbstvertrauen und Minderwertigkeitsgefühlen.

Ähnliche geschlechtsspezifische Symptome existieren auch bei Erwachsenen: ». . . die Symptome der Männer spiegeln viel häufiger eine destruktive Feindseligkeit gegen andere sowie einen pathologischen Narzißmus . . . Die Symptome der Frauen dagegen sind von einer strengen, selbstkritischen, masochistischen und oft selbstdestruktiven Einstellung zur eigenen Person gekennzeichnet.« (Leslie Phillips).

Die meisten Patientinnen weisen geschlechtsspezifische Symptome wie Depressionen, Frigidität, Paranoia, Neurosen, Suizidversuche und Angst auf. Männliche Patienten neigen mehr zu »männlichen Krankheiten« wie Alkoholismus, Drogenabhängigkeit, psychopathische Störungen und hirnorganische Erkrankungen. Den typisch weiblichen Symptomen ist die »Furcht vor dem Glück« gemeinsam, ein Ausdruck, den Thomas Szasz geprägt hat, um die »indirekte Form der Kommunikation« zu beschreiben, die die »Sklavenpsychologie« kennzeichnet.

Wenngleich viele Kliniker ihre männlichen Patienten für »verrückt« halten, ihre Patientinnen halten sie für noch »verrückter«. Für die seelische Gesundheit und Behandlung von schwarz und weiß, arm und reich, und natürlich auch von Frau und Mann gibt es unterschiedliche Maßstäbe. Aus einer neueren Untersuchung von Dr. Inge K. Broverman et al. geht hervor, wie stark die Einstellung der heutigen Kliniker zu ihren Patientinnen immer noch von Freud beeinflußt ist – und wie zäh an einem »Doppelstandard« seelischer Gesundheit festgehalten wird. 79 Kliniker (46 männliche und 33 weibliche Psychiater, Psychologen und Sozialarbeiter) füllten Fragebogen über Geschlechtsrollenstereotypen aus. Der Fragebogen umfaßte 122 gegensätzliche Begriffspaare wie beispielsweise: sehr subjektiv/sehr objektiv, überhaupt nicht aggressiv /sehr aggressiv.

Die Versuchspersonen wurden aufgefordert, jene Eigenschaften anzukreuzen, die für sie gesundes männliches, gesundes weibliches oder gesundes menschliches (geschlechtsunspezifisches) Verhalten repräsentierten. Dabei ergab sich folgendes:

1. Unter den Klinikern herrschte ein hoher Grad an Übereinstimmung in den Attributen, die gesunde erwachsene Männer, gesunde erwachsene Frauen und gesunde Erwachsene ohne Geschlechtsspezifierung kennzeichnen.
2. Es gab keine Unterschiede zwischen männlichen und weiblichen Versuchspersonen.
3. Alle Kliniker gingen von verschiedenen Gesundheitsbegriffen für Männer und Frauen aus. Ihre Vorstellungen vom gesunden erwachsenen Mann wichen nicht signifikant von ihren Vorstellungen vom gesunden Erwachsenen im allgemeinen ab, aber ihre Vorstellungen von der gesunden Frau unterschieden sich signifikant von den beiden übrigen Kategorien. Sie vertraten überwiegend die Ansicht, gesunde Frauen neigten im Gegensatz zu gesunden Männern zu Unterordnung, seien weniger unabhängig, weniger abenteuerlustig, leichter zu beeinflussen, weniger aggressiv, weniger dem Konkurrenzkampf zugeneigt, leichter erregbar bei kleineren Krisen, leichter gekränkt, emotionaler, eitler in bezug auf ihr Aussehen, weniger objektiv und weniger an Mathematik und Naturwissenschaft interessiert.

Daraus folgt, daß sich eine Frau, um als gesund zu gelten, an die Verhaltensnormen für ihr Geschlecht »anpassen« und diese akzeptieren muß, obwohl diese Verhaltensweisen im allgemeinen als weniger gesellschaftlich erwünscht angesehen werden. Wie die Verfasser selbst bemerken, sei »diese Konstellation ... eine äußerst ungewöhnliche Art, einen gesunden, erwachsenen Menschen zu definieren«.

MEREDITH TAX
Frauenbewußtsein

1972, als die amerikanische Frauenbewegung hierzulande fast nur aus Zeitungsberichten bekannt war, erschien ›Women's lib USA. Frauen gemeinsam sind stark‹: Eine Sammlung von Texten aus der amerikanischen Bewegung, die von der »kalten Wut« auf das ausbeuterische Verhältnis der linken Genossen bis zu ersten Analysen von Vergewaltigung und lesbischem Feminismus reichte. Die Texte wurden begeistert aufgenommen und Teil der Diskussionen in den ersten Frauenzentren.

Eine junge Frau geht die Straße hinunter. Sie ist sich ihrer Erscheinung und der – phantasierten oder realen – Reaktionen aller Personen, denen sie begegnet, quälend bewußt. Sie geht an einer Gruppe von Bauarbeitern vorüber, die ihr Frühstück in einer Reihe entlang dem Bürgersteig verzehren. Ihr Magen verkrampft sich vor Angst, ihr Gesicht verwandelt sich in eine Grimasse der Selbstbeherrschung und vorgetäuschten Unbefangenheit, ihr Gang und ihre Körperhaltung werden steif und enthumanisiert. Gleichgültig, was sie zu ihr sagen, es wird unerträglich sein. Sie weiß, daß sie sie nicht physisch angreifen oder verletzen werden. Das wird nur metaphorisch geschehen. Sie werden ihr Ich angreifen. Sie werden erzwingen, daß ihre Gedanken sich auf sie konzentrieren. Sie werden ihren Körper mit ihren Augen benutzen. Sie werden ihren Marktpreis bewerten. Sie werden ihre Defekte kommentieren oder sie mit denen anderer vorübergehender Frauen vergleichen. Sie werden sie zum Teilnehmer an ihren Phantasien machen, ohne sie um ihre Einwilligung zu fragen. Sie werden bewirken, daß sie sich lächerlich fühlt oder grotesk sexuell oder widerlich häßlich. Und vor allem werden sie ihr das Gefühl geben, ein Ding zu sein.

Die Existenz von Klassen- und Rassendifferenzen ist unbestritten. Aber in dieser alltäglichen Szene hat jeder Mann auf der ganzen Welt, gleichgültig, was seine Farbe oder Klasse ist, die Macht, die Frau, die ihm preisgegeben ist, dazu zu zwingen, sich selbst und ihren Körper zu hassen. Jeder Mann hat diese Macht, die Frau zu enthumanisieren – sogar in ihren eigenen Augen – als Mann, in seiner Zugehörigkeit zum herrschenden Geschlecht. Keine Frau kann eine Identität entwickeln, die von solcher Bedrohung nicht tangiert würde. Entweder sie bleibt sensibel und verletzlich gegenüber diesem Schmerz, oder sie wehrt ihn ab, indem sie sich sagt: »Schließlich reden sie nur über meinen Körper. Es berührt mich nicht. Von mir wissen sie ja gar nichts.« Wie immer dieser Abwehrprozeß auch verläuft, sein Resultat ist eine Spaltung zwischen Bewußtsein und Körper, zwischen einem Teil des Selbst und einem anderen. Man kann den Körper zu hassen beginnen und das Bewußtsein für das wirkliche »Selbst« halten. Man kann den Körper glorifizieren als ein Mittel, eigene Bedürfnisse zu befriedigen, indem man ihn zu einem Instrument macht, das die Begierden anderer befriedigt: damit wird der Körper zu einem Objekt, und das Bewußtsein wird zu einem Drahtzieher, der den Körper manipuliert.

Vom frühen Kindesalter an wird ein Mädchen seines Selbstwertgefühls beraubt. Ihre Identität wird so geformt, daß sie von der Bewertung anderer abhängig ist. Beständig wird ihr mitgeteilt, wie sie aussieht und wie wichtig es ist, daß andere Leute sie mögen.

Dieses erbarmungslose Ersticken der Intelligenz und des Ichs von Mädchen, diese Sozialisation für ein Leben als Dienerin, diese fortgesetzte Unterminierung jeder Möglichkeit, außerhalb der vorgeschriebenen Grenzen unabhängig etwas zu erreichen, all das konstituiert Lebensbedingungen, die als weibliche Schizophrenie beschrieben werden können. Die meisten Frauen leiden in bestimmten Lebenssituationen in der einen oder anderen Weise darunter. Und die meisten halten es für ihr »persönliches Problem« und nicht für eine gesellschaftliche Krankheit. Das gehört zu der Falle, in der sie gefangen sind. Diese Bedingungen sind zu allgemein und zu sehr strukturell verankert, als daß sie ihren Ursprung im »Persönlichen« haben könnten. Eine mögliche Beschreibung unserer Gesellschaft wäre dann: Sie macht Frauen verrückt.

Ein Frauenleben ist eine Abfolge kleiner Dramen, in denen die Frau wechselnde defensive Rollen spielt. Der Zwang dazu ist ein realer, denn ökonomische Notwendigkeit und oft auch physische Nötigung erzwingen, daß sie getreulich die Rolle der Schwester, Tochter, Ehefrau, Mutter und Geliebten spielt. Viele Frauen durchschauen das zwar als eine Reihe ganz verschiedener Rollen, aber das Gesicht hinter den wechselnden Masken bleibt sogar ihnen selbst verborgen. Die einzige Konstante in ihrem Leben ist Leiden und eine nie endenwollende Ungewißheit ihrer selbst. Eine Frau muß, um sich als Frau durchzusetzen, die Wünsche und Vorurteile der Männer reflektieren, die Macht über sie haben.

Andernfalls fliegt sie raus: Am Arbeitsplatz, aus dem Elternhaus, aus ihrer Ehe – und sie selbst kann schließlich nicht mal mehr ein Mauseloch ausfüllen.

Frauen müssen sich selber spielen, d.h. ihr nettes Selbst, das Selbst, das in die Standardmuster eingepaßt worden ist. »Sei ganz du selbst, Liebes«, wird uns gesagt, bevor wir auf die Promenade gehen. Und wir fragen uns: »Was heißt das, was erwartet man von mir?«

Von dem Tag an, an dem sie lernt, Signale zu verstehen, wird eine Frau mit widersprüchlichen Instruktionen und konfligierenden Vorschriften darüber, wie sie aussehen und sich verhalten soll, konfrontiert. Sie muß sexy sein und trotzdem eine Jungfrau. Sie muß zurückhaltend sein, aber doch reizvoll. Sie muß stark und schwach sein. Verletzlich, aber doch in der Lage, sich selbst zu verteidigen. Klug genug, sich einen Mann zu angeln, aber nicht so klug, daß sie ihm bedrohlich erschiene, oder besser: So klug, daß sie ihre Intelligenz verbergen und manipulativ handeln kann. Von allen gewünscht, aber nur an einem interessiert. Raffiniert, aber treuen Herzens. Und so weiter.

Diese widersprüchlichen Instruktionen werden am virulentesten dort, wo es um Sexualität geht. In der ersten Lebensphase, bis sie das Elternhaus verlassen (wenn sie das überhaupt tun), wird den meisten Mädchen ein obsoleter Puritanismus eingeschärft, der die sozialen Normen längst nicht mehr adäquat widerspiegelt. Wenn ein Mädchen »selbständig« wird, ermutigt man sie, nach der »neuen Moral« zu leben. Diese neue Freiheit jedoch ist eine Ideologie, die genauso manipulativ mystifizierend und destruktiv wie die alte ist, denn damit werden die Frauen gezwungen, sich sogar selber als Sexualobjekt zu definieren.

Rita Mae Brown/Charlotte Bunch
Was jede Lesbierin wissen sollte

Das LAZ (Lesbisches Aktionszentrum Westberlin) veröffentlichte 1975 in einem ersten Buch ›Frauenliebe‹ amerikanische Texte. Sie erschienen zu einem Zeitpunkt, zu dem es hier zwar bereits Lesbengruppen gab, eigene politische Analysen zum Lesbianismus jedoch noch nicht verfaßt worden waren. Vor allem die Texte aus Amerika gaben den hiesigen Lesbengruppen entscheidende Anstöße. Das Buch wurde allein im darauffolgenden Jahr zweimal neu aufgelegt. Der nachstehende Auszug ist einem der Texte, ›Was jede Lesbierin wissen sollte‹ von Charlotte Bunch und Rita Mae Brown, entnommen. Beide Autorinnen haben auch in den darauffolgenden Jahren weiter veröffentlicht, Rita Mae Brown zuletzt zwei Romane.

Lesbischsein bedeutet: sich selbst lieben. Sich – eine Frau. Und das in einer Kultur, die Frauen für minderwertig hält und verachtet. Die Gesellschaft gesteht dem Mann den höchsten Platz zu. Lesbischsein aber heißt, die Frau an die erste Stelle zu setzen. Darum trifft der Lesbianismus die männliche Vorherrschaft im Kern. Politisch bewußt und organisiert könnte Lesbianismus die Speerspitze im Kampf gegen die Männerherrschaft sein!

In der Vorstellung der Männergesellschaft von Lesbianismus spiegelt sich ihre Vorstellung von Frauen überhaupt: Sie denken an uns nur im Zusammenhang mit Sexualität. Lesbierinnen sind für sie Frauen, die miteinander schlafen, Punkt. Aber keine richtigen Frauen, weil eine richtige Frau mit einem Mann schläft.

Unsere Gesellschaft verlangt, daß Frauen ausschließlich Liebesbeziehungen zu Männern haben. Die Lesbierin aber, die auf Frauen bezogene Frau, ist anderen Frauen verpflichtet – sowohl politisch und ökonomisch als auch gefühlsmäßig und körperlich. Die Lesbierin bindet sich an Frauen nicht nur als Alternative und Ausweg aus den unterdrückenden Mann-Frau-Beziehungen, sondern sie bindet sich an sie um der Frauen selbst willen: weil sie Frauen liebt! Eine Frau, die nicht bereit ist, eine Bindung, die auch die sexuelle Liebe mit einschließt, mit einer anderen Frau einzugehen, verweigert damit ihrem eigenen Geschlecht einen den Männern selbstverständlich gewährten ersten Platz in ihrem Leben: verweigert ihnen die Liebe und damit die größte Wertschätzung.

Als Frauen, die die Rolle ablehnen, die die Männer für uns

bereithalten, sind wir Lesbierinnen dennoch ebenso von den Folgen der Frauenunterdrückung betroffen, ja ihr noch stärker ausgeliefert. (Wir haben nicht den Schutz der »Normalität«.) Wir spüren den Schaden, den eine sexistische Gesellschaft uns zufügt. Aber wir spüren auch die Stärke, die wir gewonnen haben beim Überlebenskampf in einer frauenfeindlichen Welt.

Lesbianismus ist also mehr als eine sexuelle Vorliebe. Lesbianismus ist eine politische Entscheidung! Sie ist politisch, weil in einer männerbeherrschten Welt, deren Macht auf der Heterosexualität basiert, alle Mann-Frau-Beziehungen zwangsläufig politisch sind. Indem die Lesbierin Mann-Frau-Beziehungen aktiv ablehnt und Frauen wählt, stellt sie sich gegen dieses herrschende politische System.

Natürlich haben nicht alle Lesbierinnen bewußt Frauen gewählt.

Ebenso fühlen sich nicht alle verpflichtet, bei dem Kampf gegen die Unterdrückung, die sie als Frauen und Lesbierinnen erfahren, mitzumachen. Auch genügt Lesbischsein allein nicht. Es ist eine Herausforderung, aber deswegen noch lange keine Lösung.

Die Herausforderung des Lesbianismus liegt in der Zerstörung der Lüge von der weiblichen Unterlegenheit, Schwäche, Passivität und dem angeblich angeborenen Bedürfnis nach dem Mann. Wir brauchen keine Männer, die uns sagen, wer wir sind. Die Unabhängigkeit der Lesbierin und ihre Weigerung, Männer zu unterstützen, untergräbt die persönliche Macht, die Männer über Frauen haben, sie greift die Männerherrschaft privat und gesellschaftlich an.

Da Männer aller Rassen und Klassen auf weibliche Unterstützung und Unterwerfung angewiesen sind – sowohl was die praktische Arbeit angeht, als auch das psychologische Gefühl der Überlegenheit –, wird unser Widerstand einige Männer dazu zwingen, ihr sexistisches Verhalten zu hinterfragen, mit ihren zerstörerischen Privilegien zu brechen und gegen diese vielleicht sogar zu kämpfen. Sie werden sich ein neues Ich suchen müssen, eines, das nicht auf der Unterdrückung der Frauen basiert. Sie werden lernen müssen, in einer gesellschaftlichen Struktur zu leben, die ihnen keine Macht über andere Menschen mehr gibt.

Heterosexualität spaltet Frauen. Sie zwingt sie dazu, gegeneinander um Männer und um die Privilegien, die von ihnen gewährt werden, zu konkurrieren. Gleichzeitig aber bietet die heterosexuelle Gesellschaft Frauen eine kleine Entschädigung für die freiwillige Aufgabe der Freiheit. So werden Mütter und Ehefrauen zum Beispiel gesellschaftlich geachtet, und es wird ihnen eine gewisse wirtschaftliche und emotionale Sicherheit gewährt (zumindest zum Schein). Auch ist eine Frau mit Mann nicht Freiwild für die anderen Männer. Diese kleinen Vorteile verführen Frauen dazu, persönlich wie politisch den Status quo aufrechtzuerhalten.

In unserer Gesellschaft arbeiten Frauen für Männer, um zu überleben. Im Beruf und im Haushalt. Die Lesbierin lehnt die Grundlage dieser Arbeitsteilung ab: sie weigert sich, sich der unbezahlten Arbeit im Haus und bei der Kindererziehung zu unterwerfen. Sie verweigert sich der Kleinfamilie als Grundeinheit von Herrschaft, Produktion und Konsum in der patriarchalisch-kapitalistischen Gesellschaft.

Auch am Arbeitsplatz ist die Lesbierin eine Bedrohung. Sie ist nicht die passive Teilzeitarbeiterin, auf die der Kapitalismus für die Verrichtung unterbezahlter und monotoner Handlangerarbeit zählen kann. Sie weiß, daß sie selbst für sich sorgen muß, darum ist der Beruf für sie lebenswichtiger als für viele andere Frauen. Darum kümmert sie sich energischer um Arbeitsbedingungen, Lohn, Beförderung und Status. Auch das muß – je mehr Frauen sich so verhalten – das System ins Wanken bringen, denn der Kapitalismus kann nur einen ganz kleinen Prozentsatz von Frauen absorbieren, die solche Forderungen stellen.

Wir glauben, daß Frauen und Männer niemals frei sein können, bevor Frauen nicht aufhören, sich in die Männerherrschaft zu schicken. Erst wenn Männer merken, daß wir es ernst meinen mit der Aufhebung unserer Unterdrückung und daß sie Gefahr laufen, allein zurückzubleiben – erst dann werden sie sich ändern. Erst wenn auch sie Anstalten machen, die Männerherrschaft infragezustellen und bei dem Aufbau einer nicht-sexistischen, nicht-kapitalistischen, nicht-rassistischen Welt mitzumachen – erst dann und nur dann können wir wieder über Beziehungen zwischen der »neuen Frau« und dem »neuen Mann«, zwischen den neuen Menschen reden.

Doch solange »normale« Frauen weibliche Homosexualität als Schlafzimmerproblem begreifen und für sich ausschließen, solange halten sie eine Entwicklung auf, die der Männerherrschaft ein Ende setzen könnte. Und solange ermöglichen sie es Männern, sich nicht mit ihrer eigenen Frauenverachtung befassen zu müssen. Warum sollten sie auch? Werden sie doch weiterhin geliebt ...

Carol Hagemann-White/Ingrid Schmidt-Harzbach

Warum Frauenstudien

Einer der Höhepunkte in der Auseinandersetzung um das erste Frauenseminar an der Freien Universität Berlin war ein Artikel (von einer Frau verfaßt) im FU-Informationsblatt, der unter dem Titel ›Die Minderheit will Mehrheit sein!‹ die Feministinnen hart attackiert. Polemisch wird gefragt, ob denn neuerdings persönliche Erfahrung Grundlage von Wissenschaft sein könne, und ob nun auch wieder getrennt-geschlechtliche Schulen eingeführt werden sollen. Anlaß für den antifeministischen Ausbruch: Der Grundsatzbeschluß des Frauenseminars, keine Männer zuzulassen. Auf diesen Artikel und die Diskussion in der EPK (Entwicklungsplanungskommission) der Soziologen antworteten im folgenden FU-Info zwei Dozentinnen aus dem Seminar.

Warum wollen Frauen Lehrveranstaltungen, in denen sie ohne Männer über gesellschaftliche Probleme arbeiten können? Der Standpunkt der Gegner solcher Veranstaltungen wird durchweg als vernünftig verklärt, während die Argumente der an der Veranstaltung interessierten Frauen entstellt und lächerlich gemacht werden.

Die Autorin des Artikels sowie die Mehrheit der EPK-Mitglieder wundern sich einerseits nicht darüber, daß sich an den Fachbereichen immer mehr Frauengruppen bilden, um sich gemeinsam besser gegen Vorurteile und Benachteiligungen wehren zu können, d.h. Selbsterfahrungsprozesse werden positiv bewertet, andererseits wird demgegenüber antagonistisch die Wissenschaftlichkeit von Lehrveranstaltungen gestellt: Erfahrungen müssen intellektuell nachvollziehbar sein. Betroffenheit als Ausgangspunkt wissenschaftlichen Arbeitens wird nicht anerkannt.

Die Auseinandersetzung mit der eigenen Erfahrung wird in das Recht des Privaten verwiesen, dort, wo Unmittelbarkeit immer schon zur Frauenrolle gehörte. Frauen wollen aber gerade nicht, wie es Männer mit Hilfe »ihrer« Frauen traditionell tun konnten, sich privat aufmöbeln und »selbstsicher« werden, um dann gestärkt in den bestehenden Wissenschaftsbetrieb einzutreten. Sie wollen wissenschaftlich arbeiten im Interesse ihrer eigenen Identität und ihrer eigenen Praxis, im Interesse einer theoretisch fundierten Perspektive für die autonome Frauenbewegung.

Der Hinweis, daß die Frauen ihre Diskriminierung zusätzlich zum Studium, nämlich in Frauengruppen, angehen sollten, verlangt von den Frauen wieder einmal das Doppelte an Anstrengung, um in dem von Männern beherrschten System zu überleben.

Natürlich handelt es sich nicht um »weibliche«, sondern um gesellschaftliche Probleme. Tatsache ist, daß die Widersprüchlichkeit der Lage der Frau in ihren vielfältigen Dimensionen bisher nicht Gegenstand von Wissenschaft in dem Maße war, wie es ihrer tatsächlichen gesellschaftlichen Relevanz entsprechen würde. Historische Tatsache ist auch, daß die gesellschaftliche Diskriminierung unterdrückter Gruppen erst dann wissenschaftlich zureichend untersucht wurde, als diese Gruppen selbst mit der Untersuchung ihrer Lage begonnen hatten und zum Teil eigene Studien- und Forschungsbereiche durchsetzten – so z. B. die Schwarzen, die Mexikaner, und eben auch die feministischen Frauen in den USA. »Black Studies«, »Women's Studies« sind dort eigenständige Disziplinen.

Die Autorin bekräftigt das Argument aus der EPK: »Es sei das erste Mal, daß Erfahrung zur Bedingung einer wissenschaftlichen Lehrveranstaltung gemacht werde.« Hier erreicht die blinde Ideologie abgehobener Wissenschaft einen Gipfel. Als sei die von Studenten zunehmend geforderte Teilnahme an Grundkursen, etc., ja selbst schon das Abitur nicht intensivste, dauerhaft prägende Erfahrung. Erfahrung, die häufig mit dem Lernziel »Anleitung zum wissenschaftlichen Arbeiten« schamhaft umschrieben wird. Wer an der Hochschule lehrt und meint, er setze zwar Wissen, aber keine Erfahrung voraus, hat sich noch keine Rechenschaft darüber abgegeben, was er tut.

Wer aber publizistisch hier »Wissen« und »Erfahrung« gegeneinander ausspielt, will den feministischen Standpunkt in der Wissenschaft öffentlich diskriminieren, noch bevor er sich an der Universität überhaupt hat entfalten können.

Gleich zu Anfang ihres Artikels verweist die Autorin auf den Gleichheitsgrundsatz, doch weder sie noch die EPK konnte uns sagen, worin die »Benachteiligung« für Männer besteht, wenn Frauen auch einmal unter sich wissenschaftlich arbeiten. Die Betroffenheit der Männer vom Problem der Unterdrückung der Frau hat eine andere Qualität und erfordert eine andere Aufarbeitung als die Betroffenheit der Frauen selbst. Ihre Teilnahme zwingt den Frauen die doppelte Anstrengung auf, gleichzeitig die Erkenntnis und Analyse der eigenen Unterdrückung zu leisten und dies als ein schon Begriffenes den Männern zu vermitteln: überdies hemmt die Anwesenheit der Männer Frauen oft daran, und schränkt somit die empirische Basis der Arbeit im Seminar ein. Wie viele Jahre lang haben männliche Kollegen und Koryphäen geschlossene Projektgruppen durchgeführt und die konstitutive Männerherrschaft ihrer Arbeit unter der diskreten Formel verdeckt: Neuaufnahmen nur nach persönlicher Rücksprache – es krähte kein Hahn danach.

Wollen aber Frauen einmal den Kreis ihrer Projektteilnehmerinnen auf diejenigen einschränken, die über eigene Erfahrungen als Frau schon etwas nachgedacht haben, so wird diese eine Veranstaltung ins Licht des Minderheitenterrors gerückt.

ALICE SCHWARZER

Der »kleine Unterschied« und seine großen Folgen

Bis in die Betten gingen die vom ›Kleinen Unterschied‹ ausgelösten Diskussionen. Das Buch trug viel dazu bei, daß Frauen begannen, sich auch in diesem Bereich Fragen zu stellen: Was will ich eigentlich und – will ich überhaupt?! Am exemplarischen Beispiel der Sexualität untersucht der ›Kleine Unterschied‹ die Funktion der sogenannten privaten Beziehung zwischen Mann und Frau bei der Unterdrückung der Frauen. Es war Alice Schwarzers drittes Buch (beim ersten ging es um die Abtreibung, beim zweiten um die Arbeit – die bezahlte und unbezahlte). Seither ist die Theorie und die Praxis der Sexualität von Frauen und zwischen Frauen und Männern nicht viel weiter gekommen. ›Der kleine Unterschied‹ bleibt – leider – aktuell.

Fast immer, wenn ich in den letzten Jahren mit Frauen geredet habe, egal worüber und egal mit wem – ob mit Hausfrauen, Karriere-Frauen oder Aktiven aus der Frauenbewegung –, fast immer landeten diese Gespräche bei der Sexualität und bei den Männerbeziehungen dieser Frauen. Auch und gerade Frauen, die sich in anderen Bereichen scheinbar weitgehend »emanzipiert« hatten, blieben in ihrem sogenannten Privatleben rat- und hilflos. Am schlimmsten ist es in der Sexualität: Die »Sexwelle«, Kolle und Reich brachten den Frauen nicht mehr Freiheit und Befriedigung, sondern mehr Selbstverleugnung und Frigidität.

Nachdem ich mich sehr gründlich mit Problemen wie Abtreibung, Berufsarbeit und Hausarbeit beschäftigt habe, ist mir klar geworden, daß die Sexualität der Angelpunkt der Frauenfrage ist. Sexualität ist zugleich Spiegel und Instrument der Unterdrückung der Frauen in allen Lebensbereichen.

Hier fallen die Würfel. Hier liegen Unterwerfung, Schuldbewußtsein und Männerfixierung von Frauen verankert. Hier steht das Fundament der männlichen Macht und der weiblichen Ohnmacht. Hier entzieht sich scheinbar »Privates« jeglicher gesellschaftlichen Reflexion. Hier wird die heimliche Wahrheit mit der öffentlichen Lüge zum Schweigen gebracht. Hier hindern angstvolle Abhängigkeit und schamerfüllte Isolation Frauen daran, zu entdecken, wie sehr sich die Schicksale gleichen ...

Das aufzubrechen, Frauen zu zeigen, daß ihre angeblich persönlichen Probleme zu einem großen Teil unvermeidliches Resultat ihrer Unterdrückung in einer Männergesellschaft sind, ist eines meiner ersten Anliegen.

Fast immer, wenn ich in den letzten Jahren versucht habe, mit Männern über Emanzipation zu reden – egal, ob mit Freunden oder Kollegen, ob mit Rechten oder Linken –, fast immer landeten diese Gespräche beim »kleinen Unterschied«. Das sei ja alles schön und gut mit der Emanzipation, und es läge auch noch manches im argen (so die, die sich für fortschrittlich halten), aber den kleinen Unterschied – den wollten wir doch hoffentlich nicht auch noch abschaffen?

Oh, nein! Nie würden wir uns erkühnen! Selbstverständlich nicht! Bei der eternellen petite difference soll es natürlich bleiben ... oder? Und je progressiver die Kreise sind, in denen er debattiert wird, der Unterschied, um so kleiner wird er – nur die Folgen bleiben gleich groß.

Es wird darum Zeit, daß wir uns endlich einmal fragen, worin er eigentlich besteht, dieser gern zitierte kleine Unterschied. Und, ob er tatsächlich rechtfertigt, daß aus Menschen nicht schlicht Menschen, sondern Männer und Frauen gemacht werden.

Lange muß man in dieser potenzwütigen Männergesellschaft nach besagtem Unterschied nicht suchen: Tatsächlich nicht sehr groß. Im schlaffen Zustand, so versichern die Experten, acht bis neun Zentimeter, im erigierten sechs bis acht Zentimeter mehr.

Und in diesem Zipfel liegt das Mannestum? Liegt die magische Kraft, Frauen Lust zu machen und die Welt zu beherrschen? Die Zipfelträger zumindest scheinen davon überzeugt zu sein ... Ich meine, er ist nicht mehr als ein Vorwand. Nicht dieser biologische Unterschied, aber seine ideologischen Folgen müßten restlos abgeschafft werden! Denn Biologie ist nicht Schicksal, sondern wird erst dazu gemacht. Männlichkeit und Weiblichkeit sind nicht Natur, sondern Kultur. Sie sind die in jeder Generation neu erzwungene Identifikation und Unterwerfung. Nicht Penis und Uterus machen uns zu Männern und Frauen, sondern Macht und Ohnmacht.

Die Ideologie vom Unterschied und den zwei Hälften, die sich angeblich so gut ergänzen, hat uns verstümmelt und eine Kluft zwischen uns geschaffen, die heute kaum überwindbar scheint. Frauen und Männer fühlen unterschiedlich, denken unterschiedlich, bewegen sich unterschiedlich, arbeiten unterschiedlich, leben unterschiedlich. Wie das auf unsere Stirn gebrannte Stigma der »Weiblichkeit« und »Männlichkeit« uns festlegt und einengt, weiß jede, weiß jeder von sich selbst nur zu gut. Nichts, weder

Rasse noch Klasse, bestimmt so sehr ein Menschenleben wie das Geschlecht. Und dabei sind Frauen und Männer Opfer ihrer Rollen – aber Frauen sind noch die Opfer der Opfer.

Angst, Abhängigkeit, Mißtrauen und Ohnmacht der Frauen sind groß. Nicht einzelne versuchen, einer Mehrheit von »zufriedenen« Frauen den Männerhaß einzureden, sondern diese einzelnen gestehen ihn nur ein. Sie wollen nicht länger darüber hinweglügen. Je näher wir hinschauen, um so tiefer wird die Kluft zwischen den Geschlechtern. Nur wer es wagt, diese Kluft auszuloten, wird sie eines fernen Tages vielleicht auch überwinden. Nur wer Existierendes eingesteht, wird es auch verändern können. Langfristig haben beide Geschlechter zu gewinnen, kurzfristig aber haben Frauen vor allem ihre Ketten und Männer ihre Privilegien zu verlieren.

Alle, die von Gleichheit reden, obwohl Ungleichheit die Geschlechterbeziehungen bestimmt, machen sich täglich neu schuldig. Sie sind nicht an einer Veränderung, nicht an der Vermenschlichung von Männern und Frauen interessiert, sondern an der Beibehaltung der herrschenden Zustände, denn sie profitieren davon. Die Ausbeutung der Frauen hat sich in den letzten Jahrzehnten nicht gelindert, sondern verschärft. Frauen arbeiten mehr denn je zuvor. Nur die Formen dieser Ausbeutung sind manchmal subtiler, schwerer faßbar geworden. Das, was offiziell unter Emanzipation verstanden wird, bedeutet für Frauen oft nicht mehr, als daß aus Sklavinnen freie Sklavinnen wurden.

Bei diesen Protokollen und auch bei all den anderen zahlreichen Gesprächen in den letzten Jahren habe ich den Eindruck gewonnen, daß zwei Drittel aller Frauen und mehr akut oder zeitweise »frigide« sind. Besser: frigide gemacht worden sind. Die Schätzungen der Sexualwissenschaft sind trotz Tabuisierung des Themas und sicherlich großer Dunkelziffern nicht weit davon entfernt. Experten vermuten, daß jede dritte oder zweite Frau akut frigide ist und fast alle Frauen massive Schwierigkeiten in der Sexualität haben.

Mit solchen Zahlen vor Augen wird erst richtig klar, wie makaber die Sexwelle für Frauen ist. Für sie hat sich weder an ihrer Abhängigkeit von Männern noch an der Unwissenheit über den weiblichen Körper grundlegend etwas geändert. Für sie hat sich nur eines geändert: Frauen müssen die nicht vorhandene Lust nun auch noch vorspielen. Früher konnten Frauen sich aus Prüderie oder Angst vor unerwünschter Schwangerschaft wenigstens weigern, wenn sie keine Lust hatten, heute haben sie dank Aufklärung und Pille zur Verfügung zu stehen. Nach ihren Bedürfnissen fragt niemand. Auch sie selbst nicht. Sie verschweigen sie schamhaft, verbergen ihre sexuelle Verstümmelung und Ohnmacht, als hätten sie Angst, damit zu den Aussätzigen einer sexbesessenen Gesellschaft zu werden.

Nur manchmal durchbricht ein Blick, ein Satz, eine Zahl den Terror der öffentlichen Lüge. So veröffentlichte Prof. Bell 1974 in den USA eine Untersuchung bei 2373 Frauen und resümierte: Die Frauen sind so frigide wie zu Zeiten des Kinsey-Reports, also vor 20 Jahren. Nur behaupten sie heute, im Unterschied zu früher, »in überwältigender Mehrheit«, das sexuelle Zusammensein »nicht mehr als Pflicht zu empfinden, sondern Spaß daran zu haben«. – Tragische Kapitulation vor dem Zwang der scheinbaren Normalität. Sie täuschen damit nicht nur die anderen, sondern vor allem sich selbst. Was Frauen zu einer solchen Selbstverleugnung treibt und warum ihnen oft nichts anderes übrigbleibt, zeigen die Protokolle.

Früher, als Frauen Sexualität überhaupt abgesprochen wurde, hatten wir dennoch eine Identität, wenn auch eine negative. Heute wird uns diese negative Identität genommen, aber dafür keine Möglichkeit gegeben, Sexualität in Freiheit und Bewußtsein zu leben. Die neue Norm ist nicht die unsere, sondern die der Männer, Resultat: Wir sind total verunsichert und glauben uns allein mit unseren Problemen. Wir geraten noch mehr in die Abhängigkeit von Männern, die uns nicht mehr immer nur gegen unseren Willen sondern oft auch mit unserer hilflosen Zustimmung benutzen.

Frauen erkaufen sich menschliche Nähe, Hautkontakt, Zärtlichkeit und soziale Anerkennung durchs Bett. Eigene sexuelle Bedürfnisse werden gar nicht erst bewußt, sie sind zu unterdrückt und deformiert.

Die Beziehungen zwischen Mann und Frau sind heute so eindeutig Machtbeziehungen (selbst da, wo Männer an ihrer Rolle zweifeln oder zerbrechen), daß auch die weibliche Sexualität nur wieder Ausdruck weiblicher Ohnmacht sein kann. Daran liegt es, daß auch wünschenswerte Freiheiten wie Verhütung oder legaler Schwangerschaftsabbruch Frauen manchmal noch unfreier machen können: Sie kommen als Bumerang auf die Frauen zurück. Darum muß jede Liberalisierung gerade auch in der Sexualität Hand in Hand gehen mit Bewußtseinsprozessen, die es den Frauen möglich machen, dies für sich selbst zu nutzen, anstatt sich zusätzlich nutzen zu lassen. Vor allem anderen macht

Abhängigkeit vom Mann Frauen unfähig, sexuelle Lust zu empfinden.

Ein genauso wesentlicher Faktor wie die Abhängigkeit aber sind die herrschenden sexuellen Normen, die total an den körperlichen Bedürfnissen von Frauen vorbei gehen.

»Frigide« ist heute eine Frau, die keinen »vaginalen Orgasmus« bekommt, das heißt, einen Orgasmus, der ausschließlich durch das Eindringen eines Penis in die Scheide ausgelöst wird. Das ist die offizielle Definition der Wissenschaft. Gleichzeitig aber weiß diese Wissenschaft seit über einer Generation (seit dem Kinsey-Report), daß es diesen vaginalen Orgasmus gar nicht gibt.

Der mit einer seltenen Konsequenz und Ehrlichkeit erarbeitete und dargestellte Kinsey-Report basiert auf der Befragung von 6000 Frauen und ebensovielen Männern. Er ist die bisher umfassendste Studie der herrschenden Sexualpraktiken und konstatiert in nüchternen Zahlen und Fakten unter anderem: Es gibt keinen vaginalen Orgasmus, es gibt nur einen klitoralen, das heißt, einen körperlich durch die Klitoris ausgelösten Orgasmus. Die Klitoris ist das weibliche Pendant zum männlichen Penis, ist das erotische Zentrum des weiblichen Körpers. – Der Kinsey-Report, der eigentlich zur Grundschul-Lektüre gehören müßte, wurde in mehreren Ländern verboten, in einigen sogar verbrannt. In allen aber wurde seine Bedeutung durch verfälschte Resümees und Auslassungen manipuliert. Kein Wunder, denn seine Realität ist Dynamit für die heutigen menschlichen Beziehungen, vor allem für die zwischen Mann und Frau.

In den sechziger Jahren bestätigten Masters und Johnson (›Die sexuelle Reaktion‹) Kinseys Befragungen mit präzisen Messungen und Labor-Beobachtungen. Auch sie kamen zu dem Schluß: es gibt keinen vaginalen Orgasmus. Er ist eine physiologische Absurdität, denn die Vagina hat so viele Nerven wie der Dickdarm, das heißt: fast keine. Ihr Hauptteil kann ohne Betäubung operiert werden. Frauen wissen selbst sehr gut, daß sie z.B. ein Tampon nicht spüren und daß das auch alles andere als erotisierend wirkt. In der Vagina spielt sich nichts ab.

Zur sexuellen Stimulierung muß der klitorale Bereich direkt oder indirekt gereizt werden (einmal abgesehen von dem psychisch bewirkten Orgasmus, der körperlich jedoch auch in der Klitoris ausgelöst wird). Bei der Penetration, dem Eindringen eines Penis in die Scheide, geschieht das in den meisten Fällen nicht: die Klitoris liegt zu sehr vorne, um automatisch mit berührt zu werden.

Masturbierende Frauen wissen das sehr gut. Sie berühren sich fast immer nur außen, also an der Klitoris, und nie innen in der Scheide und kommen dabei zu 85% (Giese) zum Orgasmus. Diese Frauen spüren instinktiv, wo ihr Lustzentrum liegt, wagen es aber nicht, ihr eigenes Bedürfnis gegen die von ihnen selbst akzeptierten herrschenden Normen und gegen das Verhalten der Männer durchzusetzen. Wie auch die Protokolle zeigen, masturbieren viele Frauen (oft heimlich) bis zum Orgasmus, während sie in der gleichen Zeit mit ihren Männern »frigide« sind.

»Gleichzeitig aber wächst makabererweise die Zahl der Frauen (und Männer), welche die Gleichung Vaginalorgasmus = Normalität bedingungslos akzeptieren. Die Folge davon ist ein stetig wachsendes Schuldgefühl, ein Bewußtsein der Furcht und des Ressentiments bei in jeder Beziehung durchaus gesunden Frauen, denen es aber nicht gelingen will, jenen so schwer greifbaren Preis zu erringen« (so wörtlich Mary Jane Sherfey, Psychiaterin und Autorin des Buches ›Die Potenz der Frau‹).

Doch weder das Elend der Abtreibung noch die weibliche Frigidität konnten das Dogma vom vaginalen Orgasmus erschüttern. Die Gründe müssen gewichtig sein. Meine These:

Nur der Mythos vom vaginalen Orgasmus (und damit von der Bedeutung der Penetration) sichert den Männern das Sexmonopol über Frauen. Und nur das Sexmonopol sichert den Männern das private Monopol, das das Fundament des öffentlichen Monopols der Männergesellschaft über Frauen ist.

Das heißt: In dieser Gesellschaft, in der Menschen einsam sind, wenn sie keine Liebesbeziehungen haben, in der sie sich Gefühl und Zärtlichkeit mit Sex erkaufen müssen, sind Frauen wie Männer (unabhängig von der Sexualität) auf sexuelle Beziehungen angewiesen. Wenn diese Sexualität nur unter den Vorzeichen des »Unterschiedes« möglich, also Heterosexualität absolut vorrangig ist, sind Frauen und Männer aufeinander angewiesen. Das Monopol ist also scheinbar umkehrbar. Aber nur scheinbar. Denn ein Mann ohne Frau ist in unserer Gesellschaft allemal ein Mann, eine Frau ohne Mann aber keine Frau.

Männer finden ihre Existenzberechtigung nicht nur in der privaten Beziehung, sie haben noch andere Bereiche der Bestätigung (Beruf, Öffentlichkeit, Kumpanei mit anderen Männern). Ein Mann zum Beispiel, der im Privatleben scheitert (wobei die Frigidität seiner Frau selbstverständlich nicht für sein Scheitern gehalten wird), es aber im Beruf schafft, ist anerkannt. Eine Frau kann im Beruf noch so tüchtig sein, sie wird immer an ihrem Privatleben gemessen werden. (So ist einer Simone de Beauvoir ein Leben lang die verweigerte Mutterschaft vorgeworfen worden. Wer käme darauf, Sartre nach der verpaßten Vaterschaft zu fragen?)

Eine Frau hat keine Existenzberechtigung als autonomes Wesen, sondern nur in bezug auf den Mann. Ihre Definition ist die eines Geschlechtswesens. Jeder Emanzipationsversuch muß darum früher oder später in einer Sackgasse landen, solange jede Frau einzeln privat dem Mann ausgeliefert ist. Und solange sie keine Alternative hat, kann sie ihre Beziehung nicht freiwillig wählen, sondern ist auf sie angewiesen.

Das ist der entscheidende Punkt: Das Sexmonopol von Männern über Frauen sichert ihnen gleichzeitig das emotionale Monopol (Frauen verlieben sich selbstverständlich nur in Männer), das soziale Monopol (Frauen sind zur sozialen Anerkennung auf die Ehe, mindestens aber auf die Männerbeziehung angewiesen) und das ökonomische Monopol (Frauen akzeptieren »aus Liebe zum Mann« Gratisarbeit im Haus und Zuverdiener-Jobs im Beruf).

Darum kann nur die Erschütterung des männlichen Sexmonopols von Grund auf die Geschlechterrolle ins Wanken bringen.

In einer Kultur, in der Zeugung nicht primärer Impuls für menschliche Sexualität ist, müßte also bei freien Entfaltungsmöglichkeiten die Homosexualität ebenso selbstverständlich sein wie Heterosexualität und Eigensexualität. Daß sie das nicht ist, hat politische Gründe. Denn: Nur eine zum Dogma erhobene Heterosexualität kann das männliche Sexmonopol sichern – ihr Vorwand ist der »kleine Unterschied«: Er stellt die Weichen für die tiefe Abhängigkeit und schamlose Ausbeutung von Frauen durch Männer im privaten und öffentlichen Bereich.

Im Namen der Liebe waschen Frauen Männern die Hemden, ziehen sie allein die Kinder groß, geben sie Trost und Kraft bei Männerkarriereklippen, gehen sie in ihrer Selbstaufgabe bis zur Schizophrenie.

Im Namen der Liebe werden Frauen ausgebeutet. Darum ist Sexualität nicht privat, sondern politisch. Und darum ist die ausschließliche Heterosexualität ein entscheidendes Machtmittel der Männer im Geschlechterkampf. Dagegen kann und muß die Möglichkeit von Alternativen gestellt werden. Wenn Frauenliebe für Männer kein selbstverständliches Privileg mehr ist, werden sie sich anstrengen müssen. Um mithalten zu können, müßten sie sich umstellen. »Ihn einfach reinstecken« (Christa) ist dann kein lebensfüllendes Programm mehr. Darum, und aus keinem anderen Grund, klammern sie sich so an ihren kleinen Unterschied.

Annie Cohen
Kriegszustand

Heftige Reaktionen löste in dieser Zeit gerade in Paris ein Text aus, den die MLF-Aktivistin Annie Cohen verfaßt hatte. Ihre Konsequenz erschreckte und begeisterte kurz darauf auch deutsche Feministinnen, ›Emma‹ druckte ihn im Juni 1977 übersetzt ab.

In welchem Kriegszustand leben wir, daß wir mit gesenktem Kopf die Mauern entlangschleichen und ein Leben lang Angst haben müssen beim Nachhausegehen, Ausgehen, Spazierengehen?

In welchem Kriegszustand leben wir, daß wir uns verbarrikadieren müssen hinter drei Schlössern und einem Judas? In welchem Kriegszustand leben wir, daß wir hinter jedem Mann einen möglichen Vergewaltiger sehen müssen?

Der Krieg existiert, und nicht wir haben ihn erklärt. An uns ist es jetzt, uns zu verteidigen. Aber wie? Alle vorbeugenden Waffen wurden eingesetzt, alle Überzeugungen angeführt, alle Tricks erfunden zur Beruhigung dieses Tieres, zur Besänftigung seines morbiden Appetits.

Welche Mittel bleiben uns heute, um die Männer am Vergewaltigen zu hindern? Um den Anquatschern das Anquatschen zu verleiden? Um unsere Ehemänner am Schlagen zu hindern? Welche Möglichkeiten haben wir, die Straße in Frieden zu betreten? In einem öffentlichen Park auf der Bank zu sitzen, ohne stupide Bemerkungen, aggressive Blicke und dämliche Angebote ertragen zu müssen?

Und warum machen wir das alles mit? Warum wehren wir uns nicht – wenn es sein muß, mit Gewalt? Denn welches erniedrigte und gequälte Volk hat sich nicht eines Tages die Frage der Gewalt gestellt? Hat nicht Gewalt eingesetzt zu seiner Verteidigung?

In der Vergewaltigung steckt die ganze Verachtung und der ganze Haß gegen Frauen. Können wir dem mit Gleichgültigkeit oder Liebe begegnen? Können wir die Spuren des Leidens und des Todes vergessen, die Männer auf unserem Körper zurücklassen? Können wir in uns den berechtigten Wunsch nach Rache noch länger überhören?

Wir werden angegriffen, geschlagen, vergewaltigt, erniedrigt, verachtet. Wir sollten nicht weinen darüber, sondern uns endlich wehren! Mit Gewalt gegen die, die uns Gewalt antun. Leider bleibt uns keine andere Wahl, die Geschichte zeigt es: Gegen Gewalt hilft nur Gewalt. Doch Gewalt ist für Frauen tabu. Welche Frau wagt es, sich auf sie zu berufen? Welche Frau wagt es, sie zu benutzen? Welche unendliche Angst hindert uns daran, den Feind zu erkennen und zu bekämpfen?

Warum machen Frauen Liebes-Erklärungen statt Kriegs-Erklärungen! Wie lange noch werden Männer ungehindert auf unserer Ehre und auf unserem Leben herumtrampeln können, ohne um das ihre fürchten zu müssen? Wie lange noch werden Männer Frauen schlagen können, ohne Gefahr zu laufen, eines Tages selbst getroffen zu werden?

Ich warte auf eine friedliche Lösung des Problems der Männer-Gewalt. Ich warte ohne Illusionen. Denn die Vergewaltigung ist überall und hat viele Gesichter: auf der Straße das des Kavaliers, zuhause das des Vaters, im Betrieb das des Chefs, auf der Autobahn das des Autofahrers, auf der Wache das des Polizisten, an der Uni das des langhaarigen Studenten.

Wir sollen Mitleid haben mit dem armen Vergewaltiger, sollen die sozialen Gründe der kranken Sexualität der Männer bedenken und ändern – so lautet das bekannte Lied, das uns immer wieder einschläfert bis in alle Ewigkeit.

Doch hat uns das nicht weitergebracht. Im Gegenteil. Darum sollten wir uns endlich die Frage nach unserer eigenen Freiheit und nach dem Sieg über unsere Angst stellen!

Werden wir keine andere Lösung finden als eine extreme?
Werden wir sie alle anzeigen müssen?
Werden wir uns bewaffnen müssen?
Werden wir uns unsern Traumplaneten, auf dem endlich Freiheit auch für uns Frauen herrscht, mit Blut und Tränen erobern müssen?

Oder wollen die Männer anfangen, sich hier und sofort Fragen zu stellen, sich zu ändern?

Susan Brownmiller
Gegen unseren Willen

Vergewaltigung ist nicht die Tat eines verrückten Einzelnen, sondern ein Machtmittel aller Männer gegen alle Frauen. Dies war die wichtigste These in Susan Brownmillers Buch ›Gegen unseren Willen‹, in dem sie Vergewaltigung unter allen Aspekten untersucht: historisch, im Krieg, im »Alltag«, gegen Mädchen, in der Ehe. Das Buch wurde, als es Anfang '78 erschien, zum großen Erfolg in der Frauenbewegung, zur Diskussionsgrundlage für die zahlreichen in den letzten Jahren entstandenen »Gewalt-, Frauenhaus- und Anti-Vergewaltigungsgruppen«.

Eine Welt ohne Vergewaltiger wäre eine Welt, in der Frauen sich frei, ohne Angst vor Männern, bewegen könnten. Daß einige Männer vergewaltigen, reicht als Bedrohung aus, um die Frauen im Zustand fortwährender Einschüchterung zu halten, sich ständig bewußt zu sein, daß das biologische Werkzeug des Mannes etwas Furchtbares ist, das sich urplötzlich in eine Waffe verwandeln kann. Die Sexualverbrecher haben in der Tat ihre Aufgabe so gut erfüllt, daß die wahre Bedeutung ihrer Taten davon weitgehend überschattet wurde.

Vergewaltigende Männer sind nicht Außenseiter der Gesellschaft oder »Besudeler der Reinheit«, sondern vielmehr männliche Stoßtrupps, terroristische Guerillas im längsten Krieg, den die Welt jemals gesehen hat. Jede Vergewaltigung ist eine Demonstration von Macht, doch die Täter haben mehr als nur einen körperlichen Vorsprung. Denn die handeln im Rahmen von Institutionen, die ihnen von vornherein Vorteile verschaffen und dem Opfer kaum Gelegenheit geben, zu seinem Recht zu kommen. Beispiele dafür sind Vergewaltigungen in Sklaverei und Krieg.

Doch die Täter können auch ein emotionelles Klima oder ein Abhängigkeitsverhältnis ausnutzen, dessen hierarchische, autoritäre Struktur den Widerstand des Opfers schwächt, seine Urteilsfähigkeit beeinträchtigt und seinen eigenen Willen verwirrt.

Eines der wichtigsten Ergebnisse der Untersuchung von Amir (von der Universität Pennsylvania. Amir arbeitete über Vergewaltigung mit Material aus der Zentralkartei der Polizei von Philadelphia) ist die Tatsache, daß 43 Prozent der Täter in Philadelphia in Gruppen oder zu zweit vorgingen. Damit ist der weitverbreitete Mythos vom heimlichen Einzelgänger zerstört. Das Durchschnittsalter des Notzuchttäters war 23, doch die Altersgruppe, bei der die Wahrscheinlichkeit von Vergewaltigung am größten war, lag zwischen 15 und 19 Jahren. Die überwiegende Mehrzahl der Täter war unverheiratet, was ihrer Jugend zuzuschreiben ist.

Gruppenvergewaltigung ist nicht einfach der Sieg des Mannes über die Frau, sondern der Sieg von Männern über die Frau schlechthin. In dem Phänomen der Gruppenvergewaltigung ohne die Möglichkeit für die Frau, sich zur Wehr zu setzen, kommt die männliche Ideologie der Vergewaltigung besonders deutlich zum Ausdruck. Zahlenmäßige Übermacht ist Beweis für brutale Absicht, ist auch Beweis »männlicher Kumpanei«, und schließlich Beweis für den Willen, das Opfer über den Akt der Vergewaltigung hinaus durch anonymen Massenüberfall zu erniedrigen.

Bangladesch und Vietnam haben uns gezeigt, daß Männer in Kriegen mit einer ausschließlich männlichen Armee im Rücken, zu der sie eine starke männliche Verbundenheit verspüren, mit Vorliebe in Gruppen vergewaltigen, in denen sie anonym sind und sich sicher fühlen. Auch bei zivilen Gruppenüberfällen setzt sich die männliche Kumpanei durch, ob sich junge Männer an einem Abend zusammenfinden oder ob sie sich bereits vorher zu einer Bande organisiert haben. Der Akt der Gruppenvergewaltigung fördert eine Allianz unter Männern, die sich gegen ein weibliches Opfer richtet, das für ihre Zwecke zur »anonymen Frau« wird.

Eine Frau gemeinsam zu »vernaschen« stärkt das zweifellos falsche Bewußtsein von Gruppenmacht und -männlichkeit genauso wie eine Managerkantine, zu der nur Männer Zutritt haben; wie eine Expedition von Männern zur Bezwingung des Mount Everest oder eine von einer Männergesellschaft durchgeführte Kanufahrt zur Bewältigung von Stromschnellen (man achte auf die Sprache!).

»Entgegen früheren Annahmen waren 71 Prozent der Delikte geplant«, schreibt Amir, und auch diese Beobachtung ist überaus wichtig. Vergewaltigungen sind eben für gewöhnlich keine spontanen Ausbrüche unterdrückter Gefühle und unkontrollierbarer Triebregungen, sondern im voraus geplante und sorgsam in Szene gesetzte Taten einzelner Täter oder einer Tätergruppe. In manchen Fällen hatten der oder die Täter ein bestimmtes Opfer im Sinn und lockten es unter kühler Abwägung des Vorgehens in eine Falle. In anderen Fällen war die Tat zwar von einem oder mehreren Leuten geplant, die Auswahl des Opfers jedoch dem Zufall überlassen. Es wurde dann eben die nächstbeste Frau, die vorbei kam, überwältigt, an einen geeigneten Ort geschleppt und dort vergewaltigt.

Die Vergewaltigungen durch Einzeltäter waren nach Amirs Untersuchung zu 25 Prozent nicht geplant. Der spontan vorgehende Täter hat »nicht die vorgefaßte Absicht, das Verbrechen zu verüben«, vielmehr sei der Impuls entweder durch Umstände, wie Ort des Zusammentreffens oder Verhalten des Opfers, ausgelöst worden oder die Urteilsfähigkeit des Täters war zur Tatzeit durch den Genuß von Alkohol getrübt.

Aus allen Statistiken geht hervor, daß die Straße, die Wohnung und das Auto für Frauen höchst gefährliche Orte sind. Wo ist es dann eigentlich nicht gefährlich? Man rät für gewöhnlich, Türen und Fenster gut zu verschließen, sich nicht mit Trampern einzulassen und nachts nicht allein in einsame Gegenden zu gehen. Aber diese Vorsichtsmaßnahmen ändern weder etwas an der Ideologie der Vergewaltigung noch tragen sie wesentlich zum Verständnis des Verbrechens bei.

Sexuelle Erniedrigung kam bei Gruppenvergewaltigung häufiger vor als bei Einzeltätern. Die häufigste Form zusätzlicher Demütigung war allerdings der wiederholte Verkehr. Amir meint dazu, ein Teil des »Reizes« von Gruppendelikten bestehe in der Möglichkeit »mehrere Male dranzukommen«.

VERENA STEFAN
Häutungen

Es erzählte die Ablösung einer jungen Frau von ihren – linken – Männern, ihren Weg über Frauengruppe, Frauenwohngemeinschaft und Frauenbücher zu Frauenbeziehungen – und sprach damit zahlreichen Frauen aus dem Herzen: Verena Stefans Buch ›Häutungen‹. Neben der allgemeinen Begeisterung wurden aber auch Stimmen laut: Gefährliche Spuren der eben aufkommenden »neuen Weiblichkeit« entdeckten Kritikerinnen vor allem im zweiten Teil des Buches, in dem Verena Stefan ihre Beziehungen zu Frauen schildert.

Den entschluss, mir ein intrauterinpessar einsetzen zu lassen, traf ich nicht allein. er entstand bei der arbeit am ›Frauenhandbuch Nr. 1‹. bis dahin hatte ich die pille geschluckt, vier jahre lang, der arzt, der sie mir schliesslich verschrieben hatte, machte mich darauf aufmerksam, dass ich zu krampfadern neigte. ich machte regelmässig eine pillenpause, schluckte sie aber ansonsten unentwegt weiter bis zu dem abend in Berlin, an dem Samuel besuch bekam. »heute kommt eine unheimlich dufte genossin«, sagte er. meine gebärmutter zog sich zusammen. seine ankündigung hiess, dass die genossin über grosse politische erfahrung verfügte, sonst hätte er sich nicht zu dieser auszeichnung verstiegen. er würde angeregt mit ihr diskutieren, ich würde zuhören. sie wollte mit Samuel über die pille und die politik der pharmazeutischen industrie sprechen.

Ich war bei dem gespräch nicht abseits, wie es sonst bei seinen bekannten und freunden der fall war. ich staunte über das wissen, das sie als nicht-medizinerin hatte. sie schrieb mit andern frauen an einem buch über abtreibung und verhütung und erzählte uns von einer frau, deren gebärmutter völlig geschrumpft war, seitdem sie die pille schluckte.

»Eigentlich habe ich gar kein gefühl für meinen unterleib«, sagte ich, »ich habe noch nie über die inneren, weiblichen organe nachgedacht. wenn ich mir das so überlege, würde es mir nichts ausmachen, wenn meine gebärmutter schrumpfte, ich hätte dann ruhe –«.

Samuel wühlte in seinen aktenordnern, das ›pillenproblem‹ schien ihm geläufig zu sein (er interessierte sich für die profite der pharmazeutischen industrie). wieso sprach er nicht mit mir, die ich die pille schluckte, darüber?

Ein paar monate später stand mein entschluss fest, das neue plastik-T mit dem kupferdraht auszuprobieren. ich dachte an die krampfadern. seit ich im krankenhaus arbeitete, hatte ich oft gestaute beine.

Samuel war im urlaub, ich sprach mit ihm nicht viel darüber. die entscheidung traf ich mit den frauen von »Brot + Rosen«, mit denen ich inzwischen zusammenarbeitete. am tag, an dem mir das pessar eingesetzt werden sollte, fand in Köln das Tribunal der frauengruppen gegen den § 218 statt. die beiden daten waren zufällig zusammengefallen. da die wartezeiten im Klinikum so lange waren, wollte ich das einsetzen nicht hinausschieben.

Samuel war aufgebracht, er fand es medizinisch verantwortungslos, dass ich hinterher gleich nach Köln fliegen wollte. ich blieb dabei. ich konnte mich des gefühls nicht erwehren, daß er mich eigentlich vom Tribunal abhalten wollte.

Das einsetzen verlief schmerzlos, danach, als ich mit Samuel noch kurz beim frühstück sass, begann ein ziehen unten im bekken wie bei der menstruation. die gebärmutter krampfte sich zusammen.

Samuel fuhr mich zum flughafen, schweigend. den tränen nahe, sagte ich schliesslich, wenn ich seine anteilnahme wirklich einmal bräuchte, wäre auf ihn kein verlass. er meinte, wenn ein mensch so uneinsichtig wäre wie ich, könnte er von ihm aus verrecken.

In Köln kümmerten sich die andern frauen um mich, wollten genau wissen, wie es gewesen war, und ob ich schmerzen hatte. nach ein paar stunden liessen die krämpfe nach, für die dauer des Tribunals war ich ohne beschwerden.

Ich konnte nie nachsehen, ob das pessar richtig lag. die selbstuntersuchung kannten wir noch nicht. ich wusste nicht, wo der muttermund lag, wie er aussah, woran der penis manchmal stiess. die vagina – ein dunkler schlauch? was kam danach? gab es perlen in der tiefe des körpers, korallenriffe?

Konnte die verloren gegangene eigenkörperlichkeit durch die hände eines geliebten wieder zum leben erweckt werden? war es nicht das, wonach wir suchten, während der ärmlichen dauer einer nacht, der sekundenschnelle eines orgasmus/was ist ein orgasmus? einmal überall hin atmen können, bis unter die schulterblätter und in die beckenschalen hinein, spüren, warm werden, *sein.* alle falten des körpers öffnen, nicht mehr zusammenziehen und anspannen müssen.

ein ganzer mensch werden.

Ob ich über sexualität die auseinander gerissenen zusammenhänge von kopf bis fuss neu erahnen würde? wenn ich in einer umarmung die anspannung aller muskeln spüren und die lockerheit danach auskosten könnte, wenn ich mich beim berühren anderer haut von ferne der eigenen erinnerte – würde ich sinne ausleben, die sonst nicht zu worte kamen? könnte ich einen andern menschen erkennen? wäre es möglich zu erkennen, auf welche art der andere mensch existierte?

»Du bist noch nicht soweit«, sagte er.

»Du hast keinen orgasmus gehabt.«

Ich erstarrte. woher wollte er das wissen?

Es war die dritte nacht, in der wir miteinander schliefen. wieder hatte ich schmerzen gehabt, auf dem laken lag noch blut.

»Doch!« behauptete ich fest, »ich hatte einen!« schnell umdrehen, die schützende decke an mich ziehen und nachdenken. was ging es ihn an?

Ich würde üben und üben, irgendwie würde ich es schon schaffen.

Die frau, die sich im koitus mit bewegt
kommt von weit her
schaut sie genau an
die frau, auf der ihr liegt!
hinter ihr tun sich wüsten und abgründe auf.
sie hat lange strecken von vergessen zurück
gelegt, herzbrocken im geröll verstreut, felsen
vor frische wunden geschoben
ihre gefühle sind abgemagert.
jahre auf der eisdecke eurer ängste zugebracht
die zacken der gefühlsarmut gerundet so sanft
so samten so weich.
sie trägt ein meer
von angestauten orgasmen in sich, das sie
zu keinen lebzeiten wird ausgiessen können
die zeit drängt, die gedanken brennen, sie ist
eine ruferin in der wüste, die frau
auf der ihr liegt
schaut sie genau an!

Aufruf zur Erfindung des Glücks!

Auf den Bierernst des »deutschen Herbst« konnten und wollten einige Feministinnen nur noch ironisch bis ausgeflippt reagieren. Dieser Text einer Frankfurter Gruppe war unter den wenigen Reaktionen überhaupt aus der Frauenbewegung einer der raren, die sich nicht mit der klassisch-linken Kritik an der Repression begnügten, sondern darüber hinaus versuchten, bewußt als Frauen einen Standpunkt zu beziehen.

Präambel

Die Mütter, die Töchter, die Frauen dieses Landes verlangen, aus der Nation, die nur Unglück hervorbringt, entlassen zu werden, der Ernst der Lage verbietet eine weitere Verschärfung des Ernstes. Deshalb nehmen wir das Recht des Lachens in Anspruch.

Wir sagen uns hiermit feierlich los von einer Rechtsgemeinschaft, mit der wir noch nie gemein waren und die uns immer höchst gemein behandelt hat! Wir erklären weiterhin, daß wir nicht bereit sind, beim Totentanz mitzumachen oder zuzuschauen. Schon der Anblick aus der Ferne widert uns an! Deshalb, Frauen, formiert den Widerstand gegen das allgemeine Unglück!

§ 1 Hört, wir verkünden hiermit folgende große Wahrheit:
- Die Macht läßt sich nicht erschießen.
- Die Gegenmacht läßt sich nicht erschießen.
- Erschießen lassen sich nur Menschen.

Da Menschenerschießen nicht sehr moralisch ist, leugnen die Schützen auf beiden Seiten, daß das, was da erschossen wird, Menschen sind. Das ist die Logik der gegenseitigen Ausrottung. Das ist die präzise Logik der Macht. Und die Unmoral dieser Wahrheit ist: der kleine Mann und die kleine Frau werden immer schärfer darauf, mitzuspielen, mitzujagen . . .Also spricht Zarah Zylinder: die Wahrheit ist wahrlich häßlich und gräßlich! Schaffen wir uns eine bessere Wahrheit!

§ 2 Wir nehmen uns das elementare Recht, in der Erfindung des Glücks nicht dauernd durch Mord und Totschlag, Gefangennahme und Gefängnis, Fahndung und Hetze behindert zu werden. Wir schlagen vor, daß die kriegführenden Parteien ihre Fürsten ins Duell schicken, damit sie ihre Sache unter sich erledigen können. Uns aber sollen sie damit endlich in Ruhe lassen! Auch sprechen wir ihnen fürderhin jede Legitimation ab, ihre Kämpfe

im Namen irgendeines zu verteidigenden Rechts, irgendeiner zu verteidigenden Freiheit, Ehre, Erde, irgendeines zu verteidigenden Kindes oder irgendeiner zu verteidigenden Frau zu führen!
§ 3 Wir erklären, daß wir aus der Normalität der Totengräber austreten. Wir rücken ab! Und werden alle verrückt. Damit wir leben können. Und wir sind begierig zu leben. Deshalb: Bye bye Baby!
Wir beanspruchen ausdrücklich das Recht, unlogisch zu sein, und zwar noch unlogischer, als wir es ohnehin schon immer waren!
§ 4 Wir, die Frauen aller Altersklassen, leben schon immer im Exil. Aus unseren tausend Exilen verkünden wir: das Glück befindet sich jenseits der Maschinenvernunft und der seichten Gefühle.
§ 5 In der Erfindung des Glücks vertrauen wir auf das Chaos in uns. Zu Ende ist es mit dem Zeitalter der Ordentlichkeit. Schluß ist es mit den sauberen Wohnungen, der sauberen Selbstgerechtigkeit, den frischgebügelten Männerhemden, den ängstlichen Kindern.
§ 6 Gerade weil wir schon immer der Sand im Getriebe der Maschinenvernunft waren, wurde viel getan, unsere Sanftmut zu züchten, unsere Wut zu unterdrücken, uns in die Vernunft hineinzupressen. Indem wir hier und jetzt den labilen Kontakt aufkündigen, erkennen wir die Marktplätze und die Politik als das, was sie immer waren: Plätze der öffentlichen Unzucht, der wir allzu lange ausgeliefert waren. Deshalb erklären wir die Marktplätze und die Politik zum Müllhaufen der Geschichte, auf dem wir abladen werden, womit wir gepeinigt wurden: die blödsinnigen Maschinen, die sie uns seit Jahrzehnten aufgeschwatzt haben, die Ideologie der aufopfernden Liebe, die sie uns seit Jahrhunderten andrehen, u.v.a.m.!
§ 7 Wir sagen in aller Öffentlichkeit: wir sind süchtig, sehn-süchtig und durch nichts aufzuhalten in diesem Begehren, unsere Wildheit, unsere Stille, unsere Lust zu leben!

Frauen mit und ohne Mann! Frauen mit und ohne Angst! Seid leichtmütig, werdet Ausbrecherinnen aus der Gewaltnation! Ausbrecherinnen aus der Schreckensherrschaft! Tanzt! Tanzt aus der Reihe!

Frankfurt
Oktober 1977

Eva-Maria Stark
Feministinnen und Kinder

Der Text erschien im ›Frauenjahrbuch 1977‹. Er wurde viel gelesen und ist typisch für das neue (alte?) Verständnis von Mutterschaft, das von Radikalfeministinnen aus zwei Gründen scharf kritisiert wird: 1. weil die Autorin biologistisch argumentiert, »Mütterlichkeit« und die »Mutter-Kind-Beziehung« als naturgegeben hinstellt; 2. weil so Mutterschaft ausschließlich Sache der Frauen bleibt (und Männer und Gesellschaft nicht mit zur Verantwortung gezogen werden).

Wie kommen Feministinnen dazu, sich nach jahrelangem Kampf gegen den § 218 Kinder zu wünschen? Was bedeutet für uns die »Kinderwelle« innerhalb der Bewegung? Haben wir es letztlich nur mit der Anpassung an die sozialen Forderungen der Umwelt nach dem gehörigen Quantum an jugendlicher Rebellion zu tun?

Wenn Frauen, die jahrelang im Kampf gegen den § 218 gearbeitet haben, sich jetzt zu einem Kind entschließen, dann wissen sie nicht nur, was eine ungewollte Schwangerschaft an physischem und psychischem Streß bedeutet, sie sind sich auch über die Repression im klaren, die eine gewollte Mutterschaft mit sich bringt. Es muß etwas anderes dahinterstehen. Ich glaube, daß es viel mit den Erfahrungen der Selbstuntersuchungsgruppen zu tun hat. Um das Problem Verhütung – alternativ zur gängigen Gynäkologie – in den Griff zu bekommen, haben die Frauen mit den Selbstuntersuchungsgruppen angefangen. Aus ihren Erfahrungen und Erlebnissen entwickelten sie eine wesentlich andere Beziehung zu ihrem Körper und ihrem Zyklus. Eisprung und Monatsblutung werden nicht mehr als Negativum empfunden, das frau halt im Griff haben muß, um nicht reinzufallen, sondern als etwas, das Gesundheit und Lebensgefühl in positiver Weise widerspiegelt. Wir lernten, wie gut es tut, uns selbst zu kennen, mit den monatlichen Rhythmen zu leben. Wir integrierten dieses Bewußtsein in unsere politische Arbeit, denn wir stellten fest, daß wir dabei viel selbstsicherer wurden, selbstgewisser, weniger undefinierbaren Stimmungen ausgeliefert als früher. Wir wehrten uns bewußter gegen Ansprüche und Forderungen von männlicher Seite, die nur die Ansicht der Gesellschaft, was eine richtige Frau sei, nachbeteten. Wir merkten, wie wenig das mit den Bedürfnissen und Rhythmen unseres Bauches zu tun hatte.

Ich glaube, daß bei dieser Form des Sich-selbst-Näherkommens, die ja auch meist mit psychischen Prozessen in der Gruppe gekoppelt ist, der Wunsch nach einem Kind tief aus dem Bauch hochkommen kann. Und das begreife ich als etwas ganz anderes, als beispielsweise die vom Kopf gesteuerte Bejahung eines passierten Unfalls in der Pillenpause. Es hat auch nichts damit zu tun, daß einem latent vorhandenen gesellschaftlichen Druck wegen psychischer Überforderung irgendwann nachgegeben wird. Das würde Resignation bedeuten. Gerade bei diesen Frauen kann ich nichts davon sehen. Ich sehe das Gegenteil: Sie entwickeln die Kehrseite des § 218. Ich halte den so empfundenen Kinderwunsch für die natürliche und die beste Legitimierung für ein Kind, weil er sicherer als jede gesellschaftlich verankerte Legitimierung die Gewähr für eine einigermaßen friedfertige Mutter-Kind-Beziehung in sich trägt. Bei den zu erwartenden gesellschaftlichen Belastungen ein gar nicht hoch genug zu veranschlagender Vorschuß!

Was die Mutter-Kind-Beziehung betrifft, so stimme ich hier ganz der Ansicht von Gunhild Feigenwinter zu, die sie in ihrem Manifest der Mütter vertritt. Die Zuneigung und Opferbereitschaft der Mütter wird zwar gesellschaftlich enorm verstärkt, ist aber eine im physisch-psychischen System von Mutter und Kind tief verankerte, sonst nirgends vorhandene und mit nichts anderem zu vergleichende Beziehung. Daß diese Beziehung durch die kulturell bedingte Entfremdung der Frau von sich selbst heute schwer neurotisiert ist und die gesellschaftlichen Zwänge diesen Zustand noch verstärken, kann den Frauen doch nicht als persönliches Versagen angelastet werden. Die unharmonischen Schwangerschaften und Geburten in unserem Kulturkreis tragen ebenfalls einen Großteil dazu bei. Nichts wird heutzutage in solchem Maße ausgebeutet und in klingende Münze verwandelt – nicht für Mutter und Kind! – wie die verantwortungsvolle Zuneigung der Mütter zu ihren Kindern. Daß die Mütter trotz dieser schamlosen Ausbeutung durch die Gesellschaft überhaupt noch Gefühle und Einsatz für ihre Kinder in diesem Ausmaß aufbringen, wie wir es rund um uns sehen können, spricht für die tiefe Verankerung dieser Bindung!

Ich sehe dabei sehr wohl, wieviel im Argen liegt zwischen Mutter und Kind und wieviel Mutterhaß sich – zu Recht! – aufgrund der gesellschaftlichen Umstände entwickeln muß. Trotzdem sehe ich in der Mutter-Kind-Beziehung die soziale Beziehung schlechthin. Ich bin erschüttert über die Stärke, mit der Mütter für die

Belange ihrer Kinder kämpfen und sich dabei individuell zerreiben, obwohl die Gesellschaft sie mit einem keiner ›Nicht-Mutter‹ klarzumachenden Quantum an Unfreiheit dafür bestraft, daß sie Kinder haben und sich dessen auch voll bewußt sind!

Ich glaube, daß der Stolz der Mutter auf ihre Kinder berechtigt und anerkennenswert ist. Wir haben kein Recht, ihn verächtlich abzuwerten und zu verdammen. Ich klage die Gesellschaft an, die der Mutter nur diesen Stolz läßt und sie damit in die Selbstdefinition über ihre Kinder erst hineinzwingt! Ohne diese Reduzierung wäre der Mutterstolz nur eine Komponente ihres Daseins. Sie könnte noch mehr und andere ›Arbeitserfolge‹ für sich verbuchen, auf die sie mit Recht ebenso stolz sein könnte.

Eine Frau, die sich bewußt und konzentriert auf die Geburt ihres Kindes vorbereitet hat, will die Geburt selbst als Ausdruck ihrer Stärke unter allen Umständen bewußt erleben. Sie wird sich nicht mit Halbheiten abspeisen lassen.

Was bedeutet es, ein Kind aus eigener Kraft zur Welt zu bringen?

Es bedeutet, die Eröffnungswehen im Griff zu haben durch die zuvor in reichlicher Übung erworbene Beherrschung der Atem- und Entspannungstechnik. – Es bedeutet, vom Bewußtsein her die ›kritische halbe Stunde‹, die Endphase der Eröffnungswehen, steuern zu können. Der Wille und die Fähigkeit zum Durchhalten kommen aus dem Wissen um diese kurze, kritische Phase. – Es bedeutet, die Austreibungsphase – jenseits von normalem Schmerzempfinden –, das gezielte Herauspressen des Babys, unter Einsatz aller Kraft zu meistern. Dazu gehört guter Dammschutz und gekonnte Steuerung durch die Hebamme. Es bedeutet, den Augenblick der Geburt zu erleben, der, wie jedes Grenzerlebnis, unbeschreiblich ist. – Es bedeutet, daß vertraute Frauen während jeder Geburtsphase mithelfen, indem sie sich in den rhythmischen Ablauf des Geschehens einordnen und deshalb eine ganz wesentliche Hilfe für die gebärende Frau darstellen. Die Rhythmik der Geburt, die jede gebärende Frau als überwältigend in ihrer unaufhaltbaren Stärke erlebt, ist tief im körperlichen und psychischen System von Mutter und Kind verankert.

Selbst wenn alle Medikamentierungen der Geburt, wie immer wieder beteuert wird, unschädlich wären, kann nicht über die Frauenfeindlichkeit unserer ›Geburtshilfe‹ hinweggetäuscht werden: Denn Mutter und Kind wird das Erlebnis einer selbstbewältigten Geburt genommen. Die Mutter soll sich statt dessen im Krankenhaus unvorbereitet und unter Gefühlen von Schwäche und Versagen entbinden lassen. Schwäche und Versagen der Frauen müssen wiederum zur Begründung für die fortschreitende Medikamentierung herhalten, ein Teufelskreis!

Ich möchte klar herausstellen: Mutterschaft ist eine ungeheure Stärke der Frau. Die patriarchalische Gesellschaft heutiger und hiesiger Prägung hat sie für alle Frauen zu einem Erlebnis der Schwäche und der Angst gemacht. Sie bestraft uns dafür, daß wir so etwas können, indem sie uns so schwach macht, daß wir es tatsächlich nicht mehr können. Das darf uns nicht dazu verführen, nun die Sache selbst mit den miserablen gesellschaftlichen Unterdrückungsmechanismen zu verwechseln und deshalb rundweg abzulehnen. Wir müssen statt dessen nachdenken, wie wir Mutterschutz wieder zu einer wirklichen, gesellschaftlich relevanten und für Frauen lohnenden Stärke machen können.

Kinder, die sozusagen in die Frauenbewegung hineingeboren werden, schaffen uns neue gesellschaftliche Probleme, das ist gar keine Frage. Eine Feministin, die ein Kind bekommt, muß wie jede andere Frau mit 15 bis 20 Jahren Freiheitsentzug, finanziellen Einschränkungen, jahrelangen, permanenten Dienstleistungen rechnen, denn auch sie ist in erster Linie verantwortlich für das Kind. Aber wenn sie dieses Risiko eingeht im Bewußtsein, es wenigstens zeitweise mit anderen Frauen teilen zu können, Frauen, die in der gleichen Situation sind, so hat sie trotz aller Belastung eine wesentlich andere Perspektive. Eine Wohngemeinschaft kann sich im Laufe der Zeit auseinanderentwickeln, und sie dann aufzulösen, ist richtig und wichtig.

Auch Kinder entwickeln sich meist anders als frau sich das am Anfang so dachte, zumindest aber von der Mutter weg, weil das das Erwachsenwerden beinhaltet. Trotzdem kann frau sich normalerweise nicht von ihnen trennen, auch nicht, wenn es für beide das beste wäre. Das Schlimmste, was diese Gesellschaft den Müttern und Kindern antut, ist in meinen Augen der Zwang, beieinander bleiben zu müssen, wenn das Bedürfnis dazu durch Wachstumsprozesse längst abgebaut ist, wenn die Mutter-Kind-Bindung ihren Sinn erfüllt hat, wenn Neues für Kind und Mutter lebenswichtig wäre. Diese Fixierung zu durchbrechen wird die hervorstechende Aufgabe dieser Frauengeneration sein, die jetzt ihre Kinder bekommt. Sie wird dieser Aufgabe nicht ausweichen können, weil sie aufgrund des durchgemachten Entwicklungsprozesses Lebensformen entwickeln muß, die außerhalb des gesellschaftlich Üblichen liegen.

Das ist die Chance, heute herrschende Strukturen abzubauen,

die enormen Schädigungen aus der patriarchalischen Kleinfamiliensituation und die Fixierung von Mutter und Kind aufzubrechen. Wir werden viele starke Frauen brauchen, die Bezugspersonen für Kinder werden wollen, denn die Übermacht der patriarchalischen Umwelt ist noch lange nicht abgeschafft, wenn nur der Kleinfamilienvater fehlt. Wir müssen uns selbst die Umstände schaffen, unter denen wir auch mit Kindern leben können. Genau damit werden Kinder zum Machtfaktor in dieser Gesellschaft. Ob wir es nun wollen oder nicht, wir müssen uns dem stellen und nach Perspektiven suchen.

Monika Jaeckel
Wer – wenn nicht wir

Die Autorin ist Soziologin, aktive Feministin und selbst nicht Mutter. Ihr Buch erschien im Sommer 1981 und scheint uns repräsentativ für das, was man im Zuge der sogenannten »neuen Weiblichkeit« die »neue Mütterlichkeit« nennen könnte. Es führt die Argumentation von Eva-Maria Stark weiter, argumentiert nun offen biologistisch.

Viele Mütter sind stolz darauf, Mutter zu sein. Wenige geben es zu. Sie haben Angst, sich lächerlich zu machen.

Hierzulande wird vor Tendenzen einer neuen »Mutterideologie« gewarnt, sobald die Situation von Müttern auch nur thematisiert wird. Es wird Zeit, die Mütterfrage von einem Frauenstandpunkt her zu erarbeiten, sie aus falschen Kontroversen zurückzuholen und unter eigenen Vorzeichen zu betrachten.

Es ist Zeit, zu sagen, zu erfahren, zu akzeptieren, was Mütter empfinden. Es ist Zeit, sie zu bestätigen und in ihrem Stolz, der allen Frauen gehört, zu unterstützen.

Mütterfeindlichkeit ist weit verbreitet – verbal glorifizierende Tendenzen aktueller familienpolitischer Diskussionen angesichts des Geburtenrückgangs und der Arbeitslosigkeit inbegriffen. Das Selbstwertgefühl von Müttern ist angeknackst. Die Lebensbedürfnisse von Müttern und Kindern haben in der öffentlichen Werthierarchie kein Gewicht. Die Wahrnehmung der Nicht-Mütter von dem Mütteralltag ist schmerzlich verzerrt, was sich in der Diagnostik, in der Sozialarbeit und in Therapien oft verheerend auswirkt. Mütter selbst lassen sich zuviel gefallen, ihre Kommunikation untereinander ist blockiert.

Die Betroffenheit von der Mütterfrage ist universell, denn von der mütterspezifischen Kombination von Macht und Ohnmacht sind alle gezeichnet. Für uns Frauen ist die Mutter Schlüsselfigur: für das Verhältnis zu uns selbst, unsere Beziehung zu anderen Frauen und unser Rollenverständnis als Frau – sei es in der Abgrenzung oder Identifikation. Wenn wir unser Selbstwertgefühl daraus beziehen, Kinderkriegen zu verweigern, wenn wir zum Geburtenstreik als politische Strategie aufrufen – und damit Mütter zu »Streikbrecherinnen« abstempeln –, grenzen wir uns primär von anderen Frauen ab. Die gesellschaftliche Ohnmachtssituation von Müttern macht Angst; als aufwachsende Tochter haben wir sie oft als Verrat erlebt: die Mutter konnte uns vor der Dominanz des Vaters nicht schützen, uns kein Beispiel des Widerstands vorleben. Auf solche Ohnmacht wollten wir nicht bauen.

Wir haben durch unsere Mütter die pervertierten Formen der Machtausübung der »Schwachen« erlebt. Und erleben sie unter Frauen weiter, die Waffen der Unterdrückten, mit denen wir unsere Wut und Ohnmacht gegen uns selbst und gegeneinander wenden: ein explosives Gemisch aus verletztem Selbstwertgefühl, Selbsthaß, Destruktivität/Selbstschutz und -behauptung. Ein Terrain für eine Flut von Therapien und Therapeuten – die gut bezahlten »call-boys« der Nation – als Ersatz für eine gesellschaftlich bedingte und verbreitete Beziehungsunfähigkeit.

Es ist wichtig, unsere Mütterfeindlichkeit als Ergebnis der gleichen gesellschaftlichen Frauenunterdrückung verstehen zu lernen, gegen die wir uns als Töchter wehren.

Konservative Kräfte haben es deswegen so leicht, aus der Mütterfrage Kapital zu schlagen, weil Frauen ihnen aus ihrer Berührungsangst dieses Feld überlassen. Solange das neue erwachende Bewußtsein von der Wichtigkeit des Reproduktionsbereichs in der Verweigerung stehenbleibt, behalten diese Kräfte auch weiterhin leichtes Spiel.

Die Qualität der Reproduktion – und damit auch deren Attraktivität für Frauen – drückt sich schon lange nicht mehr in den traditionellen drei »K's« (Kinder, Küche, Kirche) aus, sondern in den dem Produktionsbereich mit seiner beziehungs- und bedürfnisfeindlichen Verwertungslogik entgegengesetzten vielen »Z's«: Zärtlichkeit, Zeit, Zuwendung, Zuhören.

Frauen sehnen sich danach, das, was sie selbst ausmacht und betrifft, zu bekennen und zu leben. Sie wollen nicht nach fremdem Gesetz und Maßstab funktionieren, sich nicht verraten, verlieren im Zwang unmenschlicher, unweiblicher Arbeitsbedingungen: Zeitdruck, Leistungsdrill, Wettbewerb, Anonymität. Frauen werden nichts Wesentliches in ihrem Beruf, in der Gesellschaft, für sich selbst und untereinander ändern, solange sie eine Fähigkeit, die ihnen eigen ist, verachten: Leben zu geben und leben zu lassen. Denn solange Frauen Mütter verachten, verachten sie sich selbst.

Wir Frauen sollten anfangen, das gesellschaftliche Potential des Mutterseins als Teil einer starken und einigen Frauenbewegung zu entfalten.

Ursula Scheu

Wir werden nicht als Mädchen geboren – wir werden dazu gemacht

Frauen sind von Natur aus so – noch immer eines der beliebtesten Argumente zur Verhinderung der Befreiung von der weiblichen Rolle! Von der ersten Stunde an haben Radikalfeministinnen dieses Argument nicht nur politisch, sondern auch wissenschaftlich widerlegt. Die Autorin, Psychologin in Berlin und lange im »Haus für geschlagene Frauen« tätig, weist minutiös nach, wie Menschen schon in ihren ersten Lebenswochen und -monaten zu Frauen und Männern dressiert werden, und analysiert die Relativität und Fragwürdigkeit der herrschenden Theorien.

Wir werden nicht als Mädchen (oder Junge) geboren – wir werden dazu gemacht! Was heißt das? Es heißt, daß Kinder vom ersten Tag an systematisch in eine Geschlechterrolle gedrängt und zu Wesen deformiert werden, die wir »weiblich« oder »männlich« nennen. Dieser Prozeß engt beide ein. Das Mädchen aber wird noch stärker als der Junge in seinen potentiellen Fähigkeiten beschränkt, in seiner Autonomie gebrochen und real benachteiligt. Deshalb beschäftigt sich dieses Buch in erster Linie mit Mädchen – mit Jungen nur insoweit, als der Vergleich von Mädchen- und Jungenerziehung wesentlich für das Verständnis des »Drills zur Weiblichkeit« ist.

Die für ursprünglich gehaltenen weiblichen Eigenschaften wie Mütterlichkeit, Emotionalität, soziales Interesse und Passivität sind nicht etwa natürlich weiblich und angeboren, sondern kulturell anerzogen. Wie das durch direkte und indirekte Einflüsse in den ersten Lebenstagen, -monaten und -jahren geschieht, kann heute mit wissenschaftlicher Präzision in jeder Stufe der Entwicklung aufgezeigt werden.

Es beginnt mit dem Stillen und setzt sich fort beim Spielzeug und bei der Fernseh-Kinderstunde – einfach alles läuft auf das Fabrizieren des »kleinen Unterschiedes« hinaus!

Das Resultat: Frauen und Männer gehen unterschiedlich, sprechen unterschiedlich, fühlen unterschiedlich, arbeiten unterschiedlich. Nur ist dies nicht Ursache, sondern Folge geschlechtsspezifischer Erziehung und Lebensbedingungen.

Wie nun diese Geschlechtsidentität aufgezwungen wird, zeige ich Schritt für Schritt. Es beginnt im Mutterleib. Strampelt der Fötus besonders lebhaft, heißt es schon: »Das wird ein Junge.«

Weiter geht es mit dem Stillen; Mütter stillen weibliche Babies anders als männliche: kleine Mädchen müssen schneller trinken und werden im Schnitt drei Monate früher entwöhnt. Schon hier akzeptiert die Mutter unbewußt die Autorität und Autonomie des kleinen Mannes, läßt ihm seinen natürlichen Trinkrhythmus – während sie diesen Rhythmus beim Mädchen unterbricht, weniger bereit ist, auf es einzugehen, es einem fremden Willen unterwirft.

Das scheint abenteuerlich, ist aber wissenschaftlich überprüfte Realität, und es geht weiter mit unbewußten und bewußten Beeinflussungen, die alle auf ein und dasselbe hinauslaufen: die in den jeweiligen Phasen wesentlichen Einflüsse für die Entwicklung des Kindes werden Jungen ausreichender zuteil als Mädchen. Mädchen werden in allen wichtigen Bereichen schwer vernachlässigt, weniger gefördert und wenn, dann immer nur gezielt auf ihre spätere »Weiblichkeit« hin. Das hinterläßt schwere Schäden und Deformationen. Denn ein Kind entwickelt sich nicht von selbst, »aus sich heraus«, sondern ist angewiesen auf Förderung und Anregung – sonst verkümmert es (was Beispiele wie die der »Wolfskinder« oder »Kaspar Hausers« deutlich machen).

So sind in der Neugeborenenperiode Hautkontakte, Berührungen und Bewegungen besonders wichtig, Mädchen aber werden in dieser Zeit weniger berührt, weniger gestreichelt und auf den Arm genommen als Jungen. Auch die Muskelaktivität des männlichen Neugeborenen wird stärker gefördert – schon in diesen ersten Lebenswochen wird damit der Grundstein für die spätere körperliche Unterlegenheit von Frauen gelegt.

In den folgenden Monaten werden Mädchen und Jungen durch unterschiedliche optische und akustische Stimulationen systematisch auf unterschiedliche Interessen hingelenkt: mit dem prompten Resultat, daß kleine Mädchen schon im sechsten Lebensmonat länger auf Bilder mit Menschen schauen und Jungen länger auf solche mit Objekten. Das ist nicht etwa angeboren, sondern bereits jetzt anerzogen.

Das meiste geschieht dabei wahrscheinlich unbewußt. Mütter und Väter reproduzieren hier ihre eigenen Rollenzwänge und erweisen dem kleinen Jungen schon die Reverenz des stärkeren Geschlechts, dem Mädchen die Verachtung des schwächeren. Eltern und Erzieher(innen) werden bei der Lektüre dieses Buches überrascht sein. Selbst die, die sich für progressiv halten und bisher geglaubt haben, sie erzögen ihre Kinder »gleich«, werden entsetzt sein, zu sehen, in welchem Ausmaß sie selbst Instrument der Erziehung zur männlichen Macht und weiblichen Ohnmacht sind.

Amerikanische Untersuchungen (deutsche existieren dazu noch nicht) zeigen interessanterweise, daß Väter – im Gegensatz zu dem, was bisher immer angenommen wurde – in bezug auf die Erziehung zur Geschlechtsrolle noch konservativer sind als Mütter. Sie bestehen auf der Erziehung zum »richtigen Mädchen« und »richtigen Jungen«. Nichts scheint ihnen verhaßter, als ein »weibischer« Junge – eher wird einem Mädchen schon mal »Jungenhaftigkeit« verziehen. Wie es überhaupt aufschlußreich ist, daß sich Mädchen schon mal einen besuchsweisen Aufstieg, d.h. »männliche« Verhaltensweisen erlauben dürfen; Jungen sich aber nie einen Abstieg, also »weibliche« Verhaltensweisen.

Denn die männliche Rolle ist die Norm, die weibliche wird immer nur in Relation zu ihr gemessen. Sie ist also nicht nur »anders als die männliche, aber gleichwertig«, sondern real minderwertig! Erziehung zur Weiblichkeit bedeutet Erziehung zur Unterwerfung, zur männlich/weiblichen Arbeitsteilung, zum draußen/drinnen, zum rational/emotional, zum kreativ/unkreativ.

Bezeichnend ist, daß schon in den allerersten Lebensjahren alle besonderen »weiblichen« Fähigkeiten – d.h. die, die bei Mädchen gefördert werden – direkt der Arbeitsentlastung der Erwachsenen dienen. So sind Mädchen früher sauber, kleiden sich früher selbständig an, werden schon im Vorschulalter zum Bedienen von Vätern und Brüdern angehalten. Die Mädchenarbeit hat sehr viel größere Ausmaße, als bisher angenommen wurde. Schon allein dieses Thema wäre eine gründliche Untersuchung wert.

So ist es denn auch nicht verwunderlich, daß kleine Mädchen häufig lieber Jungen wären, daß die Annahme der weiblichen Geschlechtsrolle generell nicht ohne Widerstand geschieht, besitzt sie doch im Gegensatz zur männlichen keine positive Anziehungskraft. Die Annahme einer Rolle (einer Realität), die Demütigung, Unterdrückung und Ausbeutung beinhaltet, kann nur erzwungen werden.

Die männerbestimmte Psychologie – bürgerliche wie sozialistische – kann darum kein Interesse an einer konsequenten Analyse der frühkindlichen Geschlechtererziehung haben. Bisher hat sich auch die sich als »fortschrittlich« und »sozialistisch« verstehende Psychologie damit begnügt, die bereits vorhandenen Unterschiede nach den ersten Lebensmonaten festzustellen. Diese Unterschiede werden dann kurzerhand als Ursache von »Weiblichkeit«

und »Männlichkeit« deklariert – statt sie als Folge geschlechtsspezifischer Erziehung und Beeinflussung zu begreifen. Dabei: Wenn wir davon überzeugt sind, daß Menschen soziale Wesen sind, d. h. Produkte der Umwelteinflüsse und Lebensverhältnisse, dann müssen wir auch die Unterstellung von der »natürlichen« Weiblichkeit und Männlichkeit konsequent hinterfragen. Und Konsequenz bedeutet in diesem Fall: Wir müssen bis an die Wiege zurückgehen, um zu untersuchen, was angeboren und was anerzogen ist.

Ich hoffe, daß sich daraus Konsequenzen theoretischer und praktischer Art ergeben: zwingende Schritte hier und heute für Erzieher(innen) und Wissenschaftler(innen), die nicht länger die Augen verschließen können vor den Verbrechen, die an Mädchen im Namen der »Weiblichkeit« begangen werden.

Marielouise Janssen-Jurreit
Sexismus

Den Begriff »Sexismus«, die Diskriminierung eines Geschlechts, lancierte die Autorin mit diesem Buch 1976 nun auch im deutschsprachigen Raum. Sie versuchte einen umfassenden Überblick über Theorie und Praxis von Frauenunterdrückung und Frauenkampf, über Aktuelles und Historisches. Der Auszug, den wir hier bringen, leitet das Buch ein.

Auch diejenigen, die die Gesellschaft in kleinen Schritten reformieren wollen, gehen von der utopischen Vorstellung aus, daß Frauen nur deswegen eigene Organisationen bilden müssen, um sich irgendwann einmal, dann, wenn die Politik der kleinen Schritte zu einer Gleichstellung geführt hat, selbst aufzulösen. Die meisten Frauenorganisationen, die sich innerhalb von Parteien, Gewerkschaften und anderen Verbänden formiert haben, betrachten es als ihr Ziel, sich selbst überflüssig zu machen. Ihr erklärter Zweck ist es, Frauen in die Gesamtorganisation zu integrieren, die – noch, wie sie behaupten – von Männern dominiert wird. In der Illusion dieser Integrationsvorstellung verewigen sie sich selbst zu einflußlosen Vasallinnenorganisationen, die dem Ziel, das sie anstreben, nicht näherkommen. Diese Frauenorganisationen irren sich in doppelter Hinsicht. Sie verkennen den immanenten Charakter des Männerbündnisses, den unsere Institutionen besitzen. Staat, Wirtschaft, Parteien, Presse und Universitäten sind keine geschlechtsneutralen Institutionen, sondern eine ihrer wesentlichen Funktionen liegt darin, selbst unentwegt die männliche Identität herzustellen und ihr Selbstbeweise zu ermöglichen.

In primitiven Gesellschaften schützt der Mann seine Identitätssphäre dadurch, daß er Tabus aufstellt. Einer Frau, die hinter die Kultgeheimnisse des Männerhauses kommen sollte, wird die Todesstrafe angedroht.

In unseren Systemen sind die Institutionen etwas flexibler. Einige Frauen werden integriert. Dadurch besitzen ihre Beherrscher ein Alibi. Der Ausspruch des bayerischen Landtagspräsidenten Michael Horlacher, daß eine einzelne Frau im Parlament wie eine Blume wirke, Massen von Frauen jedoch wie Unkraut, ist eine gute Illustration dafür. Schlagzeilen wie »Klatschmohn im Kornfeld«, »Farbtupfer im Landtagsgrau« kennzeichnen das Wesen dieser Form von Integration. Statistisch gesehen ist nicht einmal ein Trend zu erkennen, daß Frauen in einer größeren Quantität in die Entscheidungszentren vordringen. Im 18. Jahrhundert gab es mehr regierende Frauen als heute. In das System integrierte Frauen können häufig genug nur durch Akte von Mimikry in den Institutionen überleben. Selten können sie Vertreterinnen von weiblichen Interessen sein. In einer Studie über Arbeitnehmerinnen fand Helge Pross vor einigen Jahren, daß die meisten Frauen sich im Betrieb und am Arbeitsplatz wie Gastarbeiterinnen in der Welt des Mannes fühlen.

Ein weiterer Faktor, der für unabhängige Frauenorganisationen spricht, besteht in der Offenkundigkeit, daß in Parteien und anderen Großverbänden grundsätzlich die Geschlechter getrennt bleiben. Frauen machen in Parteien dasselbe wie in autonomen Frauengruppen – sie formieren sich nach Geschlecht, unterstellen sich jedoch männlicher Aufsicht und Kontrolle. Nirgendwo hat Integration wirklich stattgefunden, sondern innerhalb von Parteien und Verbänden werden die Gruppen nach denselben anthropologischen Merkmalen gebildet, die auch in primitiven Gesellschaften das Gemeinschaftsleben strukturieren, nämlich der Männerbund (Gesamtpartei), Jugend und Frauen. Dabei sind die meisten Jugendverbände Jungmännerbünde, die sich mit einigen Frauen garnieren.

Die Zulassung von Frauen zu Parteien oder Gewerkschaften wurde zu Anfang dieses Jahrhunderts von den männlichen Mitgliedern nach und nach bewilligt, als sich herausstellte, daß sie männliche Identitätssphäre durch ihre Mitgliedschaft nicht stören, sondern überall weibliche Mitgliedsgruppen bildeten. Dieses Verhalten ist weltweit zu beobachten. Die Unabhängigkeitsbewegungen, die nationalen Einheitsparteien, die sozialistischen und die bürgerlichen Parteien, Gewerkschaften, Kirchen – alle haben mittlerweile ihre eigenen Frauenghettos. Die meisten sind organisatorisch, finanziell und ideologisch von der sie kontrollierenden männlich dominierten »Gesamtorganisation« abhängig und müssen jede eigene Initiative von ihr genehmigen lassen.

Denn wer die Frau in Parteien, Gewerkschaften und Verbände integrieren will, bestimmt sie stets zum Objekt der Integration. Die Aufnahme in die bestehenden gesellschaftlichen Institutionen, die Macht ausüben und Entscheidungen treffen, erfolgt stets zu Bedingungen, die das Objekt der Integration nicht selbst bestimmen kann.

Eine feministische Selbstorganisation erfordert eine Trennung oder wenigstens eine Distanzierung von den Institutionen, die ähnliche politische Grundpositionen beziehen, wie Gewerkschaften und sozialistische Parteien westlicher Länder. Da der Feminismus grundsätzlich andere psychologische, sexuelle und ökonomische Beziehungen zwischen Männern und Frauen anstrebt, in denen es keinerlei Privilegien mehr gibt, ist die Vorbedingung für diesen Kampf eine separate oder wenigstens auf eigene Faust handlungsfähige Organisation der Frauen. (Erst wenn es den Frauenorganisationen der etablierten Parteien, Gewerkschaften und Großverbände gelingt, organisatorisch und in ihrer politischen Zielsetzung sich eigene Handlungsspielräume zu verschaffen, könnten sie wichtige Träger des Frauenkampfes werden.) Feminismus richtet sich gegen den patriarchalischen Charakter aller existierenden Institutionen ohne Ausnahme. Feministische und sozialistische Organisationen können Koalitionen bilden, um gemeinsame Ziele zu erreichen, aber auf der Grundlage der Gegenseitigkeit, nicht der einseitigen Vereinnahmung von Frauen für Ziele, bei denen für sie nichts oder wenig herauskommt. Frauen – als Unterdrückte der Unterdrückten – haben keinen Nebenwiderspruch des Kapitalismus zu bekämpfen, sondern einen gesellschaftlichen Gesamtwiderspruch, das Patriarchat. Eine wesentliche Aufgabe autonomer Frauengruppen besteht in der Bestandsaufnahme der weiblichen Situation, der Abhängigkeit, Ängste und Wünsche von Frauen, um eine selbstbewußte eigene Identität zu ermöglichen und zu formen. Der Feminismus hat als ein wesentliches bewußtseinsbildendes Ziel, die Geschichte der Frauen in ihr Selbstverständnis und ihre Identität zu integrieren. Nur durch historische Vergleiche können Frauen heute zu einer Standortbestimmung kommen. Es geht nicht darum, die Einzeltaten von Frauen in der Geschichte zu verherrlichen oder Frauen unkritisch zu beurteilen. Ihr Geschichtsdefizit zu beseitigen, kann nicht darauf zielen, der Geschichte der großen Männer eine Geschichte der großen Frauen hinzuzufügen, sondern die historische Forschung in ihren Fragestellungen und in ihren Wichtigkeits- und Rangvorstellungen zu berichtigen.

Ulrike Prokop

Weiblicher Lebenszusammenhang

Die »Beschränktheit« der vereinnahmenden Strategien, die die Bewegung zur Befreiung der Frauen auf (in Maßen!) das Zugeständnis einer freundlichen Teilhabe am Bestehenden reduzieren wollten, sowie die ihr revolutionär und durchaus angemessen scheinende »Unangemessenheit« der weiblichen Wünsche analysiert die Frankfurter Soziologin in diesem 1976 erschienenen Text. Sie knüpfte damit an die radikalfeministische Tradition der Verweigerung der Integration an. Die weibliche Phantasie an die Macht!

Der unterdrückerische Charakter der starren Geschlechtsrollen, von dem die Zwänge zur äußeren Anpassung der Frauen nur ein Teil sind, bildet den Gegenstand: die Bewußtseinsformen und die sozialen Einrichtungen, gegen die man rebelliert. Zugleich verbindet sich diese Rebellion gegen eine unterdrückerische Kultur mit dem »Praktischen«, mit der Ablehnung des Luxus und der Freude an der Arbeitskleidung, mit der technokratischen Bereinigung der Züge im menschlichen Charakter und in der menschlichen Selbstdarstellung, die zu dem unmittelbar Zweckvollen und Nützlichen in Widerspruch stehen. Verhaltensweisen und Eigenschaften der Frauen, die nicht dem Wunschbild des aufgeklärten, rationalen Menschen entsprechen, werden, als Produkt »des Patriarchats«, Objekt der großen puritanischen Säuberung, die alles Unanständige, Unlogische und vor allem literarisch »Ausschweifende« bereinigt.

Zu Recht denunziert die antipatriarchalistische Position an den kulturellen Erscheinungsformen der Weiblichkeit, daß sie immer schon funktionalisiert, Teil des Kampfs um Vorteile und Überleben, daß Schönheit, Güte und Nachgiebigkeit der Frauen Lebenslügen der Schwachen waren. Dieser Angriff auf die Kultur hat aber eine Affinität zum Technokratischen, die sich in der Vorliebe verrät, sachliche, regelhafte Relationen, wie sie dem industriellen Arbeitsbegriff entsprechen, auf persönliche Beziehungen zu übertragen. Zugleich mit dem Angriff auf den unterdrückenden Zwang zu Jugendlichkeit und adrettem Aussehen, auf den die kosmetische Schönheit reduziert ist, verfällt jede Stilisierung, jede Künstlichkeit, jeder Luxus der Kritik. Untrennbar ist das Argument gegen Mode und Schminke als verwerflichen Mitteln der anbiedernden Lockung der Männer mit dem Widerwillen verbunden, daß Frauen Zeit für »Unsinniges« verwenden.

Die künstlichen Bilder, die die Frauen von sich selbst zu entwerfen suchen, ihre Vorliebe für Dekor und Kitsch, sind Lebenslügen, Vergeudung von Ressourcen. Der Hang zu Luxus und Luxurieren ist Vergeudung von Kräften und Mitteln, die beruhigende Illusion, das Integrationsinstrument, das Herrschaftsverhältnisse aufrechterhält. Und doch sind diese »Lebenslügen« mehr als Momente der Wiederherstellung verausgabter Arbeitskraft: Wiederherstellung von Menschen, soweit sie vom Prinzip des Nutzens noch nicht völlig erfaßt sind. Diese beiden Momente werden theoretisch nicht unterschieden. Die Sehnsucht nach der Ehrlichkeit ohne Masken und ohne andere denn tugendhafte Interessen sucht falsche Trennungen. Mit der kulturindustriellen Stilisierung körperlicher Merkmale und menschlicher Beziehungen denunziert man zugleich alles Lebendige, Überschüssige.

Die Welt der Bilder, die die Frauen zu entwerfen suchen, scheitert notwendig und wird doch mit gleicher Notwendigkeit immer aufs neue hervorgebracht: als Versuch, durch »selbstgemachte Konkretion« sich das konkrete Besondere vorzuspiegeln; auf die Hoffnung, die daran haftet, kann nicht verzichtet werden. Die Rollenattribute sind Fetische des Überschüssigen. Auf der Ebene der verselbständigten Strategien dominiert instrumentelles Denken. Die Verselbständigung politischer und wissenschaftlicher Strategien läßt sich geradezu durch das Ausmaß definieren, in welchem sie ihre Objekte als bloßes Material der Organisation bzw. der Forschung verstehen. Instrumentelles Denken betrachtet die Frauen als Objekt der Realisierung einer prinzipiell feststehenden Zielvorstellung. Dieses Ziel erhält durch die Abstraktion von den wirklichen, lebendigen Menschen und deren Denken und Wollen eine falsche, entfremdete Komponente, selbst dann, wenn es »prinzipiell« richtig erscheint: im Falle der hier behandelten Strategien die – ahistorische, gegenüber der realen Reichhaltigkeit der Verhaltensweisen und auch gegenüber dem realen »Widerstand« der Frauen indifferente – Anwendung eines quantitativen Maßstabs formaler Gleichheit im Beruf ebenso wie in den Geschlechterbeziehungen.

Die Frauen sind Objekt der Strategien. Die Ebene der Strategien hat sich gegenüber der Ebene des Alltagslebens der meisten Frauen weitgehend verselbständigt: Gegenwärtig jedenfalls gibt es keine politische und wissenschaftliche Strategie, die die Frauen, ihr empirisches Denken und Handeln, nicht instrumentell auffassen würde. Die verselbständigten Strategien betrachten die Frauen mehr oder weniger als den sich sperrenden Rohstoff der Realisierung starrer und formalisierter (wenn auch egalitärer) Zielvorstellungen. Die verselbständigten Strategien sind nicht bereit, die realen historischen Konstellationen, empirischen Strukturen, empirischen Möglichkeiten und Interessen, vor allem aber die »Widerstände« (»Traditionalismus«, Familienorientierung, Apathie, Mode- und Konsumorientierung, romantische Ideale, Narzißmus etc.), die die alltägliche Wirklichkeit der Subjekte den Strategien entgegensetzt, zu verarbeiten.

Die Antwort hierauf kann nur eine Untersuchung des alltäglichen Lebens der Frauen sein. »Frauenemanzipation« ist ja nur vorstellbar als auf Bedürfnissen beruhend. Ihr eigentliches Kennzeichen ist das veränderte Verhältnis der Individuen zu den gesellschaftlichen Institutionen. Diese können als zur Lösung der erkannten Probleme des Zusammenlebens notwendige Einrichtungen begriffen werden, also als Produkt geschichtlicher und eigener Praxis.

ROSEMARY L. RODEWALD
Magie, Heilen und Menstruation

Einer der ersten und vielgelesenen Beiträge zu der aus Amerika kommenden Magiewelle war 1978 dieses Buch. Der Ausbruch ins Metaphysische und Magische geriet jedoch in den darauffolgenden Jahren innerhalb der Frauenbewegung oft eher zur Einengung als zur Erweiterung. Die Magiewelle trägt entscheidend zur Entpolitisierung bei. Dazu Helke Sander: »Während wir – neufeministisch – den Mond anheulen, ist er vielleicht schon eine Basis für die nächsten Killersatelliten. Während wir Vergißmeinnicht pflanzen in Mutter Erde, liegen vielleicht einige Meter drunter schon die neuesten nuklearen Modelle.«

Die Herstellung magischer Formeln ist von altersher ein streng gehütetes Geheimnis gewesen, sagenumwoben, in der Schwärze der Nacht zusammengerührt und hinter verschlossenen Türen in den tiefsten Kellergewölben versiegelt. Unsere Reise in unbekannte Dimensionen hatte den Auftrag, Geheimnisse zu erschließen, Mysterien zu enthüllen, damit diejenigen, die an Bord des Raumschiffes unterwegs waren, eigenständige Zauberinnen werden konnten, Heilerinnen der Übel, von denen sie seit Ewigkeiten befallen waren.

Als sie die gewünschte Heilung erreicht hatten, erfuhren die Frauen die Prinzipien, nach denen sie ihre eigenen magischen Formeln herstellen konnten. Anleitungen zur Heilung, um ihren schmerzenden Körper erneuern, ihren überdrüssigen Geist erfrischen und ihr müdes Gemüt wieder herstellen zu können, lange nachdem sie die fernen Sterne verlassen hatten und zu ihrem Erdplaneten zurückgekehrt waren. Als die Mondin langsam hinter fernen Hügelketten aufstieg, offenbarte ich ihnen, auf welche Art ich ihnen geholfen hatte, ihren Körper und ihre Seele zu heilen.

Auch ich hüllte die Formeln, die ich jeder von Euch gab, in Geheimnis, so wie die alten Zauberinnen ihre Heilgeheimnisse tarnten; denn das ist die Art der Magierinnen und der Hexen. Diejenigen von uns, die die Geheimnisse des Heilens kennen, wissen, daß Uneingeweihte rascher geheilt werden, wenn Arzneien in Geheimnis gehüllt sind.

Allzuoft glauben sie, daß die Heilkräfte in den geheimen Anweisungen liegen, in den Aufgaben, die sie erfüllen müssen, in der Wirksamkeit der Kräuter und Getränke, die sie zu sich nehmen, weil sie nicht wissen, daß die wahren Heilkräfte auf den Prinzipien, die ich Euch gerade mitteilen will, beruhen.

Das erste Prinzip besagt, daß Ihr Eure Geheimnisse des Heilens mit einer Aura, etwas Mystischem, einem Hauch von unenthüllbarem Wissen umgeben müßt. Schiebt dieses äußerst wichtige Prinzip nicht beiseite; denn seine Ursprünge sind tief in der Vergangenheit und in dem Glauben verwurzelt, daß ein Schatz um so mehr an Wert gewinnt, je schwieriger es ist, ihn zu heben. Wenn die Uneingeweihte von der Macht des Erfolges gekostet und das Geheimnis, das das echte Wissen vom Heilen umgab, durchbrochen hat, dann wird auch sie einst darauf bestehen, daß andere, die nach ihr kommen, ähnlich schwierige Aufgaben zu erfüllen haben, bevor sie Eingeweihte werden. Das ist die Art der Erdenmenschen.

Das zweite Prinzip bei der Herstellung magischer Formeln heißt Visualisierung, Vorstellungskraft, die Fähigkeit, sich ein Ergebnis so vollständig wie möglich bildlich denken zu können, mit den allerfeinsten Einzelheiten. Um Erfolg mit Eurer magischen Formel zu erreichen, müßt Ihr fähig sein, das Endergebnis zu sehen, Euch selber bei blühender Gesundheit zu sehen, zu sehen, wie Ihr Euch an all den Aktivitäten beteiligt, die Ihr während Eurer Schmerzzeiten vielleicht weggeschoben habt. Stellt Euch bildlich vor, wie Eure Eierstöcke aufspringen, wie die Eier leicht durch starke elastische Eileiter gleiten, wie Eure Gebärmutter in sattem Rosa glatt und gesund schimmert. Seht, wie Ihr tanzt, springt, schwimmt, lacht, liebt, am Tag, an dem Eure Blutung beginnt. Visualisierung ist mächtiger als Worte allein, denn sie erschafft vor Eurem inneren Auge eine Genauigkeit, die mit Worten nicht möglich ist. Visualisierung ist eine Macht, die durch die Kunst des Übens leicht erweitert werden kann.

Hypnose. Hymnen. Zaubertränke. Die Wirksamkeit von Zauberkräutern. Ein Glas Wein oder zwei. Das sind die Ingredienzen für andere Bewußtseinszustände. Ihr Ziel ist vielfältig. Unmittelbar die Macht des inneren Selbst zu erreichen, die Logik des objektiven Selbst zu überwinden, Verbindung mit der Energie des Universums aufzunehmen. Für die Dauer des Fluges seid Ihr tief in die Trance der Hypnose gesunken, mesmerisiert und erreicht leicht das Land der Zauberei. Seine Magie ist wahrlich mächtig, wirksames Werkzeug antiker Seherinnen. In einen anderen Bewußtseinszustand zu gelangen, ist das dritte notwendige Prinzip der Magie.

Um die Formel herzustellen, aus der die Magie fließt, schreibt die Worte zuerst auf Pergamentpapier, das sich selber vernichtet, mit unsichtbarer Tinte. Setzt die Worte klar, auf positive Weise, und gebt nur wieder, was Ihr zu erreichen wünscht. Benutzt niemals Worte, die negative Erinnerungen in Euch wachrufen. Die Formel auf äußerst genaue und gründliche Art in Worte zu setzen, ist das vierte Prinzip der Magie. Prägt Euch die Worte Eurer Formel gut ein, bevor Ihr in Trance sinkt.

Unsichtbare Tinte hat ebenfalls einen bestimmten Zweck. Denn nur, wenn die Formel ans Innere Selbst weitergegeben, dreimal wiederholt und dann vergessen worden ist, kann sie sich mit der Energie des Universums vermischen. Das ständige Wiederholen der Formel, die Suche nach Erfolg, Beunruhigung und Grübelei machen die Magie unwirksam. Eure Formel würde für immer in der Logik des Objektiven Selbst gefangen sein, eines Selbst, dessen Kräfte erdgebunden sind. Das fünfte Prinzip ist also ein zweifaches: dreimal die Formel wiederholen und sie darauf entschwinden lassen.

Das letzte Prinzip ist das Prinzip der Einheit. Denn beim Herstellen Eurer eigenen Formeln ist es wichtig, darauf zu achten, daß Eure Anweisungen sich auf ein einziges Ziel und nur darauf ausrichten. Auch nur ein zusätzliches Ziel wird Eure Fähigkeit der Visualisierung verwässern und die Macht Eures Geistes, Euch voll zu konzentrieren, abschwächen. Indem Ihr Eure Visualisierung und Eure Konzentration abschwächt, werdet Ihr als Folge die Energie, die ausgeschickt wird, um die Universalen Energiewellen zu erreichen, abschwächen. Möge die Gunst des Universums Euer sein, während Ihr jetzt Eure Reise fortsetzt, um Eure allereigensten magischen Heilformeln zu erschaffen.

Luce Irigaray
Der ver-rückte Diskurs der Frauen

Die französische Psychoanalytikerin ist Teil einer ganzen Strömung in Frankreich, genauer: in Paris, die, auf einem sehr intellektualisierenden Niveau die Synthese von Psychoanalyse (Lacanscher Schule), Marxismus und Literatur versucht. In der nach neuen Impulsen hungernden deutschen Frauenbewegung wurde ihr Text 1977 bekannt und spielte eine Rolle in Theorie- und Literatur-Diskussionen. Luce Irigaray hat Tendenzen zu der Auffassung von »der Frau als das Andere«, ist allerdings nicht so einfach ganz der Strömung »neue Weiblichkeit« zuzuschlagen.

Wie dich berühren, wenn du nicht da bist? Dein zu ihrem Sinn geronnenes Blut. Sie können sich sprechen und von uns sprechen. Aber wie? Verlasse ihre Sprache. Versuche nochmal, die Namen, die sie dir gegeben haben, zurückzuverfolgen. Ich warte auf dich, ich warte auf mich. Kehr zurück. So schwierig ist das nicht. Du bleibst hier und ziehst dich nicht zurück in schon gespielte Szenen, in schon gehörte und gesagte Sätze, in schon bekannte Gesten. In schon kodierte Körper. Du versuchst, auf dich aufmerksam zu sein. Auf mich. Ohne dich durch die Norm oder die Gewohnheit beirren zu lassen.

So zum Beispiel: ich liebe dich richtet sich normalerweise oder üblicherweise an ein Rätsel: ein Anderes. Einen anderen Körper, ein anderes Geschlecht. Ich liebe dich: ich weiß nicht allzu sehr wen, noch allzu sehr was. Ich liebe dich zerfließt, verströmt, ertrinkt, verbrennt, verliert sich im Abgrund. Man wird auf die Rückkehr von »ich liebe« warten müssen. Manchmal lange, manchmal immer. »Ich liebe«, wohin ist es entschwunden? Wohin bin ich gekommen? »Ich liebe« belauert das Andere. Hat es mich verschlungen? Ausgespuckt? Erobert? Verlassen? Eingeschlossen? Ausgestoßen? Wie ist es jetzt? Mehr ich? Wenn es mir sagt, ich liebe dich, gibt es mich wieder? Oder gibt es sich in dieser Form? Die seine? Die meine? Die gleiche? Eine andere? Aber wohin bin ich nun gekommen? Ich liebe dich, gespaltener Körper. Ohne Einschnitt. Ohne weder dich noch mich scharf getrennt. Kein notwendigerweise vergossenes oder zu vergießendes Blut zwischen uns. Wir brauchen keine Wunden, um uns zu erinnern, daß das Blut existiert. Es fließt in uns, aus uns. Das Blut ist uns geläufig vertraut. Das Blut: nah. Du bist ganz rot. Und so weiß. Die Eine und Andere. Du wirst nicht rot, wenn du deine Reinheit verlierst. Du bist rein, weil du dich nicht vom Blut entfernt hast. Von uns, die ganz rot bleibend weiß sind, werden alle Farben hervorgebracht: rosarote, dunkle, helle, grüne, blaue ... Denn dieses Weiß rührt nicht vom Glanz her: vom matten Blut, vom schwarzen Blut. Der Glanz ist schwarz. Er absorbiert alles, konserviert, um den Versuch zu machen, das Leben wieder aufzunehmen. Vergeblich ... Das Weiß des Rot nimmt nichts. Es wirft genausoviel zurück wie es empfängt. Leuchtend, ohne Autarkie.

Küsse mich. Zwei Lippen küssen zwei Lippen: das Offene wird uns zurückgegeben. Unsere Welt. Und der Übergang von innen nach außen und von außen nach innen ist zwischen uns grenzenlos. Endlos. Austauschakte, die kein Verschluß, kein Mund jemals anhält. Zwischen uns, das Haus hat keine Trennwände mehr, die durchströmende Umfassung, die Sprache der Zirkularität. Du küßt mich: die Welt ist so groß, daß sie darüber jeden Horizont verliert. Wir unbefriedigt? Ja, wenn das heißt, daß wir niemals zu einem Ende gelangen. Wenn es unser Vergnügen ist, uns ohne Unterlaß zu regen, uns zu erregen. Immer in Bewegungen: das Offene erschöpft sich weder, noch sättigt es sich.

Mehreres auf einmal zu sagen, hat man uns weder gelehrt, noch erlaubt. Das ist kein korrektes Reden. Sicher, wir könnten – wir sollten? – irgendeine »Wahrheit« enthüllen, indem wir damit gleichzeitig eine andere fühlen, zurückhalten, verschweigen. Ihre Kehrseite? Ihre Ergänzung? Ihr Überrest? würden verborgen bleiben. Geheim. Außen und innen brauchen wir nicht gleich zu sein. Das entspricht nicht ihrem Begehren. Verschleiern, entschleiern, ist es nicht das, was sie interessiert? Was sie beschäftigt? Immer den gleichen Eingriff wiederholend. Jedesmal. Mit jeder.

Sprich mit mir. Du kannst nicht? Du willst nicht mehr? Du willst dich hüten. Stumm bleiben? Weiß? Jungfräulich? Dir diejenige des Innern bewahren? Aber sie existiert nicht ohne die andere. Laß dich nicht zerreißen von Entscheidungen, die dir äußerlich wären. Zwischen uns gibt es keinen Bruch zwischen Jungfrau und Nicht-Jungfrau. Kein Ereignis, das uns zur Frau machen würde. Lange vor deiner Geburt berührst du dich, Unschuldige. Das Geschlecht deines/meines Körpers wird uns nicht durch einen Eingriff gegeben. Durch den Einfluß einer Macht, einer Funktion, eines Organs. Du bist bereits die Frau ohne besondere Intervention, noch Manipulation. Ohne notwendigen Rekurs auf ein Außen beeinflußt dich bereits die Andere. Das ist dein Verbrechen, das du nicht begangen hast: du störst ihre Liebe zum Eigentum.

Wie soll ich dir sagen, daß dein Lustempfinden ohne bösen Schmerz möglich ist, dem guten Besitz fremd.

Daß die Sünde nur dann entstehen kann, wenn sie aus deiner Spalte geraubt wird, und sie auf dir, Verschlossene, ihren Besitz einschreiben, ihre Einbrüche praktizieren, ihre Verletzungen, Überschreitungen riskieren können ... Und andere Machtspiele. Wobei sie – und du? – auf deine Reinheit spekulieren. Wenn wir uns darauf einlassen, lassen wir uns mißbrauchen, verderben wir uns. Endlos entfernt von uns, um das Verfolgen ihrer Ziele zu unterstützen. Das wäre unser Schandfleck. Falls wir uns ihrer Vernunft unterwerfen, sind wir schuldig. Ihr Kalkül zielt – gewollt, ungewollt – darauf ab, uns schuldig zu machen.

Wie es sagen? Daß wir sofort Frau sind. Daß wir von ihnen nicht erst als solche produziert werden müssen, von ihnen als solche benannt, geheiligt und geschändet werden müssen. Daß dies immer schon da ist, ohne ihre Arbeit. Und daß ihre Geschichte(n) den Ort unserer Zwangsverschleppung konstituiert(en). Das will heißen, daß wir nicht ein eigenes Gebiet hätten, aber ihr Vaterland, ihre Familie, ihr Heim, ihr Diskurs halten uns gefangen in abgeschlossenen Räumen, wo wir uns nicht weiter bewegen können, uns nicht weiter leben können. Ihre Besitztümer sind unser Exil. Ihre Schutzmauern der Tod unserer Liebe. Ihre Worte der Knebel zwischen unseren Lippen. Wie sprechen, um ihren Einteilungen, Rastern, Unterscheidungen, Oppositionen zu entgehen: jungfräulich/entjungfert, rein/unrein, unschuldig/erfahren ... Wie sollen wir uns von diesen Begriffen losketten, uns von diesen Kategorien befreien, uns von ihren Namen häuten? Wie sollen wir uns lebendig von ihren Konzeptionen lösen? Ohne Reserve, ohne unbeflecktes Weiß, die das Funktionieren ihres Systems unterstützen. Du weißt sehr gut, daß wir niemals vollkommen sind, aber daß wir uns nur als Ganze ungeteilt küssen. Daß immer wieder Teile – von Körper, Raum und Zeit – unseren Blutstrom unterbrechen. Uns paralysieren, uns gerinnen machen, uns unbeweglich machen. Blasser, fast kalt.

Jill Johnston
Lesben Nation

Sie ist das enfant terrible der an eigenwilligen Persönlichkeiten nicht gerade armen amerikanischen Feministinnen-Szene. Sie ist respektlos und ehrlich und verrückt und konsequent. Sie wütet gegen die Normalität, der sie sich einst selbst unterwarf. Bis hin zur Ehe und Mutterschaft. Bis hin an die Grenzen des Wahnsinns. Nach Jahrzehnten der Selbstverleugnung kam ihr coming out. Und wie. Ihr Buch ›Lesben Nation‹, das 1976 auf deutsch erschien, wurde zur Bibel der offensiven Lesbenbewegung.

Die Fünziger waren das trostloseste Jahrzehnt und nicht besonders erwähnenswert, außer zur Illustration des völligen Scheiterns jeder sexuellen Identität bei Tausenden netter junger Lesben, die wie ich auch versuchten, verantwortungsbewußte Erwachsene zu werden. Ich sage Tausende, weil ich jetzt weiß, was ich damals nicht wußte, daß ich eine unter vielen war oder eigentlich eine von allen, wenn das stimmt, was ich oft glaube, daß nämlich alle Frauen Lesben sind. Ob du derselben Meinung bist oder nicht, jedenfalls mußt du zugeben, daß es damals keine Identität für Lesben gab, außer einer kriminalisierten, und daher ist es fast unmöglich, die Zahl derer zu schätzen, die damals Lesben gewesen wären, hätte es irgendeine gesellschaftliche Akzeptierung dieses Status gegeben, und die es gewesen sind, aber unter Schuldbewußtsein und Ablehnung durch die Umwelt litten.

Die Verschwörung des Schweigens hatte Erfolg, Identität wurde als heterosexuelle Identität vorausgesetzt, außer du wurdest des Gegenteils überführt, und das konntest du dir nicht leisten, und aus all solchen sozialen Gründen waren wir eben alle heterosexuell. Es gab keine Identität für Lesben. Es gab lesbische Aktivität. Für die meisten von uns war die Kluft zwischen sozialer Bestätigung und eigenen Bedürfnissen so unüberbrückbar, daß uns die Gesellschaft an beliebig vielen individuell wichtigen Vorhaben hindern konnte: nicht mit zwanzig oder so mit deiner Einzigen Ewiggeliebten wegzulaufen wie die Frauen von Llongollen; aus Veranlagung oder Unerfahrenheit oder Widerwillen oder Mangel an Gelegenheit nicht fähig zu sein, eine Barlesbe zu werden; nicht zufällig in einen Freiraum zu gelangen wie etwa einen Salon de la Paris in den zwanziger Jahren und Colette und Rene Vivien und Romaine Brooks und Radcliff-Hall und so weiter. Das waren drei gute Möglichkeiten. Ich war eine von denen, die alle drei nicht sah.

Wir tanzten Twist und rauchten und klauten und sprachen im üblichen Jargon und amüsierten uns prächtig, aber wir schnappten immer noch nur die von der Männerrevolution abfallenden Almosen auf und die bedeuteten vor allem noch mehr und noch bessere Frauen zum Ficken und noch mehr Scheiße den Frauen aufs Haupt, weil sie alles, was sie immer schon taten, auch weiterhin erledigten und sich außerdem noch um die neuen lustorientierten Hippies kümmerten.

Ich persönlich kümmerte mich nicht um irgendwelche Hippies und hatte meinen Spaß beim kopfüber von den Rohren baumeln, aber niemand bezahlte mich für meine interessante Persönlichkeit, noch hätte jemand sein Leben gegeben, um meine Frau zu sein und mein Leben als Schriftstellerin irgendwie zu erleichtern. Ich konnte nicht wie der Philosoph sagen »Er konnte eine Frau lieben, und doch, mochte sie sich auch Hunderte von Malen im Monat über Berge von Abwaschgeschirr beugen, er hätte ihr nicht helfen mögen, wenn seine Arbeit darunter leiden mußte, nein, nicht, außer ihre Arbeit wäre so wertvoll wie die seine. Aber er war befriedigt von der Bedeutung, die er seiner Arbeit beimaß – welche Qual für einen Mann, wenn ihm die Arbeit nichts bedeutete: dann waren solche Vorrechte vor einer Frau verloren ...« und »so nahm die Hausarbeit von Frauen Bedeutung an, da ihre Arbeit wenigstens einem fundamentalen Zweck diente«. Das konnte ich nicht behaupten und das merkte man. Die Parties, zu denen ich ging, waren die aller anderen.

Mit anderen Worten, ich war nicht sehr erfolgreich. Ich schrieb über die Arbeit anderer. Jedenfalls beschloß ich 1967, zum Gegenstand meines Schreibens mich selbst zu machen, und fühlte mich daher um 1971 herum schon insgesamt sehr viel wohler, aber was Einfluß haben auf dieser Welt angeht, oder wer alles es für wert hält, einem zuzuhören, war ich gegenüber dem ersten Philosophen der Hippies deutlich im Nachteil, denn der hatte immerhin über den Krieg geschrieben und über den Mond. Jedenfalls, die Schwimmerin und Rohrehängerin und Tänzerin und Athletin, die nie Schriftstellerin war, überlebte. Und es war ein bißchen belustigend für sie, neben einem schmutzigen alten Mann zu sitzen aus der Generation, die sie ausgelöscht hatte und den sie gemeint hatte, als sie sechs Jahre vorher aus New Yorks stadtbekannter Besserungsanstalt herausmarschierte, nach drei Wochen im Dunkeln geblendet von der Sonne, und verkündete, daß irgend etwas (was, wußte sie nicht) mit einem Mann geschehen müsse, der in der gleichen Anstalt wie sie eine bessere Behandlung erfahren habe, nachdem er losgezogen war und jemanden erstochen hatte. Sie kam, beschwingt von dem Gedanken, daß, wie David Dalton über Janis Joplin sagte, ihre Gegenwart alles zu zersetzen schien, was die Leute für selbstverständlich hielten, und daß eine zu vertrauliche Annäherung möglicherweise irgendeine persönliche Explosion provozieren könnte. Sie kam sowohl als Zelebrantin als auch als Opfer der zweiten Welle der Beat-Generation. Sie kam als eine die gesehen hatte, wie die besten Frauen ihrer Generation von Verrückten kaputtgemacht worden waren, hysterisch, nackt, ausgehungert, in der Dämmerung auf der Suche nach einem miesen Schuß durch Negerviertel taumelnd. Sie kam als Kämpferin im Ginnungagab und trug eine Rüstung aus verblichenem Drell mit roten Flicken und Blechbüchsenschmuck an einer Kette von ihrem Sohn, woran ein Medaillon von Johanna fehlte, erworben auf einer Frankreichfahrt in der Kathedrale von Orleans. Sie kam und brachte Trankopfer von Automaten-Kaffee und kleiner Flasche Martini dar zur Ehre der Wiedererrichtung der Amazonennation. Sie kam als Überlebende aus den dunklen Zeiten ihrer eigenen Unterwerfung. Sie kam und dachte, sie sei schön und all das. Wie Janis von sich sagt ...

Die Gates war nebenbei die Bar, die als Treffpunkt für Ausgeflippte in dem Film ›Die Ermordung von Schwester George‹ fungierte, den ich einige Monate später in New York sah. Der Eingang vermittelte ein Gefühl der Verworfenheit. Du hättest ihn nie gefunden, wenn du nicht genau wußtest, wo er ist. Die Tür führte direkt auf eine Treppe, die hinunterführte zu dem, wie ich mir einbildete, dunklen Sündenpfuhl. Es war einfach ein kleiner, gut beleuchteter, freundlicher Kellerraum mit gemütlichen runden Nischen, einer Bar, einem Spielautomaten. Die Frau an der Registrierkasse am Fuß der Treppe war eine von der verhärteten Sorte. Stark auf weiblich zurechtgemacht, Lippenstift, Ohrringe, Strümpfe, Absätze etc., mit unpassend tiefer dunkler Stimme und ordinärem Aussehen. Die Barkeeperinnen waren hübsche breitgebaute kesse Väter, ein Typ, der mich immer abstieß, verwirrte und mir Angst einflößte.

Ich setzte mich hin und wartete. Schließlich sprach mich die einzige Frau, die außer mir als Gast da war, sozusagen über die Schulter an, in ihrer Haltung zu dreivierteln von mir abgewandt. Ich konnte ihr gebleichtes blondes glattes kurzes Haar und ihren gewöhnlichen Cockney-Akzent würdigen. Nachdem sie meinen amerikanischen gehört hatte, erwärmte sie sich und nicht viel später drehte sie sich sogar um zu mir und sah mich an. Sie stellte sich als Maureen vor. Sie erwärmte sich tatsächlich so sehr, daß sie mich in ihre Wohnung einlud, um ihre Wohngenossin zu treffen, die »amerikanische Mädchen mag« und ihre eigene Freundin, die eine gebürtige Amerikanerin war. Ich sagte, ich würde gerne kommen, aber möglichst etwas später, wenn ich herausgefunden hätte, wie es in dieser Bar wohl wäre. Bald fand ich es heraus. Anscheinend hatte die gesamte schwule weibliche Bevölkerung Londons entschieden, dies solle heute abend der Treffpunkt sein. Ich hatte keine Ahnung, daß es so viele schwule Leute überhaupt auf der Welt gab, geschweige denn allein schon in London. Ich war sehr verwirrt. Ich wußte nicht, wie ich mich verhalten sollte. Ich tat gar nichts. Ich glaube, ich saß einfach da, wie gelähmt von entsetzter Neugier.

Ich nahm eine höchst snobistische Haltung ein. Ich bin sicher, ich selbst hielt mich nicht für eine Lesbierin. Dennoch war ich darauf vorbereitet, eine der beiden Rollenstereotypen auszufüllen, die in der konventionellen Schwulengesellschaft alten Stils in Gebrauch sind. Außer was meine langen Haare anging. Sie übersahen die Haare wegen dem Schlips. Der Schlips schien meine Rolle zu garantieren, die Rolle einer Frau, die den männlichen Part spielen würden. Innerhalb meiner drei lesbischen Ehen hatte ich niemals irgendeinen Part gespielt, welchen auch immer, es sei denn alle, so betrachtete ich die allgemeine Einstellung mit amüsierter Duldsamkeit, dankbar, für eine Hälfte des vollgepfropften Raumes attraktiv zu sein, weil ich unvorhersehbarerweise das richtige Ding trug. Ich wurde aufgeschlossen und unternehmungslustig. Ich fragte eine nach der Uhrzeit und wurde von ihrer Freundin mit Ermordung bedroht. Wahrscheinlich schreckte sie vor nichts zurück. Gut, daß ich nur nach der Uhrzeit gefragt hatte. Mir wurde jetzt sehr richtig klar, daß ich besser keinerlei Versuch machte, mich zu unterhalten oder zu tanzen oder irgend so etwas, andernfalls sie mich vielleicht als Leiche heimbefördern würden. Also wartete ich ab. Ich wartete nicht allzu lange. Wie gesagt, ich war ziemlich beliebt. Also gab es eine Reihe unauffälliger oder bizarrer Annäherungsversuche. Alles Weibchen.

Ich war ein kesser Vater! Die spannendste Aufforderung stand auf einem Zettel, der mir in die Hand gedrückt wurde, und zwar von der Frau, die mir als die schönste dort erschien; ihren Verrat betrieb sie wie eine Expertin, indem sie mir ihre Nachricht ganz unauffällig rasch im Vorbeigehen zusteckte, zweifellos, während ihre »feste Beziehung« ihre Mäntel holte und für einen Moment außer Sicht war. Es war sehr dramatisch. Eine Szene aus einem Spionagefilm. Ich begab mich sofort auf »für Damen«, um den Zettel zu lesen, und fand mit Bleistift ihren Namen und eine Telefonnummer hingekritzelt.

Mein erstes und letztes Wort, hätte ich nur zu einem die Gelegenheit bei diesem Thema, würde sein, daß dann, wenn du nicht durch deine Tür und auf die Straße hinunter und in den Park in liebevoller Umarmung mit der, die du liebst, gehen kannst, die ganze Gesellschaft schief liegt. Männer werden den Gedanken aufgeben müssen, jedes weibliche Wesen sei eine potentielle Partnerin für sie. Und Frauen werden ihre Absichten auf jedes männliche Wesen aufgeben müssen. Schwule erwarten und fordern nun endlich die gleiche achtungsvolle Rücksichtnahme ihren sexuellen Interessen und Verbindungen gegenüber, wie sie sie, seit sie denken können, den übernatürlichen Gewalten gezollt haben, die sie zunächst mit dem Leben ausgestattet haben.

Nun gibt es nur einen Weg, wie sich dieser gesellschaftliche Wandel vollziehen kann. Und der ist, daß alle Schwulen, die die es wissen und akzeptieren, aufstehen und für sich selbst sprechen. Es gibt keinen anderen Weg. Gesetze und diskriminierende Praktiken werden sich entsprechend unserer Verhaltensänderung verändern, und Verhalten wird weiterhin absurd sein, solange die Gesellschaft Abweichungen davon toleriert, indem sie erfolgreich vortäuscht, sie wisse nicht, was sie schon vermutet. Befrage beliebige Schwule über ihre traumatischen Konfrontationen mit ihren Familien. Alle wissen alles. Das heißt, wir stehen in bleibendem telepathischem Austausch. Aber die Gesellschaft ist ein Eisberg. Sie liegt größtenteils unter dem Wasserspiegel. Ein Wissen, das unsere uralten Ängste und Tabus, unsere kollektiven Sünden und Schuldgefühle aufwecken könnte, wird rigoros unterdrückt.

Erst vor einem Jahr ließ ich zu, daß mich Rosalyn Drexler bei einer kleinen Dinnerparty überzeugte, ich sei ein Esel gewesen, daß ich mich in einer Künstlerkolonie, wo ich gewesen war, zu erkennen gegeben hatte, ich hatte nicht genug Selbstschutz bewiesen, wie Rosalyn erklärte. »Oh, Jill, kannst du kein Geheimnis bei dir behalten«, und ich war noch nicht fähig, sofort zu antworten: »Hältst du deine Ehe mit Sherman geheim?« – Aber wenn du glaubst, es macht mir Spaß, eine Plappermaullesbe zu sein, dann irrst du dich. Das Feld ist voll klirrender Schwerter. Der Erdboden ist schon blutdurchtränkt. Wenn du glaubst, daß ich um meiner selbst willen traurig bin, dann hast du recht. Ich mag Menschen mit diesem speziellen Gefühl besonders gern. Es steht gegen die Struktur der furchtlosen protestantischen Ethik. Solange du nicht um deiner selbst willen umfassend traurig gewesen bist, weißt du nicht, daß du ein menschliches Wesen bist.

Sylvia Bovenschen
Imaginierte Weiblichkeit

Unsere Antwort kann weder die Integration in das Bestehende, noch die Ablehnung alles Bestehenden und der Rückzug in die sogenannte »Weiblichkeit« sein. Die Frankfurter Germanistin Bovenschen lieferte mit ihrem kulturkritischen Essay einen wichtigen Beitrag zu dieser radikalfeministischen Position. Das Buch erschien 1978 und formuliert somit früh eine klarsichtige und heute noch notwendigere Kritik an den »weiblichen Werten«.

Während die einen bei der Forderung nach Gleichheit, die von den Frauenbewegungen des 19. und 20. Jahrhunderts auf soziale, politische und ökonomische Problemstellungen ausgedehnt wurde, stehen bleiben, in der Hoffnung, daß die Frauen in einem Akt der Kompensation und Assimilation nicht nur die gleichen Rechte, sondern auch die gleichen Fähigkeiten erringen und somit endlich auf den kulturhistorischen Entwicklungsstand der Männer gelangen könnten, beharren die anderen mit dem Argument, daß dieser Stand, an dessen Vorgeschichte die Frauen überdies keinen Anteil gehabt hätten, nicht eben der beste sei, auf einem spezifisch weiblichen – wenn auch nicht ›naturgewollten‹, so doch historisch gewordenen – ›Anderssein‹. Beide Positionen bieten jedoch Angriffsflächen.

Sind die egalitären Konzepte dem Vorwurf ausgesetzt, über eine bloße Angleichung nicht hinauszukommen, so steht das Insistieren auf einer spezifischen Qualität des Weiblichen, kann es sich doch so recht keiner geschichtlichen Realität der Frau versichern, in dem Verdacht, sich im Rückgriff auf die projektiven Bilder und Zuschreibungen in die traditionellen ergänzungstheoretischen Deutungen einzufügen.

So muß sich zum Beispiel die erneute Proklamation ›weiblicher Qualitäten‹ – wie »Passivität«, »Sensitivität« und »Rezeptivität«, die kürzlich von Herbert Marcuse im Sinne einer »Umwälzung der Werte« als »Antithese« zu den bestehenden aggressiven, auf Leistung und Effizienz gerichteten Konditionierungen »entdeckt« wurden – die Frage gefallen lassen, ob es sich dabei nicht abermals um eine jener Hinwendungen zum Weiblichen handelt, durch die zwar der Kampf gegen die traditionellen Normierungen inspiriert wird, die aber immer nur eine willkommene Erweiterung des ›männlichen‹ Projektionsspektrums sind – eine Erweiterung, gegen die nichts einzuwenden wäre, verbände sie sich argumentativ nicht mit dem Anspruch, Aussagen über ein genuin ›Weibliches‹ machen zu können.

Dieser Einwand (der nichts mit jenem fragwürdigen gemein hat, etwas sei schon deshalb nicht richtig, weil es nicht von einer Frau formuliert worden ist) bezieht sich vornehmlich darauf, daß es sich vielleicht tatsächlich nur um eine »Umwälzung der Werte« handeln könnte, um eine Neubestimmung dieser »Qualitäten« auf der gleichen Projektionsebene, auf der sie schon immer gehandelt wurden. Denn diese »Qualitäten«, die nun wieder einmal positiv bewertet werden, sind ja nichts weiter als Zuschreibungen, deren Realitätsgehalt noch völlig unausgemacht ist. (Die entscheidende Frage nach dem besonderen geschichtlichen Status dieses »Weiblichen«, nach dem Verhältnis von geschlechtsspezifischen Zuweisungen und geschichtlicher Abwesenheit ist allerdings – wie ein Blick auf die kulturhistorischen Varianten der Weiblichkeitsthematisierungen und auf die sporadischen Artikulationen der Frauen selbst zeigt – nur selten gestellt worden.)

Der Mangel an Belegen und Überlieferungen der Anwesenheit der Frauen im geschichtlichen Prozeß hat gelegentlich ursprungsmythische Sehnsüchte wachgerufen. So wird etwa der »Gang zu den Müttern«, jenen Wesen, die Goethe bezeichnenderweise außerhalb von Raum und Zeit im noch Unausgebildeten, Ungetrennten ansiedelte, heute wieder empfohlen. Aber so großartig diese Formel als poetischer Ausdruck des geschichtlichen Ausschlusses der Frauen auch sein mag, als Proklamation im 20. Jahrhundert im Sinne einer diesmal von den Frauen selbst programmierten Geschichtslosigkeit droht sie der Lächerlichkeit des Sektierertums anheimzufallen und ist schließlich nichts anderes als die schlechte Wiederholung dessen, was mit dem Weiblichen immer schon geschah: Ausbürgerung aus der Realität.

Die Einsicht, daß die Frauen gleichermaßen innerhalb und außerhalb einer geschichtlichen Situation leben, mithin die völlige Gleichberechtigung für sich beanspruchen und zugleich zwar nicht auf ihrer besonderen Geschichte – denn von der steht nichts geschrieben –, aber sehr wohl auf der besonderen Geschichtlichkeit ihrer Existenz beharren können, hat Virginia Woolf veranlaßt, von einer Bewußtseinsspaltung und einem permanenten Perspektivenwechsel zu sprechen:

»Und wenn man eine frau ist, wird man oft von einer plötzlichen bewußtseinsspaltung überrascht, zum beispiel, wenn, während sie Whitehall hinabgeht, sie aus einer natürlichen erbin dieser zivilisation plötzlich im gegenteil zur außenseiterin wird, fremd und kritisch . . .«

Die Geschichte der weiblichen Geschichtslosigkeit ernst zu nehmen, darf nicht heißen, sich dem Gegenstand in der Weise zu assimilieren, daß die Analyse selbst ahistorisch wird. Diese Analyse darf nicht ignorieren, daß es sich bei dem historischen Material, dessen wir habhaft werden können, um ein gefiltertes handelt: um Bilder, Zuschreibungen, Projektionen etc. Gleichwohl gilt es, dieses Material, das nahezu die gesamte Überlieferung ausmacht, in seine Teile zu zerlegen, auf seine Gehalte und seine diskursiven Einordnungen zu untersuchen und es in einen neuen Bezugsrahmen zu stellen, der sich selbst erst im Laufe dieser Analyse herausbilden muß.

Vera Slupik
Feministische Damenriege

»Liebe ist Arbeit – aber Liebe ist auch Liebe« nannte Vera Slupik anzüglich ihren auf der Sommeruniversität 1979 gehaltenen Vortrag. Sie spielte damit ironisch auf eine damals laufende Debatte über Lohn-für-Hausarbeit an, auf deren groteskem Höhepunkt gefordert wurde: Lohn auch für die lesbische Liebe, denn auch das ist Arbeit! Vera, Juristin und Soziologin, analysierte die antiemanzipatorische Funktion der Bevölkerungspolitik und beschloß ihren Vortrag mit der nachstehenden, wahrhaft trefflichen Karikierung der Bewegung.

Die postpubertäre Jungakademikerin
Sie bildet die absolute Mehrheit der Frauenbewegung, ist zwischen 20 und 28 Jahren alt, mit labiler sexueller Orientierung ausgestattet und sich über ihre eigene Strategie im Geschlechterkampf noch nicht ganz im klaren, schnell begeistert und ebenso schnell wieder enttäuscht, mißtrauisch gegenüber jedweder Theorie, doch bald auch »abgetörnt« von der Praxis. Sie liebt wärmende Gruppen und erschütternde kollektive Erlebnisse, ist auf der Suche nach Charisma und liebäugelt insgeheim mit der Psychoanalyse. Was aus ihr mal werden wird, das wissen wir nicht so genau.

Die tragische Rebellin in der midlife-crisis
Sie war schon in der APO dabei, und in Bewegungen schwimmt sie wie der Fisch im Wasser, obwohl sie – gerade jetzt – manchmal daran zweifelt, ob's überhaupt noch was bringt. Sie ist ausgebrannt von Aufständen, die nicht stattgefunden haben, und Träumen, die unerfüllt blieben, von Bewegung zu Bewegung hetzend, jeden Lebensstil ausprobierend – vielleicht war sie sogar in Kuba oder im Betrieb oder verheiratet mit einem Sozialdemokraten – und letztendlich wieder verwerfend. Jetzt ist sie gerade lesbisch. Manchmal kokettiert sie mit dem Sprung zur Stadtguerilla, doch wir können sicher sein, daß sie ihn nie tun wird. Denn schließlich –, sie ist etabliert oder könnte es zumindest sein.

Die hartgesottene Gründerin und Organisatorin
Sie ist der Kopf der Bewegung, unermüdlich und rastlos. Für ihre Meinungsschwankungen gibt es immer nur die besten Gründe,

und wenn es um Macht geht – auch ihre eigene –, ist sie gänzlich ohne Humor. Wir finden sie in Zeitschriftenredaktionen und an der Spitze von Frauenhäusern, Beratungsgruppen, Stadtteilprojekten – immer mit beiden Händen voll im Elend, wenn auch im Elend anderer Leute. Aber, schließlich hat auch sie abgetrieben, obwohl sie ein recht ruhiges Privatleben führt (was sie gerne verschweigt). Sie ist so empfindlich wie alle Politiker, was ihrem Erfolg jedoch keinen Abbruch tut. Sie verfügt über die Persönlichkeitsstruktur eines Kleinunternehmers, aus Spaltungen geht sie zumeist als Siegerin hervor, obwohl sie mittlerweile vorsichtig geworden ist.

Die Absahnerin
Sie schwimmt als Fettauge auf der Bewegungsbrühe. Das Frauenleben gilt ihr als Marktlücke in Politik und Wissenschaft. Sie ist oft irritiert über den Eifer anderer, aber manchmal – das muß man auch sagen – ehrlich betroffen. Sie äußert sich gerne vor liberalem Publikum über die »Geschlechtsrollenproblematik«, der Erfolg ist ihr gewiß. Sie hält sich zurück, wenn es um kühne Entwürfe geht, hält jedoch Verbindung zu jeder Sorte Technokraten – »eine muß das ja machen«. Sie hat viele Meinungen und niemand mag sie besonders, aber sie ist immer dabei.

Die sozial wache Gewerkschafterin oder Sozialdemokratin
Variante: emanzipierte Mutti
Für sie ist die Frauenbewegung geradezu die ideale Wirkungsstätte, denn sie »bringt« sich ein, obwohl sie nichts gegen Männer hat, jawohl – schließlich lebt sie bereits ein Stück »Partnerschaft« (wenn auch nur deshalb, weil ihr Gatte zu bequem ist, den Makker zu spielen). Sie findet zwar vieles »unausgegoren« und »übersteigert«, aber in »vielem muß man den Feministinnen doch recht geben«. Sie lebt in materiell gesicherten Verhältnissen, und die Bewegung ist ihr moderne Freizeitgestaltung.

Variante: die Junggesellin
Auch sie hat nichts gegen Männer – beileibe nicht. Es kann sogar passieren, daß sie in angeheitertem Zustand mitteilt, sie käme mit Männern besser aus, als mit Frauen. Sie ist also nicht lesbisch, obwohl ihr das vielleicht ganz gut täte. Auf ihrem Banner steht die Gleichberechtigung im Erwerbsleben, ohne Abstriche, ohne Kompromiß. Sie hat sich durchgebissen. Die Frauenbewegung ist ihr sympathisch, doch »leider« zu ineffektiv.

Die 300prozentig alternative Superlesbe
»Da lacht der Hetero« – sie ist nicht bi, igittigitt, sie ist keine Junglesbe, Bewegungslesbe, bärtige Lesbe, Sublesbe, sie trägt Boots und kauft in der Sesammühle (Frauen-Coop, Anm. d. Dok.). Sie ist die Urlesbe und träumt vom Matriarchat und Parthenogenese, fährt heutzutage mit dem Fahrrad in die Bars und hat selbstverständlich »Mehrfachbeziehungen«. Als eifrige Besucherin sämtlicher europäischer und außereuropäischer Sommercamps (»in New York ist alles viel toller«) ist sie glühende Verehrerin von Alix Dobkin und Jill Johnston (»Lesbian Nation«). Sie arbeitet nur »lustvoll« und – wenn überhaupt – nur mit Lesben und ist die einzige, die noch daran glaubt, daß Lesbierinnen bessere Menschen sind als Männer.

Der Trendsetter oder Star
Sie war die erste, die Karate lernte, während alle anderen noch in Selbsthilfegruppen ihre Muttermünder bespiegelten. Sie trug schon die adidas Schnellstarter und lila Latzhosen, als andere noch in Cordjeans und braunen Jesuslatschen herumliefen. Sie sagte schon »frau«, als andere noch ahnungslos »man« sagten. Sie kannte die Unterdrückung schwarzer Frauen, türkischer Arbeitsemigrantinnen und überhaupt die 3. Welt schon, als andere nur den § 218, Frauen bei Siemens und Selbsterfahrungsgruppen sahen. Sie ist die Sternschnuppe der Frauenbewegung, lesbische Mutter, die Lohn für die Hausarbeit forderte, als andere noch heterosexuell, kinderlos und für die Abschaffung des Geldes überhaupt waren. Sie denkt, sie habe den großen »Durchblick«, dabei hat sie leider nur einen Riecher für wechselnde Moden.

Die Menschenfeindin
Dieser Typ kommt selten vor, so gut wie gar nicht. Wenn alle himmelhochjauchzen, ist sie zu Tode betrübt. Sind alle einer Meinung, hat sie bestimmt eine andere. Sie hält die Frauenbewegung für unausrottbar dumm, was sie nicht daran hindert, die Fehler der Bewegten immer wieder mit ätzender Kritik zu geißeln. Sie wäre gerne hartgesottene Gründerin, doch dazu fehlt ihr der gesunde Menschenverstand und das Durchhaltevermögen. Sie liebt die dünne Luft des vermeintlich Elitären, hat als einzige Humor, wenn auch nur bissigen, und ist unbeliebt je nach Mehrheit.

Die Schickeria-Frauenrechtlerin

Sie bevorzugt Türkis, Thonet-Möbel und das Feuilleton, aber auch Jugendstillampen und würde mit dem Fuß aufstampfen, sagte jemand, daß die französischen Weiblichkeitstheoretikerinnen einfach nur hübsche Schwätzerinnen sind, olala ... Sie ist stockheterosexuell, läßt aber gern begehrliche Blicke von Frauen auf sich ruhen. Die Frauenbewegung dient ihr als Pluspunkt im Geschlechterkampf, also als Ideenspender. Sie ist ein wenig kokett und zieht es vor, den Dingen nicht auf den Grund zu gehen. Frauenfeste verläßt sie in der Regel vor 24 Uhr.

Die Abtrünnige

Derer gibt es viele. Wenn die Nachpubertät abgeschlossen, die Rebellion im Keim erstickt, die Organisation gegründet und der Kuchen verteilt ist, wenn der Softie zum Chauvi wird oder die Kinder rufen, die nächste Wahl kommt und der Trend vorbei ist, die schlimmsten Prophezeiungen sich bewahrheitet haben und die Frauenbewegung nun wirklich nicht mehr »in« ist, welchen Grund sollte es dann noch geben, Feministin zu sein?

Susan Sontag
Reflexionen über die Befreiung der Frau

Die amerikanische Intellektuelle hat sich nicht auf sogenannte »Frauenthemen« einschränken lassen und unseres Wissens nur in einem ganz explizit zur Frauenfrage Stellung genommen, und zwar in den ›Reflexionen über die Befreiung der Frau‹, 1972 geschrieben für die ›Temps Modernes‹. Dieser Text, der nun schon mehr als 10 Jahre alt ist, bleibt gültig, ja mehr noch: ist heute, in dieser Phase der neuen Verwirrung und alten Theorielosigkeit gültiger noch als zuvor. Hier ein Auszug.

Wenn man heute der Emanzipation der Frauen gewogen ist, ist man in einer Situation, die der der Anhänger der Befreiung der Sklaven vor zweihundert Jahren vergleichbar ist. So wie die Institution der Sklaverei seit undenklichen Zeiten mit dem Argument der Natur des Menschen begründet worden war, so fußt die ebenso alte Unterdrückung der Frau auf einer sogenannten »natürlichen« Unterlegenheit, die dem Geschlecht eigen sei. Die Bewohner dieses Planeten (und dabei denke ich an Männer und Frauen) fahren in der Mehrheit fort, zu glauben, daß die Frau von anderer Natur sei als der Mann. Sie sagen, es seien »natürliche Unterschiede«, die aus den Frauen unterlegene Wesen machen.

Die Männer, die eine gewisse Bildung haben, und vor allem auch die, die sich für Liberale und Sozialisten halten, sagen, daß diese Unterschiede die Frau in ihren Augen nicht minderwertig machen. Wenn die Frauen sich von den Männern unterscheiden, sagen sie, dann heißt das in keiner Weise, daß sie ihnen nicht gleich sind. (...) So plädieren unsere scheinheiligen Verteidiger, deren Argument aus der gleichen trüben Quelle kommt wie das der amerikanischen Südstaatler, die unter Beteuerung ihres Respektes vor der Gleichheit – »getrennt, aber gleich!« – ein getrenntes Schulsystem fordern. Wenn man genau hinschaut, beinhalten diese angeblich angeborenen Unterschiede eine Werte-Skala, mit der die den Frauen zugestandenen Qualitäten gemessen und als mindere denn die den Männern zuerkannten eingestuft werden. Wer »Virilität« sagt, meint Kompetenz, Autonomie, Selbstkontrolle, Ehrgeiz und Rationalität. »Feminität« aber läßt an Inkompetenz denken, an Zerbrechlichkeit, an Irrationalität, an Passivität und unterwürfige Grazie. »Die Befreiung der Frauen geht nicht ohne die Befreiung der Männer«, heißt es heute oft. Diese Banalität entbehrt nicht einer sachlichen Grundlage. Männer und Frauen haben das gleiche Ziel: über sich selbst verfügen zu können, wirklich unabhängig zu sein, das heißt, ohne Hemmnis am sozialen Leben teilnehmen zu können, in einer Gesellschaft zu leben, die weder auf der Entfremdung basiert noch auf der Repression. Aber man muß sich vor dem Gemeinplatz hüten, denn er bedeutet gleichzeitig die Verleugnung der Existenz der Kämpfe zur Befreiung der Frauen. Wie viele überlieferte Vorstellungen, in denen ein Körnchen Wahrheit steckt, lenkt dieser Satz die Aufmerksamkeit ab. Das Denken geht ihm auf den Leim. Die Wut legt sich. Bald wird man sich mit einer reformistischen Sicht, einer passiven Haltung den Problemen gegenüber begnügen.

Es ist nicht zu leugnen, daß in unserer unvollkommenen Welt alle Menschen eine Befreiung nötig haben: die Herren wie die Sklaven, die Unterdrücker wie die Unterdrückten. Aber man kann nicht überall auf gleiche Art und Weise für eine gerechte Gesellschaft kämpfen. Jeder Kampf ist mit einer bestimmten Realität verknüpft, und seine Definition ist konkret. Einen thailändischen Bauern zu befreien, hat nichts gemein mit der Befreiung eines weißen Arbeiters in Detroit. Der thailändische Bauer ist doppelt unterdrückt: als Bauer und als Orientale (und seine Frau ist dreifach unterdrückt: als Frau). Ein Arbeiter in einer Detroiter Automobilfabrik ist als Arbeiter unterdrückt, aber da er Amerikaner ist, gehört er zur weißen Rasse und also zur Partei des Unterdrückers. Trägt man dem, worauf die Unterdrückung beruht, Rechnung, so gleicht die Unterdrückung der Frauen keineswegs der der Männer ...

Die Vorstellung, daß die Befreiung der Männer und die der Frauen Hand in Hand gehen, daß es sich um einen wechselseitigen Prozeß handelt, kann vernünftig scheinen. Die direkte Erfahrung aber entlarvt den Trugschluß. Die Psychologie der Männer geht, ebenso wie die der Frauen, den »sexistischen« Klischees in die Falle. Der kleine Unterschied ist indes, daß diese Klischees nur den Männern unleugbare Privilegien einbringen. Es ist der Mann, der einen größeren Verhaltens-Spielraum hat, eine beachtenswerte Mobilität. Er geht an Orte, wo die Frau allein nicht hin kann, oder nur unter Gefahr der Vergewaltigung oder Mißhandlung. Männer und Frauen sind der Unterdrückung anderer Menschen ausgesetzt. Aber man darf nicht vergessen, daß zusätzlich alle Frauen von allen Männern unterdrückt werden. Es scheint zwar selbstverständlich zu sein, zu sagen: Wenn die Frauen befreit sind, werden es auch die Männer sein. Aber man hütet sich, von der rohen Realität zu sprechen: der Männerherrschaft. Als ob es sich um eine unvermeidliche Situation handelte, für die keiner die Verantwortung trägt und an der, selbstverständlich, niemand ein besonderes Interesse hat (...). Das Gegenteil ist wahr. Die Herrschaft der Männer über die Frauen dient den Männern, und die Befreiung der Frauen wird folglich auf Kosten der männlichen Privilegien gehen. Ist die Befreiung einmal erreicht, werden vielleicht auch die Männer davon profitieren, das heißt, sie werden von der Pflicht befreit sein, ihre Virilität beweisen zu müssen. Aber daß den Unterdrückern auf diese Weise gestattet wird, die Bürde ihrer Verantwortung niederzulegen, kann nur ein Nebenaspekt der Befreiung sein, von der wir reden. Geht es nicht zunächst darum, die Unterdrückten zu befreien? Es gibt in der Geschichte kein Beispiel dafür, daß die Forderungen der Unterdrükker und der Unterdrückten sich als vereinbar erwiesen hätten. Auch in diesem Fall ist nicht die Ausnahme von der Regel zu erwarten. Keine Frau entgeht jener Form von Imperialismus, in der die Männer die Rolle des Kolonialisten spielen und sie die des Eingeborenen.

Ein Programm, das die Befreiung der Frauen will, darf nicht auf der Suche nach Gleichheit basieren (das ist die liberale Illusion), sondern muß auf dem Konzept der Macht beruhen. Das bedeutet: zunächst Aktionen, die auf die Veränderung des Bewußtseins und der sozialen Strukturen zielen. Nur so können die Frauen einen großen Teil der von den Männern monopolisierten Macht wiederbekommen. In einer zweiten Phase muß die Beschaffenheit der Macht an sich verändert werden, da sie immer in einer »sexistischen« Perspektive konzipiert war. Tatsächlich ist es so, daß, spricht man von Macht, unverzüglich das »angeborene Interesse« des Mannes geweckt wird (der von Natur aus, auf Grund seiner physischen Kraft aggressiv und der Gewalt geneigt sein soll). Daher resultiert die Beschaffenheit der Macht: sie identifiziert sich mit den exklusiv männlichen Vereinigungen, die über Krieg, Regierungen, Sport, Religion und Geschäfte entscheiden. Wer sich mit der Veränderung begnügt, ohne die Frage nach der Macht und ihrer Struktur zu stellen, betreibt Befriedung, nicht Befreiung.

Der Aufruf zur gemeinsamen Sache mit den Männern bei der Frauenbefreiung bedeutet wieder einmal, die harte Realität der Machtbeziehungen zu ignorieren, die jeden Dialog zwischen den Geschlechtern determinieren. Es ist nicht an den Frauen, die Männer zu befreien. Sie müssen sich zunächst selbst befreien.

Eine radikale Veränderung des Status der Frau würde – im

Gegensatz zu einer liberalen Reform – das Mysterium der »Natur« zu Fall bringen. Die Frauen müssen die Stereotypen, die jedem Geschlecht seine besondere Identität geben, zerschlagen (egal, ob sie Nutzen oder Nachteile davon haben). Denn wieder einmal genügt es nicht, die Gesetze zu ändern, auf denen die Trennung bei Wahlen, Verträgen, in der Bildung und Arbeit beruht – man muß weiter gehen: Die Arbeit selbst, die sexuellen Gewohnheiten und die Vorstellung, die wir uns von der Familie machen, müssen verändert werden. Selbst die Sprache darf dabei keine Ausnahme bilden; in ihr finden wir alle anti-feministischen Vorurteile konserviert.

In allen Bereichen muß die Verachtung der Frauen aufgedeckt werden. Sie steckt nicht nur in den Gesetzen, sondern in jedem Augenblick des Lebens (in den Höflichkeitsfloskeln, der elementaren Etikette der Kleidung, den Gesten etc.). All das führt zur Teilung der Menschheit in zwei Kategorien, in zwei Pole. Und dann diese Welle von Bildern (in der Kunst, den Nachrichten, der Reklame), die die »sexistischen« Stereotypen perpetuieren. Diese Art zu existieren wird sich erst dann ändern, wenn die Frauen sich von ihrer »Natur« befreien und beginnen, eine andere Geschichte zu schaffen und zu leben.

Ti-Grace Atkinson: Amazonen-Odyssee, München (Frauenoffensive) 1978

Autonomie oder Institution. Beiträge zur Sommeruniversität, Berlin (Selbstverlag) 1979

Simone de Beauvoir: Das andere Geschlecht. Sitte und Sexus der Frau, Reinbek (Rowohlt) 1951

Elena G. Belotti: Was geschieht mit kleinen Mädchen? Die zwangsweise Herausbildung der weiblichen Rolle in den ersten Lebensjahren durch die Gesellschaft, München (Frauenoffensive) 1975

Sylvia Bovenschen: Imaginierte Weiblichkeit und weibliche Imagination. Die Frau im literarischen Diskurs, Frankfurt (Suhrkamp) 1978

Susan Brownmiller: Gegen unseren Willen. Vergewaltigung und Männerherrschaft, Frankfurt (Fischer) 1978

Phyllis Chesler: Frauen – das verrückte Geschlecht, Reinbek (Rowohlt) 1974

Come-out. Gespräche mit lesbischen Frauen, München (Come-out-Verlag) 1978

Mariarosa Dalla Costa/Selma James: Die Macht der Frauen und der Umsturz der Gesellschaft, Berlin (Merve) 1973

Hedwig Dohm: Die Eigenschaft der Frau (1856), in: Zur Psychologie der Frau, Die Frau in der Gesellschaft. Frühe Texte, hrsg. v. Gisela Brinker-Gabler, Frankfurt (Fischer) 1978

Barbara Ehrenreich/Deidre English: Hexen, Hebammen und Krankenschwestern, München (Frauenoffensive) 1975

Shulamith Firestone: Frauenbefreiung und sexuelle Revolution, Frankfurt (Fischer) 2. Aufl. 1975

Frauen und Wissenschaft. Beiträge zur Sommeruniversität, Berlin (Courage-Verlag) 1976

Frauen als bezahlte und unbezahlte Arbeitskräfte. Beiträge zur Sommeruniversität, Berlin (Courage-Verlag) 1977

Frauen und Mütter. Beiträge zur Sommeruniversität, Berlin (Courage-Verlag) 1978

Frauen gegen Männergewalt. Erster Erfahrungsbericht des Berliner Hauses für geschlagene Frauen, Berlin (Frauenselbstverlag) 1978

Frauenjahrbuch 1975, Frankfurt (Roter Stern)

Frauenjahrbuch 1976, München (Frauenoffensive)

Frauenjahrbuch 1977, München (Frauenoffensive)

Frauenliebe. Texte aus der amerikanischen Lesbierinnenbewegung, Berlin (LAZ-Selbstverlag) 1975

Betty Friedan: Der Weiblichkeitswahn oder Die Selbstbefreiung der Frau. Ein Emanzipationskonzept, Reinbek (Rowohlt) 1963

Gewalt gegen Frauen und was Frauen dagegen tun. Notrufgruppe für vergewaltigte Frauen, Berlin (Selbstverlag)

Rose M. Giesen/Gunda Schumann: An der Front des Patriarchats. Bericht vom langen Marsch durch das Prostitutionsmilieu, Frankfurt (päd-ex Verlag) 1980

Olympe de Gouges: Schriften, hrsg. v. Monika Dillier/Vera Mostowlansky/Regula Wyss, Frankfurt (Roter Stern) 1980

Carol Hagemann-White: Frauenbewegung und Psychoanalyse. Mit einem Quellenanhang, Frankfurt (Roter Stern) 1977

Carol Hagemann-White/Ingrid Schmidt-Harzbach: Warum Frauenstudien, in: FU-Info, Berlin 1974

Hexengeflüster 2. Frauen greifen zur Selbsthilfe, von: Autorenkollektiv, bearb. v. Christiane Ewert/Gaby Karsten/Dagmar Schultz, Berlin (Frauenselbstverlag) 4. Aufl. 1977

Luce Irigaray: Waren, Körper, Sprache. Der ver-rückte Diskurs der Frauen, Berlin (Merve) 1977

Monika Jaeckel: Wer – wenn nicht wir. Zur Spaltung der Frauen in der Sozialarbeit. Eine Streitschrift für Mütter, München (Frauenoffensive) 1981

Marielousie Janssen-Jurreit: Sexismus. Über die Abtreibung der Frauenfrage, München (Hanser) 2. Aufl. 1977

Jill Johnston: Lesben Nation. Die feministische Lösung, Berlin (Amazonen-Verlag) 1976

Ilse Kassner/Susanne Lorenz: Trauer muß Aspasia tragen. Die Geschichte der Vertreibung der Frau aus der Wissenschaft, München (Frauenoffensive) 1977

Ein Mädchen ist fast so gut wie ein Junge. Sexismus in der Erziehung, Bd. 1: Dagmar Schultz, Interviews, Berichte, Analysen, (Frauenselbstverlag) 1978; Bd. 2: Schülerinnen und Pädagoginnen berichten, hrsg. v. Dagmar Schultz, Berlin (Frauenselbstverlag) 1979

Materialien zur Unterstützung von Aktionsgruppen gegen Klitorisbeschneidung, hrsg. v. Ingrid Braun/Tobe Levin/Angelika Schwarzbauer, München (Frauenoffensive) 1979

Anja Meulenbelt: Die Scham ist vorbei, München (Frauenoffensive) 1978

Kate Millett: Sexus und Herrschaft. Die Tyrannei des Mannes in unserer Gesellschaft, München (Deutscher Taschenbuch Verlag) 1974

dies.: Im Basement, Köln (Kiepenheuer & Witsch) 1980

Susie Orbach: Anti-Diätbuch. Über die Psychologie der Dickleibigkeit, die Ursachen von Eßsucht, München (Frauenoffensive) 1979

Ulrike Prokop: Weiblicher Lebenszusammenhang. Von der Beschränktheit der Strategien und der Unangemessenheit der Wünsche, Frankfurt (Suhrkamp) 1976

Rosemary L. Rodewald: Magie, Heilen und Menstruation, München (Frauenoffensive) 1978

Monika Savier/Carola Wildt: Mädchen zwischen Anpassung und Widerstand. Neue Ansätze zur feministischen Jugendarbeit, München (Frauenoffensive) 1978

Ursula Scheu: Wir werden nicht als Mädchen geboren – wir werden dazu

gemacht. Zur frühkindlichen Erziehung in unserer Gesellschaft, Frankfurt (Fischer) 1977
Karin Schrader-Klebert: Die kulturelle Revolution der Frau, in: Kursbuch 17, Frankfurt 1969
Alice Schwarzer: Der »kleine Unterschied« und seine großen Folgen. Frauen über sich – Beginn einer Befreiung, Frankfurt (Fischer) 1975
Leila Sebbar: Gewalt an kleinen Mädchen, Pohlheim-Grünungen (Feministischer Buchverlag) 1980
Vera Slupik: Liebe ist Arbeit – aber Liebe ist auch Liebe, Berlin 1979
Valerie Solanas: Manifest der Gesellschaft zur Vernichtung der Männer: SCUM, Darmstadt (März) 1969
Susan Sontag: Reflexionen über die Befreiung der Frau, in: Alice Schwarzer (Hrsg.), Frauenarbeit – Frauenbefreiung, Frankfurt (Suhrkamp) 1973
Renate Stefan: Hausfrauen und Mütter, Berlin (Frauenselbstverlag) 1975
Verena Stefan: Häutungen, München (Frauenoffensive) 1975
Sterntaler. Feminismus und Geld, Berlin (Frauenselbstverlag) 1976
Ingrid Strobl: Wider den Hausfrauenlohn! in: AUF – Zeitschrift der Wiener Frauenbewegung, Nr. 3, 1975
Die Überwindung der Sprachlosigkeit. Texte aus der neuen Frauenbewegung, hrsg. v. Gabriele Dietze, Darmstadt (Luchterhand) 1979
Mathilde Vaerting: Frauenstaat und Männerstaat. Neubegründung der Psychologie von Mann und Weib, Berlin (Frauenselbstverlag; Nachdr. d. Ausg. v. 1921) 2. Aufl. 1975
Women's lib USA. Frauen gemeinsam sind stark, hrsg. v. Helgard Kramer/Ursula Krechel u.a., 3. veränd.u.erw.Aufl. Frankfurt (Roter Stern) 1977
Michaela Wunderle (Hrsg.): Politik der Subjektivität. Texte aus der italienischen Frauenbewegung, Frankfurt (Suhrkamp) 1977
Hogie Wyckoff: Anfänge einer feministischen Therapie, Berlin (Frauenselbstverlag) 1975
Hedi Wyss: Das rosarote Mädchenbuch. Ermutigung zu einem neuen Bewußtsein, Frankfurt (Fischer) 1976

4422 AHAUS
Frauenstammtisch Ahaus-Vreden c/o Angelika Kreuter-Hoge, Rosenthal 2, Tel. (0 25 61) 59 98
Frauengruppe i. Gr. c/o Helga Lating-Kaiser, Erlengrund 8, Ahaus-Wesum, Tel. (0 25 61) 65 17
8603 ALTDORF
Frauengruppe Röderstr. 3, Tel. (0 91 87) 26 63 oder 13 04
8750 ASCHAFFENBURG
Frauenzentrum Herrleinstr. 21, Tel. (0 60 21) 2 43 99
8900 AUGSBURG
Frauenzentrum Vorderer Lech 45
2960 AURICH
Autonome Frauen-Initiative c/o Charlotte Meyse-Knaap Sedanstr. 7, Tel. (0 49 41) 6 19 81
7570 BADEN-BADEN
Frauenzentrum Hauptstr. 63
6430 BAD HERSFELD
Frauengruppe Tel. (0 66 21) 7 31 06
6550 BAD KREUZNACH
Frauenzentrum Baumgartenstr. 4, Tel. (06 71) 7 77 12 oder 6 32 39
4970 BAD OEYNHAUSEN
Frauenaktionsgruppe Detmolder Str. 34
3590 BAD WILDUNGEN
Frauengruppe c/o Jördies Donette, Stresemannstr. 9, Tel. (0 56 21) 32 37
8600 BAMBERG
Frauentreff Untere Sandstr. 9 Tel. (09 51) 5 54 40
3013 BARSIGHAUSEN
Frauentreff Bahnhofstr. 3
1000 BERLIN
Frauenzentrum Stresemannstr. 40, Tel. (0 30) 2 51 09 12
4290 BOCHOLT
Frauengruppe Ravardistr. 9
4630 BOCHUM
Frauenzentrum Schmidtstr. 12, Tel. (02 34) 1 91 94
5300 BONN
Fraueninitiative 6. Oktober, Postfach 120401, Tel. (02 28) 63 61 53
2800 BREMEN
Frauenzentrum im Frauenkulturhaus, Im Krummen Arm, Tel. (04 21) 70 16 32
7580 BÜHL
Autonomes Frauenzentrum Sternenstr. 1
3100 CELLE
Frauentreff Tel. (0 51 43) 16 31

8630 COBURG
Frauenzentrum Raststr. 8
6100 DARMSTADT
Frauenzentrum Pallaswiesenstr. 57a, Tel. (0 61 51) 29 32 06
2870 DELMENHORST
Fraueninitiative c/o Ute Timmermann, Cramerstr. 25
4600 DORTMUND
Frauen-Aktion Dortmund Lessingstr. 16, Tel. (02 31) 82 18 18
Frauengruppe Hörde, Dortmund Hörde Tel. (02 31) 51 22 93
4406 DRENSTEINFURT
Frauengruppe c/o M.-L. Wienkamp, Landsbergplatz 1, Tel. (0 25 08) 81 28
5160 DÜREN
Frauenzentrum Krämergasse 29, Tel. (0 24 21) 1 56 52
Frauengruppe c/o Helene Robrock, Eb.-Hoesch-Str. 122
4000 DÜSSELDORF
Frauenzentrum Liebigstr. 5, Hinterhof, Tel. (02 11) 78 51 98
Autonome Umweltfrauen c/o Erika Rendel, Tel. (02 11) 78 51 98
6719 EISENBERG
Frauengruppe »Ulenspiegel«, Hauptstr. 11
2970 EMDEN
Frauenzentrum e.V., Auricherstr. 28, Tel. (0 49 21) 4 49 77
6148 ERBACH
Fraueninitiative Hauptstr. 26, Tel. (0 60 62) 44 75
4300 ESSEN
Frauenzentrum Dreiringstr. 11, Tel. (02 01) 51 22 61
7300 ESSLINGEN
Frauenzentrum Geiselstr. 3
6000 FRANKFURT
Frauenzentrum Eckenheimer Landstr. 72, Tel. (06 11) 59 62 19
Frauenzentrum Bockenheim, Landgrafstr. 13, Tel. (06 11) 77 82 88
7800 FREIBURG
Frauenzentrum Luisenstr. 5, Hinterhaus
7990 FRIEDRICHSHAFEN
Frauentreff Friedrichstr. 1
6300 GIESSEN
Frauenzentrum Alicenstr. 18, Hinterhaus
3400 GÖTTINGEN
Frauenzentrum Kurze Geismarstr. 20
4830 GÜTERSLOH
Frauenzentrum Bismarckstr. 46, Tel. (0 52 41) 2 77 59
2000 HAMBURG
Frauenzentrum Rappstr. 4
Frauenzentrum Bergedorf, Holtenklinkerstr. 158, Tel. (0 40) 7 20 77 87
3250 HAMELN
Frauenladen Neue Marktstr. 27

3000 HANNOVER
Frauenzentrum Nieschlagstr. 26, Tel. (05 11) 47 18 81
2240 HEIDE
Frauenzentrum Bahnhofstr. 29, Tel. (04 81) 8 86 12
6900 HEIDELBERG
Frauenzentrum Friedrich-Ebert-Anlage 9, Hinterhaus, Tel. (0 62 21) 1 36 43
7920 HEIDENHEIM
Frauenzentrum Brenzstr. 42, Tel. (0 73 21) 2 01 33
4900 HERFORD
Frauenzentrum Bielefelder Str. 1
3200 HILDESHEIM
Frauenzentrum Peinerstr. 16, Tel. (0 51 21) 515546
8771 HOMBURG
Frauentreff Obere Allee 3, Tel. (93 95) 6 05 75
2250 HUSUM
Frauenzentrum Süderstr. 42, Tel. (0 48 41) 6 22 34
8070 INGOLSTADT
Frauenforum c/o Helga Keil, Moritzstr. 19
Frauengruppe Schulstr. 9
6750 KAISERSLAUTERN
Frauenzentrum Albert-Schweitzer-Str. 2
3500 KASSEL
Frauenzentrum Goethestr. 44
Frauen informieren Frauen, Mambachstr. 10, Tel. (05 61) 89 31 36
2217 KELLINGHUSEN
Frauengruppe c/o Ute Burkhard, Gerberstr. 8, Tel. (48 22) 12 80
8960 KEMPTEN
Frauentreff An der Sutt
2300 KIEL
Frauenzentrum Gneisenaustr. 44, Tel. (04 31) 80 23 61
4190 KLEVE
Frauenkontaktladen Marktstr. 18
7750 KOBLENZ
Frauenzentrum Lützel, Andernacher Str. 1, Tel. (02 61) 2 51 90
5000 KÖLN
Frauenzentrum Eifelstr. 33, Tel. (02 21) 32 17 92
4150 KREFELD
Frauenkommunikationszentrum Roßstr. 200, Tel. (0 21 50) 54 23
6798 KUSEL
Frauengruppe c/o Susanne Neubauer, Vogelsang 15
7630 LAHR
Frauenzentrum Kaiserstr. 80, Tel. (0 78 21) 3 85 77
6740 LANDAU
Frauenzentrum Trappengasse 5

8300 LANDSHUT
Frauenzentrum Orbanquai 4, Tel. (08 71) 2 94 93
2950 LEER
Frauengruppe Bremer Str. 64a
7140 LUDWIGSBURG
Frauengruppe Treff Em, Abelstr. 11, Tel. (0 71 41) 2 19 50
2400 LÜBECK
Fraueninitiative in der ESG, Königstr. 23
5880 LÜDENSCHEID
Frauenladen Obere Sterngasse 11, Tel. (0 23 51) 2 84 35
3140 LÜNEBURG
Frauengruppe c/o Rosemarie Krüger, Von-Dassel-Str. 34
6500 MAINZ
Frauenzentrum Goethestr. 38, Tel. (0 61 31) 6 36 76
3550 MARBURG
Frauenzentrum Renthof 31, Tel. (0 64 21) 6 35 70
5750 MENDEN
Frauengruppe Westwall 26
5309 MECKENHEIM
Frauenarbeits- und Gesprächskreis, Tel. (0 22 25) 1 25 46 und 1 04 56
4020 METTMANN
Frauengruppe Mittelstr. 13, Tel. (0 21 02) 2 78 34
4950 MINDEN
Frauenzentrum Umradstr. 5
4050 MÖNCHENGLADBACH
Frauengruppe c/o Elke Kruse, Antonstr. 11, Tel. (0 21 61) 1 44 30
6950 MOSBACH
Frauenzentrum Badgasse 7
7130 MÜHLACKER
Frauenzentrum Am Bahnhof 1
4330 MÜLHEIM/RUHR
Frauenzentrum Uhlandstr. 50
8000 MÜNCHEN
Frauenzentrum Gabelsbergerstr. 66, Tel. (0 89) 52 22 22
Frauenforum Adlzreiterstr. 27, Tel. (0 89) 76 83 90 und 78 14 23
Frauentreff Neuperlach, Oskar-Maria-Graf-Ring 20, Tel. (0 89) 6 70 64 63
4400 MÜNSTER
Frauenzentrum Sophienstr. 16
6680 NEUNKIRCHEN
Frauengruppe c/o Ulrike Schmitt, Bodelschwinghstr. 22, Tel. (0 68 21) 5 36 84
3070 NIENBURG
Frauenzentrum Grefengrund, Tel. (0 50 21) 1 91 63
8500 NÜRNBERG
Frauenzentrum Saldorferstr. 6, Tel. (09 11) 26 33 09

7440 NÜRTINGEN
Frauenstammtisch, Lebermannstr. 1/118
7600 OFFENBURG
Frauenstammtisch c/o Edeltraud Adler, Witschstr. 10
2900 OLDENBURG
Frauenzentrum Zigelhofstr. 16
4500 OSNABRÜCK
Frauenzentrum Kommenderiestr. 41, Tel. (05 41) 2 93 00
4790 PADERBORN
Frauenzentrum Ecke Theodor/Ledeburgstr. 2
7530 PFORZHEIM
Frauenzentrum Westliche Karl-Friedrich-Str. 293, Tel. (0 72 31) 6 47 47
8134 PÖCKING
Frauenzentrum c/o Monika Kepurra, Lindenburgstr. 5
7760 RADOLFZELL
Frauenzentrum Friedrich-Weber-Str. 20/III
4350 RECKLINGHAUSEN
Frauenzentrum Am Lohtor 1
8400 REGENSBURG
Frauenzentrum Engelburger Gasse 12, Tel. (09 41) 5 74 04
7410 REUTLINGEN
Frauenzentrum, Lederstr. 86, Tel. (0 71 21) 3 31 30
6090 RÜSSELSHEIM
Frauenforum Haßlocher Str. 115 (DGB-Haus)
6600 SAARBRÜCKEN
Frauenladen Cecilienstr. 29, Tel. (06 81) 39 85 93
3320 SALZGITTER
Frauenzimmer Teichwiesenstr. 25
2380 SCHLESWIG
Frauenzentrum Lollfuß 43
7170 SCHWÄBISCH HALL
Frauenzentrum Obere Herrengasse 15, Tel. (07 91) 5 14 06
6830 SCHWETZINGEN
Frauenzentrum im Jugendheim, Kolpingstr.
5200 SIEGBURG
Frauengruppe Mühlenstr. 33
7032 SINDELFINGEN
Frauengruppe c/o Buch & Café, Turmgasse 7
6231 SODEN-BAD NAUHEIM
Frauengruppe c/o Christel Charf, Julius-Brecht-Str. 7 Schwalbach
4770 SOEST
Frauengruppe Martha-Feldhaus-Heim, Propst-Nübel-Str. 15
5650 SOLINGEN
Frauenzentrum Merscheider Str. 254
6720 SPEYER
Frauenzentrum Herderstr. 7, Tel. (0 62 32) 7 07 05

8130 STARNBERG
Frauenstammtisch c/o Doris Schmied, Possenhofener Str. 56, Tel. (0 81 51) 67 98
7000 STUTTGART
Frauenzentrum Kernerstr. 31, Tel. (07 11) 29 64 32
7820 TITISEE-NEUSTADT
Frauenstammtisch c/o Corinna Meinke, Tel. (0 76 57) 76 51 oder Ursula Pfaff, Tel. (0 76 57) 3 18
7400 TÜBINGEN
Frauenzentrum Haaggasse 34
3110 UELZEN
Frauengruppe und Teestube, Achterstr. 14
7900 ULM
Frauenzentrum Küfergasse 1, Tel. (07 31) 6 77 75
4750 UNNA
Frauengruppe im Jugendzentrum Massener Str.
2843 VECHTA
Frauenzentrumsinitiative c/o Renate Ramm, Bremer Tor 1 a, Tel. (0 44 41) 8 17 34
7730 VILLINGEN
Frauentreff Singener Str. 8
4426 VREDEN
Frauengruppe c/o Monika Möller, Sachsenstr. 4, Tel. (0 25 64) 8 14 46
4410 WARENDORF
Frauenzentrum Milter 23, Tel. (0 25 81) 23 67 50
6200 WIESBADEN
Frauenzentrum Adlerstr. 7, Tel. (0 61 21) 5 12 12
8190 WOLFRATSHAUSEN
Frauengruppe c/o Irmgard Bußer, Weidacher Hauptstr. 7 a, Tel. (0 81 71) 264
8500 WÜRZBURG
Frauenzentrum Petrinistr. 15
5600 WUPPERTAL
Frauenzentrum Stiftstr. 12–14, Tel. (02 02) 44 99 68

Österreich
A-8010 GRAZ
Frauenzentrum Bergmannstr. 6, Tel. (03 16) 32 87 52
A-6020 INNSBRUCK
Frauengruppe im »Komm«, Joseph-Hirner-Str. 7
A-9020 KLAGENFURT
Frauenzentrum OH, Universitätsstr. 64, Haus 13
Frauenzentrum Reitschulgasse 4
A-5020 SALZBURG
Frauenzentrum Courage, Herrengasse 28

A-1030 WIEN
Frauencirkel, Landstraßer Hauptstr. 18, Tel. (02 22) 72 37 21

Schweiz
CH-5400 BADEN
INFRA, Bäderstr. 9, Tel. (0 56) 22 33 50
CH-4058 BASEL
INFRA (Information und Beratung für Frauen), Lindenbergstr. 23, Tel. (0 61) 32 90 64
CH-3001 BERN
Frauenzentrum Mühlenmattstr. 62
OFRA (Organisation für die Sache der Frau), Laupenstr. 5
INFRA (Information und Beratung für Frauen), Eignerplatz 5, Tel. (0 31) 45 06 16
CH-3400 BURGDORF
INFRA, Mühlegasse 24, Tel. (0 34) 22 73 73
CH-8500 FRAUENFELD
INFRA, Bachstr. 4b, Tel. (0 54) 3 26 70 oder 3 29 90
CH-1201 GENF/GENEVE
Centre des Femmes, 5 Bd. St. Georges, Tel. (0 22) 29 22 98
Dispensaire des femmes, 4 rue du Môle, Tel. (0 22) 32 91 14
CH-6004 LUZERN
INFRA, Löwenstr. 9, Tel. (0 41) 51 51 40
CH-8200 SCHAFFHAUSEN
INFRA, Neustadt 45, Tel. (0 53) 4 80 64
CH-9000 ST. GALLEN
INFRA, Löwenstr. 3, Tel. (0 71) 22 44 60
CH-8610 USTER
INFRA, Zentralstr. 39, Tel. (01) 9 41 02 03
CH-8400 WINTERTHUR
INFRA, Rosenstr. 9, Tel. (0 52) 22 94 62 oder 27 63 94
CH-8000 ZÜRICH
Frauenzentrum Lavaterstr. 4, Tel. (01) 2 02 81 30
INFRA, Mattengasse 27, Tel. (01) 44 88 44

Frauenbuchläden

AACHEN
Frauenbuchladen, Bergdriesch 14, Tel. (02 41) 2 44 15
BERLIN
Frauenbuchladen Labrys, Hohenstaufenstr. 64, Tel. (0 30) 2 15 25 00
Frauenbuchladen Lilith, Knesebeckstr. 86–87, Tel. (0 30) 3 12 31 02
Frauenbuchladen Miranda, U-Bahnhof Leopoldplatz, Nazarethkirchstr. 42, Tel. (0 30) 4 65 79 05

BIELEFELD
Frauenbuchladen GmbH, Herforder Str. 64, Tel. (05 21) 6 84 61
BOCHUM
Buchladen im FZ, Schmidtstr. 12, Tel. (02 34) 1 91 94
BONN
Nora Frauenbuchladen, Wolfstr. 30, Tel. (02 28) 65 47 67
BRAUNSCHWEIG
Frauenbuchladen im Magniviertel GmbH, Magnikirchstr. 4, Tel. (05 31) 4 07 44
BREMEN
Frauenbuchladen, Friesenstr. 12, Tel. (04 21) 7 41 40
DORTMUND
Frauenbuchladen Zimpzicke, Adlerstr. 30
DÜREN
Baba Jaga e.V., Frauenbuchladen, Kämergasse 29, Tel. (0 24 21) 1 56 52
DÜSSELDORF
Frauen-Bücher-Zimmer, Duisburger Str. 50, Tel. (02 11) 46 44 05
FRANKFURT
Frauenbuchladen, Kiesstr. 27, Tel. (06 11) 70 52 95
FREIBURG
Frauenbuchladen, Brombergst. 23, Tel. (07 61) 7 81 50
GÖTTINGEN
Frauen- u. Kinderbuchladen, Burgstr. 3, Tel. (05 51) 4 73 17
HAMBURG
Frauenbuchladen, Bismarckstr. 98, Tel. (0 40) 4 91 47 48
HANNOVER
annabee Frauenbuchladen, Hartwigstr. 7, Tel. (05 11) 32 40 24
HEIDELERG
Frauenbuchladen, Tel. (0 62 21) 2 22 01
KARLSRUHE
Frauenbuchladen, Viktoriastr. 9, Tel. (07 21) 2 54 46
KASSEL
Aradia Frauenbuchladen, Reginastr. 14, Tel. (05 61) 1 72 10
KÖLN
Frauenbuchladen Moltkestr. 66/Ecke Lütticher Straße, Tel. (02 21) 52 31 20
LÜNEBURG
Hexenhaus, Buchladen und Café, Obere Schrangenstr. 8, Tel. (0 41 31)
MANNHEIM
Frauenbuchladen Xanthippe, T 3, 4, Tel. (06 21) 2 16 63
MARBURG/L.
Frauenbuchladen, Untergasse 7, Tel. (0 64 21) 1 27 42
MINDEN
Frauenbuchladen, Stiftstr. 54, Tel. (05 71) 2 79 77
MÜNCHEN
Lillemors Frauenbuchladen, Arcisstr. 57, Tel. (0 89) 2 72 12 05